教学有道

课程思政示范案例

于岩　张友坤　黄少钦◎主编

清华大学出版社
北京

版权所有，侵权必究。举报：010-62782989，beiqinquan@tup.tsinghua.edu.cn。

图书在版编目（CIP）数据

教学有道：课程思政示范案例/于岩,张友坤,黄少钦主编.—北京：清华大学出版社,2023.12（2025.1重印）
ISBN 978-7-302-65091-1

Ⅰ.①教… Ⅱ.①于… ②张… ③黄… Ⅲ.①高等学校–思想政治教育–教案(教育)–福州 Ⅳ.①G641

中国国家版本馆CIP数据核字(2023)第235316号

责任编辑：冯　昕
封面设计：李召霞
责任校对：欧　洋
责任印制：沈　露

出版发行：清华大学出版社
　　　　网　　址：https://www.tup.com.cn，https://www.wqxuetang.com
　　　　地　　址：北京清华大学学研大厦A座　　　　邮　　编：100084
　　　　社 总 机：010-83470000　　　　邮　　购：010-62786544
　　　　投稿与读者服务：010-62776969，c-service@tup.tsinghua.edu.cn
　　　　质量反馈：010-62772015，zhiliang@tup.tsinghua.edu.cn
印 装 者：三河市龙大印装有限公司
经　　销：全国新华书店
开　　本：185mm×260mm　　　印　　张：16.25　　　字　　数：455千字
版　　次：2023年12月第1版　　　　　　　　　　印　　次：2025年1月第3次印刷
定　　价：98.00元

产品编号：103334-01

前　言

党的十八大以来，在全国高校思想政治工作会议、全国教育大会、学校思想政治理论课教师座谈会等重要会议上，习近平总书记发表一系列重要讲话，强调要加强高校思想政治教育，指出立德树人成效是检验高校一切工作的根本标准。这些重要论述为高校将思想政治教育贯穿于人才培养全过程指明了前进方向、提供了根本遵循。教育部认真贯彻并对高校课程思政建设作出一系列工作部署，把课程思政建设要求写入一流本科、一流专业、一流课程等系列文件，出台了《高等学校课程思政建设指导纲要》，为高校全面推进课程思政建设阐明了总体目标、工作思路、任务要求和重点内容。

全面推进高校课程思政建设，是落实习近平总书记关于教育的重要论述的重要举措，是落实立德树人根本任务的必然要求，是全面提高人才培养质量的重要任务。全面推进课程思政建设，就是要寓价值引领于知识传授、思维启迪和能力培养之中，切切实实帮助学生塑造正确的世界观、人生观、价值观，这不仅直接决定着接班人问题，还决定着国家长治久安，更决定着民族复兴和国家崛起。

福州大学对于课程思政建设的探索始于2016年。2016年，"陶瓷工艺学""孙子兵法鉴赏""大学生心理健康教育"等一批课程开始通过线上线下相结合的方式在教学中融入文化传承、价值塑造、心理育人等思政元素。

2018年，学校在《福州大学关于扎实推进一流本科教育的实施意见》中明确提出"强化课程的价值引领和文化育人功能"，推广应用"价值引领、知识拓展、思维训练、能力建构"育人理念和模式；同年获批福建省重大教改项目"构建立体化育人体系，培养新时代卓越工程人才"，以此项目为实施框架，全面启动课程思政建设探索。

2019年，学校在《福州大学关于建设新时代高水平本科人才培养体系的实施意见》中专门提出"强化课程思政和专业思政"，要求每门课程有机融入思政教育元素，健全"三全育人"大格局；同年获批福建省重大教改项目"基于一流本科人才的'三全育人'新体系研究与建设"，把产出导向教育理念融入"大思政"工作中，确立"每门课程讲德育、每位教师讲育人"的总体目标和实施路径；全面修订2019版培养方案，融合课程思政理念与产出导向理念，把"品德修养"统一纳入各专业毕业要求首个指标项。

2020年起，学校持续完善顶层设计，加强理论研究和实践探索，再获福建省重大教改项目"面向产出的福州大学课程思政体系的研究与建设"，统筹协同各领域、各环节、各方面的育人资源和育人力量，构建了包括工作体系、教学体系、能力体系、内容体系和评价体系"五位一体"的课程思政体系；成立福州大学课程思政研究与实践中心并入选省级示范中心，出台《福州大学全面深化课程思政建设实施方案》，全方位修订51个教学管理文件，全覆盖开展两轮"课程思政进大纲、进教案"专项工作；设立150多项各类课程思政教改项目，开展"教学有道"研讨等品牌活动，精心打造思政课程、通识必修课，优化通识选修课，加强体育、美育、劳动教育、三创教育等特色课，结合课程属性特点，扎实做精学科专业课。

为了更好地推进课程思政建设，我们从 300 多个"课程思政进大纲进教案"典型案例中精选了一批优秀教学案例。这些课程案例涵盖了各学科专业领域，将社会主义核心价值观、理想信念等方面的思政元素较好地融入课堂教学，取得了良好的育人效果，展现了课程思政建设在实践中所取得的成果和经验，具有很好的借鉴意义。希望通过这些案例，帮助大家更好地理解课程思政建设的重要性和价值，推动高校课程思政建设的进一步发展。感谢为本案例集提供典型教学案例的各位教师。

教育者先受教育，育人工作永无止境、常做常新。因此，本案例集内容难免有局限或疏漏之处，依然需要进一步探讨，我们将在今后的工作和交流中持续完善。望各位同仁共同努力，将课程思政工作继续向前推进，为更好地落实立德树人根本任务、培养德智体美劳全面发展的社会主义建设者和接班人作出应有的贡献。

编者
2023 年 9 月

目　录

军事理论典型教学案例　国防概述　　　　　　　　　　　　　　　　　　　　1
体育（四）典型教学案例　花样跳绳　　　　　　　　　　　　　　　　　　　4
中国文化（英语开设）典型教学案例　孔子的哲学思想"仁"：从爱父母到爱天地万物　　7
大学英语（三）典型教学案例　多尔蒂先生的梦想生活——在变化中谋幸福　　10
科技英语典型教学案例　直译与意译　　　　　　　　　　　　　　　　　　15
Python 典型教学案例　课程思政视域下 Python 教学探索　　　　　　　　　19
C 语言典型教学案例　课程思政视域下 C 语言教学探索　　　　　　　　　23
概率论与数理统计典型教学案例　当今科技界的网红——贝叶斯公式　　　27
高等数学 B（下）典型教学案例　拉格朗日乘数法的应用　　　　　　　　30
概率论与数理统计典型教学案例　中心极限定理　　　　　　　　　　　　34
高等数学 A（上）典型教学案例　反常积分（广义积分）　　　　　　　　37
高等数学 A（下）典型教学案例　孤立奇点　　　　　　　　　　　　　　44
材料科学基础（上）典型教学案例　丹尼尔·谢赫曼发现准晶的曲折之路　　49
材料科学基础（上）典型教学案例　位错概念的提出　　　　　　　　　　51
生物化学 A 典型教学案例　三聚氰胺毒奶粉事件　　　　　　　　　　　　53
普通化学 C 典型教学案例　近代原子结构理论的确立　　　　　　　　　　56
普通化学 A 典型教学案例　沉淀溶解平衡（侯氏制碱法）　　　　　　　　60
无机化学 B 典型教学案例　标准平衡常数　　　　　　　　　　　　　　　64
无机化学 C 典型教学案例　溶度积规则及其应用　　　　　　　　　　　　68
常微分方程典型教学案例　常微分方程的应用　　　　　　　　　　　　　70
统计学典型教学案例　线性回归模型　　　　　　　　　　　　　　　　　73
激光原理典型教学案例　首台激光器的诞生与聚焦激光特性　　　　　　78
生物化学典型教学案例　"红曲黄酒"里的"糖代谢"　　　　　　　　　83
流体力学基础典型教学案例　连接流体力学模型与现实世界的桥梁　　　86
化工原理 A（上）典型教学案例　换热器与伟大工程科技创新　　　　　　90
化工原理 A（上）典型教学案例　连续性方程与民族自豪感　　　　　　　94
金属学及热处理典型教学案例　力学笃行　百炼成钢　　　　　　　　　　99
工程制图 B 典型教学案例　建筑平面图　　　　　　　　　　　　　　　　102
结构力学（上）典型教学案例　港珠澳大桥与"工程师之戒"　　　　　　106
工程制图 B 典型教学案例　楼梯详图　　　　　　　　　　　　　　　　　111
工程力学（下）典型教学案例　几何组成分析　　　　　　　　　　　　　116

普通地质学典型教学案例　地震的监测与预警	121
视听语言典型教学案例　电影摄制工具的发展	126
设计学概论典型教学案例　设计与艺术	130
组织行为学典型教学案例　价值观与社会主义核心价值观	133
商品学典型教学案例　供应链视角下乳制品质量安全问题的成因	137
物流产业的创新与创业典型教学案例　供应链韧性	141
运筹学典型教学案例　农村农产品物流与供应链网络最大流问题	145
基础写作典型教学案例　诗歌形象中的感情优势	150
土木工程材料典型教学案例　水泥混凝土单元的思政设计及教学融入	154
材料科学前沿与商业应用典型教学案例　探索稀土永磁产业创新发展之路——以中科三环为例	158
摄影与摄影测量典型教学案例　从大疆崛起谈无人机航空摄影测量的应用	161
数字矿山典型教学案例　数字矿山三维可视化	166
软件定义网络典型教学案例　技术自主创新服务网络强国战略	170
催化材料典型教学案例　固体酸碱中心的形成	174
人事测评与人员甄选典型教学案例　人事测评实践应用	177
电子材料及工业应用典型教学案例　中国介电材料与器件的发展：以山东国瓷公司为例	180
涂料与胶黏剂设计及工业应用典型教学案例　紧贴航空航天热点　厚植爱国精神	183
高分子材料基础典型教学案例　赫尔曼·施陶丁格创建高分子学说的经历	185
电子封装材料与工艺典型教学案例　华为芯片的困局和破解	188
弹性与塑性力学基础典型教学案例　建筑结构界的创举"水立方"	190
化学纤维教学案例　"一带一路"倡议　厚植爱国精神	192
核酸化学典型教学案例　基因编辑技术	194
排水管网工程典型教学案例　城市旧合流制排水管渠系统的改造	197
数字化测图与GNSS定位典型教学案例　北斗改变生活	201
人机交互技术典型教学案例　国产手机的崛起	203
软件定义网络典型教学案例　网络协议和分层模型蕴含的辩证思想和价值观	206
海洋生物资源开发利用典型教学案例　肩负海洋强国建设使命，践行人类命运共同体理念	210
高分子物理典型教学案例　玻璃化转变与材料性能在国家、社会安全方面的作用	213
油气储运设备典型教学案例　三相油气分离器与国家能源安全	217
聚合物合成工艺学典型教学案例　"单丝不成线"——合成纤维制品助力提升国家体育实力	221
钢桥典型教学案例　钢桥发展概况与桥梁可持续发展	225
电子测量技术基础典型教学案例　测量误差的基本原理	229
投资项目评估典型教学案例　陕西秦岭别墅拆除，保护生态环境	233
中国文化（英）典型教学案例　传承传播京剧艺术，培养弘扬民族精神	237
合唱作品实践训练典型教学案例　合唱训练与演唱实践中的爱国与民族精神审美体验	240
犯罪心理学典型教学案例　犯罪心理学简史	243
钢琴艺术指导典型教学案例　若水恩来，大爱无疆——《送上我心头的思念》合作解读	247
经济社会学典型教学案例　城市化的内涵与规律	251

军事理论典型教学案例

国 防 概 述

学院名称	人武部军事教研室	课程名称	军事理论
主讲教师	张幼松	教师职称	讲师
授课对象	全校一年级本科生	课程性质	通识教育必修课

课 程 简 介

"军事理论"课程是为贯彻落实《中华人民共和国国防法》《中华人民共和国兵役法》《中华人民共和国国防教育法》《中共中央、国务院及中央军委关于加强新形势下国防教育工作的意见》以及2019年教育部、中央军委国防动员部联合印发的《普通高等学校军事课教学大纲》(以下简称《大纲》)的精神和要求开设的必修课。本课程以国防教育为主线,以军事理论教学为重点,通过教学,使学生了解并掌握军事基础知识和基本军事技能,增强国防观念、国家安全意识和忧患意识,弘扬爱国主义精神,传承红色基因,提高学生综合国防素质。

教 学 目 标

通过课程学习,让学生了解我国的国防历史和现状以及中国的国防体制,增强国家忧患意识、责任意识;了解新军事革命及信息化战争的发展,信息化武器的基本原理,建立其与自身专业的联系,激发学生学好专业、报效国防的热情;了解周边安全环境与国际安全环境发展变化,具备国际视野,增加看待问题的军事角度和眼界,能够融会贯通、用辩证唯物主义思维客观地分析复杂的国际国内问题。

思 政 元 素

热爱国防,热爱和平,增强爱国精神与民族复兴的使命感。

案例实施路径与方法

本课程主要的思政元素融入体现在以下内容上。

(一)国防的基本类型

归纳起来,国防主要有"四种类型":一是扩张型;二是联盟型;三是中立型;四是自卫型。在理解它们各自的内涵、弄清概念之后重点进入讨论环节:

中国为什么奉行自卫型国防政策？举例说明扩张型国防在历史和现实中的危害。（通过讨论进一步让学生认识到扩张型国防的危害，树立热爱和平的观念。）

（二）国防历史的回顾

这里我们分古代（1840年以前）、近代（1840—1919年）、现代（1919—1949年）和当代（1949年以后）四个阶段和大家一起对中国的国防历史作简要回顾。

1. 古代国防的兴衰

介绍古代的国防建设、边防海防、国防思想，让学生明白富国与强兵的辩证关系。

2. 近代国防的屈辱

因为课程上课时间在9月，所以通过和学生一起回顾9月签订的不平等条约与发生的丧权辱国事件，给学生营造一种历史既视感。进一步让学生认识到国防弱则必然备受屈辱的真理。

回顾之后，开始课堂提问与讨论（15分钟），通过总结增强学生的爱国精神与民族复兴的使命感。

问题：刚刚回顾了中国古代国防与近代国防的历史，大家有什么感受？

……

讨论环节结束阶段教师总结和升华：

以往的历史与其说是句号，不如说是感叹号，甚至是更多的问号，并应该少用些省略号。一百多年中沉重而痛苦的记忆，给予了人们太多的忧伤、悲愤和思索，中国人不应该、不可能更不可以忘记，刻写在中国近代的镜头、侧面或片段，虽然斑斑点点但历历在目，从鸦片战争、中法战争、甲午中日战争到八国联军侵华战争直至日本全面侵华战争，从旅顺大屠杀到南京大屠杀，从鸦片走私、掠卖华工到火烧圆明园，从"猪仔""东亚病夫"到"华人与狗不得入内"！可谓惨不忍睹，闻所未闻！正义与邪恶、文明与野蛮、爱与恨、和平与暴力被定格在这段屈辱的历史上，痛定思痛总是民族复兴的开始，时刻警示着我们每一位中华儿女勿忘国耻，奋发图强，振兴中华。

3. 现代国防的生机

这部分介绍1921年7月中国共产党的诞生揭开了中国历史的新篇章，也翻开了中国国防历史新的一页。在中国共产党的领导下，1927年8月，人民武装得以创建，为中国国防注入了新的活力。重点介绍在伟大的抗日战争中共产党人领导的人民武装在与日寇英勇斗争中取得的各个伟大胜利，开始谱写中国国防史的崭新篇章。

4. 当代国防的发展

介绍新中国成立后，共产党人领导的国防建设与斗争中取得的伟大成就与胜利。包括以毛泽东为代表的第一代领导人领导的"两弹一星"建设、合成军种建设；以邓小平为代表的第二代领导人领导的精兵振国建设；党的十八大以来，在习近平总书记和中央军委的坚强领导下，我们勠力强军、砥砺前行，迎难而上、破局开新，国防和军队建设取得的历史性成就和进步。

（三）中国国防历史的启示

这部分是课程思政的重点，主要通过讨论和总结的形式达成。

中国数千年的国防史给了我们哪些启示呢？大家可以分组讨论一下（讨论完毕，老师提问若干小组代表）。

……

通过大家的讨论我们可以总结如下：

（1）经济发展是国防强大的基础。

（2）政治开明是国防巩固的根本。

（3）国家的统一和民族的团结是国防强大的关键。

除以上三条启示外，我通过备课学习还有以下几个方面的认识，供大家参考。

反思离我们最近的抗日战争，应得到以下三条启示。

启示一：落后就要挨打，自尊必先自强，发展需要安定。

启示二：民族存亡关头，军民万众一心。

启示三：战争是人类的灾难，和平发展是必由之路。

中国是世界上历史最为悠久的文明古国之一。自从进入阶级社会以后，战争与和平就成为一个永恒的主题，在悠悠数千年的漫长历程中，战争与和平的相互交替始终支配着人类社会的进步与发展。聚散离合的"风风雨雨"，改朝换代的重大变迁，强弱兴衰的大起大落，折射着发人深思的国防文化与国防思想。我国的国防历史给予我们许许多多有益的启迪和警示。希望同学们牢记历史，不负使命，为振兴中华发奋学习！

（四）课后复习题

谈谈学好自己的专业和为国防作贡献之间的关系。

通过练习让学生意识到学好自身专业和贡献国防之间并不矛盾，它们之间可以是互相促进的关系，从而增强服务国防的兴趣与使命感。

教 学 成 效

课堂上学生反应较为积极，特别在纵览国防历史加上讨论之后，对于国家与民族的责任感增强了。另外，课后作业的设计也能让学生进一步理解国防事业与自身专业学习的关联。最后，教学过程中也有几点经验和心得：

（1）课程思政的设计要尽量使用启发式教学方式。

（2）讨论环节引入一些争论性话题能提升课堂效果。

（3）教师在讨论之后的总结对于课程思政的深化非常重要。

花 样 跳 绳

学院名称	体育教学研究部	**课程名称**	体育（四）
主讲教师	王然科	**教师职称**	副教授
授课对象	全校二年级本科生	**课程性质**	通识教育必修课

课程简介

跳绳运动在中国已有数千年的历史，发展至今已经成为全球受青少年欢迎的一项时尚运动。跳绳运动项目包含短绳和长绳，其中短绳包含单绳、双绳和多绳，长绳包含单绳、交互绳和多绳。特别是个人花样单绳和交互绳深受青年人的喜爱。

本学期课程以"健康第一"为指导思想，面向全体学生，以促进学生身心全面发展为目标，为培养学生终身体育锻炼意识打下坚实的基础。尊重个人能力的养成和多元发展，为社会培养品德、智力、体力、个性、能力全面协调发展的高素质人才。本课程以新兴的花样跳绳运动和身体功能性练习为主要教学内容，通过本课程的学习，学生能掌握个人3~4级花样组合动作、连续双摇跳、车轮跳、交互绳基本动作和体能练习方法，可以培养学生自我学习和合作学习的能力，提高自身的执行力和对身体的自我认知，使其能够主动运用所学的跳绳技能进行身体锻炼和社会交往，并能够科学制订锻炼计划，有效提高自身的健康水平和对社会的适应性。

教学目标

（1）掌握有效提高身体素质、全面发展体能的知识与方法；熟练掌握跳绳运动的基本技能；培养学生形成自觉锻炼的习惯，能科学地进行体育锻炼，提高自己的运动能力；掌握常见运动创伤的处理办法；能测试和评价体质健康状况。

（2）通过体育活动改善心理状态、克服心理障碍，养成积极乐观的生活态度；运用适宜的方法调节自己的情绪；形成正确的世界观与社会主义核心价值观，完善人格、培养自信和形成顽强拼搏、吃苦耐劳、自强不息、受挫不馁、遇难不怯和敢于拼搏的意志品质。

（3）具有团队意识和个人意识，具备在团队中承担不同角色和任务的能力及意识，能够正确处理竞争与合作的关系。

（4）具有一定的体育赏析能力，养成自主体育锻炼和终身体育锻炼的意识，具备不断学习和适应发展的能力。

思 政 元 素

（1）爱国主义教育（四个意识）；
（2）继承和发扬民族传统体育文化，弘扬中华体育精神（四个自信）；
（3）养成坚韧拼搏、自尊自信、积极进取的品质；
（4）弘扬社会主义核心价值观，培养良好思想道德品质，明大德、守公德、严私德；
（5）遵守体育规范和纪律，明法明理；
（6）建设体育强国，满足对美好生活的需要。

案例实施路径与方法

（一）育人理念

理念是实践的先导，有什么样的课程思政理念，就有什么样的课程思政教学实践。首先，体育课程要确立"健康第一"教育理念，促进学生身心健康，使其在体育锻炼中享受乐趣、增强体质、健全人格、锤炼意志，让体育成为一种健康的生活方式。其次，要确立"立德树人"理念。党的十八大报告指出，要把立德树人作为教育的根本任务。课程思政是落实立德树人根本任务的关键一环，体育把"立德"与"树人"有机结合起来，可以更好地发挥体育的育人功能，促进人的全面发展。

（二）实施思路

（1）课程思政与体育学科知识、运动技能学习相互融合，在实践过程中通过课堂纪律规范、案例展示、榜样效应和奖惩措施有效推进，重点突出体育学科核心素养体系的构建，把"健康第一，立德树人"的教育理念浸入到体育教学中。

（2）建构课前需求驱动，课堂丰富组织、多样组合的教学手段，课后监督和自觉锻炼的教学模式，让学生全方位地受到体育教育的影响，培养终身体育意识。

（3）采用"引导—讲解—示范—练习—评价—反馈—合作"的教学策略，对学生综合素质进行全面培养。

（三）思政元素融入方式

1. **案例解析**

结合所学运动技能和时事，通过讲述体育运动项目的起源和发展，讲好体育运动员或运动队的故事，展示中华体育的博大精深，中华儿女坚定自信、团结协作、顽强拼搏的精神和崭新的国民形象，凝聚成实现中华民族伟大复兴的强大精神力量。

2. **体育锻炼和竞赛**

参与体育锻炼、体育比赛，有助于推动学生在体育技能的学习中养成坚韧拼搏、自尊自信、积极进取的品质，在团队合作中学会合作互助、相互尊重、承担责任，在比赛训练中养成遵规守纪、诚信自律的意识，树立正确的胜负观。

3. **体育技能学习**

体育技能学习牵涉到方方面面，是体现一个人综合素质的过程，例如执行力、协作力、领导力、包容力等，结合学习过程中出现的优点和缺点进行有针对性地点评，把文明、和谐、友爱等社会主义核心价值观融入课程中。

4. **体育志愿服务**

积极鼓励学生学以致用，参与到学校社团、群体竞赛、社会公益组织志愿服务中，实现自己的个人价值，促进人的全面发展。

（四）教育教学方法

依托在线开放课程资源，使用现代信息技术，综合启发式讲解、现代多媒体软件、实践示范等手段，适时设疑，师生互动交流，理论联系实际，将启发式教学、案例教学和任务教学，发散思维与收敛思维有机结合。运动技能学习，课前，学生观看教学视频，形成动作表象；课中，通过教师讲解和示范，分组进行练习，及时对技能动作和学习状态进行评价反馈；课后，安排有针对性的训练内容。线上线下混合教学并行，个人和团队练习并行，有效地组织和分层次教学，加强练习的密度和强度，及时进行评价和反馈，实现师生线上和线下的互动，让思政教育自然融入教学的每一环节。

（五）教学活动设计

教学活动主要包含准备部分（集合点名、热身、安排见习生等）、基本部分（理论知识、技能学习、竞赛等）和结束部分（整理器材、总结评价、整理活动等）三个环节，根据课程教学的重点和难点内容设置深入研讨，重点突出关键技能的学习和思政案例的引入融合，巩固并加深，较好地完成教学的目标任务。

（六）资源载体

跳绳已经是非常成熟的体育运动和体育课程，除了传统的纸质和数字教材资源外，在互联网教学平台上（中国大学生慕课、超星尔雅等）有系统的、丰富的教学训练课程，KEEP、LOOP、天天跳绳等运动 App 也都有跳绳教学、跳绳训练、跳绳竞赛等应用项目。在推进体育强国建设的背景下，弘扬中华体育精神的思政课程的网络资源也越来越丰富，有助于青年学子树立正确的人生观和价值观，促进人的全面发展。

（七）特色与创新

信息化技术为体育课程思政提供了强大的支撑，线上课堂与线下课堂共同发力，让本来以运动实践为主的体育课程能够很好地结合数字影像资料讲好中国体育故事，弘扬中华体育精神。体育课程的启发式教学法、体验式教学法和任务驱动教学法加强了师生间的互动交流，在突出学生主体性的同时也强调了集体的作用，使道德由他律转为自律。

教 学 成 效

体育课程思政首先应该从每节课的课堂纪律抓起，对于开放的实践性课堂，如果不遵从纪律规范，就难以开展立德树人的教育工作，必须要让学生的内在欲望与外在刺激达到一种平衡的状态，他们才能心平气和地接受思想上的教育，形成正确的道德判断。要创新课堂教学，善于在教学中发现学科教育与思政教育的契合点，例如训练时意志品质差、不按要求练习、违反竞赛规则、独来独往等，教师可抓住这些案例进行及时、合理的教育，引导学生学会正确的思维方法，尝试改变一些固有的理念，让自己和团队变得更好。其次，教师要有信仰，人格要正，严以律人，要积极地传递正能量，自觉作为学为人的表率，这一点非常重要，亲其师，才能信其道。

本课程开设以来学生评价一直都是优秀，大部分学生表示在课程中不仅学到了从来没接触过的花样跳绳动作和科学锻炼的方法，更重要的是变得更相信自己、相信教师、相信团队，只要能坚持不放弃，多和同学交流协作，就能很好地完成学业，并在思想上对体育运动有更深刻的认识。

同行也给予本课程较高的评价，表示本课程能够很好地激发学生的学习兴趣，保持了合理、有效的运动强度，在道德品质、体育精神、社会交往方面起到了很好的促进作用，具有很好的示范效应。

中国文化（英语开设）典型教学案例

孔子的哲学思想"仁"：从爱父母到爱天地万物

学院名称	外国语学院	课程名称	中国文化（英语开设）
主讲教师	梁美荣	教师职称	讲师
授课对象	非英语专业二年级本科生	课程性质	公共基础课（大学英语拓展课）

课程简介

"中国文化（英语开设）"是大学英语课程的拓展课之一，本课程选取中国文化中有特色的内容和亮点精华作为教学内容，引领学生理解和阐释中国文化精髓，旨在提高学生英语语言能力的同时提升他们对中华优秀文化的认知程度和认同感，培养学生的跨文化意识和跨文化交际能力，使他们在国际交流中能够用英语传播中国文化，讲好中国故事，让世界了解中国。

教学目标

（1）深入理解中华优秀传统文化价值观"仁"与"孝"，更好地处理与父母及其他长辈的关系，建立和谐的人际关系，自觉弘扬践行"仁""孝"等中华传统美德。

（2）理解"仁"，"仁"的根本"孝""悌"的内涵，理解实现"仁"的路径和践行"仁"的准则，掌握"立己达人"和"己所不欲，勿施于人"等孔子语录的英译。

（3）通过课堂小组活动、课后作业云论坛的形式讨论如何在当今社会理解和践行"仁""孝"，提升思辨能力。

（4）通过课前、课中、课后各教学环节的听说读写译活动提升语言技能，掌握"仁"与"孝"主题相关的英文表达，能够用英语解释"仁"与"孝"的含义以及讲述相关故事。

思政元素

结合孔子"仁"的学说中所提及"仁之本与"——"孝悌"的概念，引导学生深入理解并认同传统文化价值观"仁"与"孝"，表达对父母的爱与尊重，并推己及人，从爱家爱国到爱天地万物，弘扬、践行中国文化传统美德，培养家国情怀。

案例实施路径与方法

本案例以立德树人和全人教育为育人理念，以"学生为中心，产出为导向"为教学理念和方法，立足课本，充分利用课外资源，搭建语言和思政双层脚手架，融思政元素于教学内容，将教学内容与学生的生活紧密联系，依托课程 QQ 群和同步慕课"英语畅谈中国"线上线下混合式教学，在课前、课中、课后的各环节嵌入针对性的语言输入输出活动，在提升英语语言技能的同时实现思政目标。

教学活动设计如下：

1. 课前预习

本节课为第一章《孔子的天人学说》第二小节关于人的学说的核心概念之一"仁"，课前已布置预习任务。预习任务一：观看电影《孔子》，了解孔子的生平；预习任务二：观看慕课"英语畅谈中国"中的英文短视频《孔子的智慧》和《孔子与他的仁的哲学思想》，了解背景知识，熟悉更多的英语语言表达。此外，针对本节预习，给学生提供了相关文化专有名词的英文表达，为学生阅读课文文本扫除部分语言障碍，帮助学生更好地预习理解课文文本。

2. 课堂热身活动

让学生根据自己对"仁"的理解进行头脑风暴，列出"仁"的英文表达，包括英文单词和词组。

3. 课堂文本学习

基于学生对"仁"的理解，补充讲解孔子哲学思想"仁"的概念和内涵，详细讲解实现"仁"的路径与准则。

（1）提问启发与讲解：以汉字"仁"的结构引出"仁"的含义，结合文本，提问启发，讲解和举例说明"仁"的内涵。

（2）"仁"的根本："孝悌者也，其为人之本与。"

① 提问启发与讲解：由汉字"孝"的结构引出"孝"的含义。

② 课堂小组活动：视频观看与讨论。

观看视频：观看中国日报网的《中国传统价值观》中英双语系列微视频中的关于"孝"的视频，时长约 4 分钟。通过课堂视听练习活动，了解视频中"孝"在中国功夫和京剧艺术中的展现，借鉴视频中被采访的中国文化方面的专家学者对"孝"的理解，感受中国传统价值观的现代传承，加深理解中国传统文化价值观。

结合视频分组讨论：a. 你如何理解孔子语录"父母在，不远游，游必有方"（How do you understand this line?）"父母之年，不可不知也。一则以喜，一则以惧"？（How do you feel about the aging of your parents?）b. 你如何践行"孝"？（How do you practice filial piety?）

（3）实现"仁"的路径与准则："亲亲而仁民，仁民而爱物""己欲立而立人，己欲达而达人""己所不欲，勿施于人"。

① 实现"仁"的路径：结合孔子语录与实例讲解从爱父母家人出发，推己及人，爱家爱国，乃至天下万物。

② 翻译练习：让学生翻译"己所不欲，勿施于人"，对三个经典英文翻译版本进行比较。

4. 课后作业与拓展

（1）作业：观看中国日报网约 4 分钟时长的《中国传统价值观》关于"仁"的微视频，结合时事或个人经历与见闻，以视频或书面写作的形式，用英文讲述一个体现中国传统价值观"仁"的故事，提交到班级 QQ 群云论坛。

作业评价：教师评价与生生互评相结合，学生投票选出最优作业五份，教师对学生的作业产出择优点评和展示。

（2）拓展：组织观看中国日报网的《中国传统价值观》中英双语系列 12 集微视频，更多地了解儒家思想的"五常"——仁、义、礼、智、信以及更多的中国的传统价值观；补充与"仁"相关的孔子语录的英译文本。

教 学 成 效

本案例各教学环节充分体现"以学生为中心"的原则，环环相扣，调动学生积极主动参与和完成各项活动，学生能够积极讨论与他们自身生活密切相关联的话题。学生们的作业产出体现了他们对中国传统价值观"仁""孝"较透彻的理解和践行，尤其是在新冠疫情期间，从理解父母的辛苦付出，到关爱家人，到感恩社区，到积极参与抗疫志愿服务献爱心，再到对构建人类命运共同体的理解都有所体现。本课程帮助学生理解认同中国传统价值观，学会通过英语讲述中国故事的同时，丰富了学生的文化实践，增强了学生践行中国传统价值观的思想自觉和行动自觉，有效达成了思政目标。

大学英语（三）典型教学案例

多尔蒂先生的梦想生活——在变化中谋幸福

学院名称	外国语学院	课程名称	大学英语（三）
主讲教师	绳薇	教师职称	讲师
授课对象	非英语专业一年级本科生	课程性质	公共基础课

课程简介

　　大学外语教育对于促进大学生知识、能力和综合素质的协调发展具有重要意义。大学英语课程是基础教育阶段英语教学的提升与拓展，兼有工具性和人文性双重性质，在人才培养方面具有不可替代的重要作用。大学英语课程的教学目标是在培养学生英语应用能力、学术英语交流能力和跨文化交际意识和交际能力的同时，发展自主学习能力，提高综合文化素养，使他们在学习、生活、社会交往和未来工作中能够有效地使用英语，满足国家、社会、学校和个人发展的需要。

　　大学英语教学是以语言知识、应用技能、学习策略、思辨能力和跨文化交际为主要内容，以外语教学理念——思辨英语教学兼容多种外语教学法（如"产出导向法"（POA）、"任务型语言教学"（task-based language teaching）、"合作型语言学习"（cooperative language learning））形成的集多种教学模式和教学手段为一体的教学体系。就工具性而言，其教学的主要目的是在高中英语教学的基础上进一步提高英语听、说、读、写、译的能力，在专门用途英语上通过学习与专业或未来工作有关的学术英语或职业英语，获得在学术或职业领域进行交流的相关能力，以及应用英语进行本专业知识表述、翻译的基础能力，为今后进行专业英语课的学习打下坚实的语言基础，同时融合语言认知能力和思辨能力，提升学生在高阶思维层面应用英语进行本专业国际性信息处理、分析、评价和应用的能力；就人文性而言，大学英语课程的重要任务之一是提升跨文化素养。语言是文化的载体，同时也是文化的组成部分，学生除了学习、交流先进的科学技术或专业信息之外，还要了解国外的社会与文化，增进对不同文化的理解、对中外文化异同的认识，培养跨文化交际能力。通过掌握英语这一交流工具培养跨文化交际能力，增进对不同文化的理解、对中外文化异同的认识、抵制文化同化的能力，建立文化自信，培养国际视野和家国情怀。人文性的核心是以人为本，弘扬人的价值，注重人的综合素质培养和全面发展。因此，应在大学英语教学中推行课程思政理念，把社会主义核心价值观有机融入大学英语教学内容，充分挖掘大学英语课程丰富的人文内涵，实现工具性和人文性的有机统一，努力实践"三全育人"，为国家培养具有跨文化意识、国际化视野、健全人格和爱国思想的高素质人才。

教学目标

　　（1）价值引领：以新冠疫情带给"生活的变化"作为切入点，对比2020年我国和西方国家在 GDP（国内生产总值）、失业率和经济损失方面的差异，可以使学生深刻认识到我国在抗击疫情中体现的高效政府治理能力，增强他们的民族自豪感和自信心。同时以"变化"为线，引导学生了解我国所面临的"百年未有之大变局"，从脱贫攻坚获得全面胜利的新闻报道，到习近平总书记所用典故"穷则变，变则通，通则久"，鼓励学生拥抱变化，奋发图强。从宏观变化入手，帮助学生更好地定位中国所处的发展阶段，同时联系脱贫攻坚获得全面胜利的新闻，鼓励拥抱变化，努力求变，用奋斗追求幸福的生活。

（2）知识拓展：针对选篇中的重点词汇、表达方式，如 digest、haul、invest、profit、pursue、resist、temptation、requirement 等，进行训练巩固，达成思政语境下的语言教学目标，同时结合写作技巧的学习和使用，将课程思政与语言学习融为一体。

（3）思维训练：就本课程的主题"生活方式的变化""城市生活和农村生活"等进行思考，辩证地看待变化的世界、变化的中国和变化的生活方式，培养学生综合文化素养和人文思辨能力。通过对比城市生活和乡村生活，鼓励学生们结合自身经历积极讨论并发言，在培养思辨能力的同时以润物无声的方式融入课程思政。

（4）能力建构：学习并掌握"三明治结构"写作技巧后，结合电视剧《山海情》，通过采访父母、爷爷奶奶或通过网上搜索资料，使用对比、比较的方式反映真实的生活变化故事。通过观察身边的变化，运用课堂教授的写作技巧，讲好真实、生动、鲜活的中国故事。

思 政 元 素

以"变化"为主线，通过多角度对比中国农村、城市生活方式的变化，使学生清醒地认识到在"百年未有之大变局"的时代，必须准确识变、科学应变、主动求变，才能掌握先机，立于不败之地。同时，结合课文内容和生活实际，将"幸福是奋斗出来的"理念贯穿整个单元。

案例实施路径与方法

（一）课前任务

以课文主人公搬离城市，在乡村建立自己梦想生活的故事为中心，在提炼思政主题后，提前布置课前任务，营造思政学习语言环境。

1. 预习课文，完成课文预习清单

将对课文内容的理解移到课前，使学生自主完成针对课文内容的一系列练习，培养学生良好的自学能力。同时，在大学英语课时普遍减少的情况下，采取线上线下混合式教学能提高学习效率，促进学习过程。课堂任务设计将"促学"放在核心位置，任务驱动和评价都是以促进学生的学习为核心。课文内容理解任务前移，使学生将查生词、理解课文等作为自主学习任务，将课文内容深度理解放在课文内进行，有利于更好地内化吸收学习内容，为高阶思维的培养打好基础，预留好时间。

2. 疫情给我的生活带来的变化

请学生提前上网搜集疫情带来的社会变化，并结合自己的生活实际，以语音的方式上传至学习群，教师进行点评。教师点评不仅可以达到以评促学的目的，还可以为学生的课中任务提供必要的"脚手架"，并为课堂任务做好必要的铺垫和准备。

提前安排学生阅读英文原版材料（5 lasting changes from the COVID-19 pandemic），针对阅读

材料设计了一系列的问题，并引导学生结合材料内容思考疫情带给自己生活的变化，启发学生多维度思考疫情带给社会和个人的变化，有机地融入课程思政。

（二）课中

1. 第一步：导入

（1）疫情带来的变化

学生分组，结合课前的阅读材料讨论疫情带来的变化。从个人生活、上学工作、心理、经济等角度分析疫情带来的变化。最后教师从各组的语言、组织、内容、逻辑、效果等方面进行现场点评。

学生通过导入部分建立与本课程主题的关联，导入活动利于活跃课堂，锻炼口语表达并促进语言输出。该任务作为课前任务的延续，与课前任务在内容和形式上既有交叉，又有差异。任务难度为 $N+1$，对学生来讲既有挑战，又可在努力的基础上完成。由于课前任务阶段已为学生搭好"脚手架"，限时完成该任务可调动学生的积极性，激发学生的参与度和求胜心。在内容选择方面，所选的题目既考虑性别差异，又兼顾类别差异，并有意识地引导学生关注中国在疫情中的表现，融课程思政于细微之处。

同时以"变化"为线，引导学生了解我国所面临的"百年未有之大变局"，从脱贫攻坚获得全面胜利的新闻报道，到习近平总书记用典"穷则变，变则通，通则久"，鼓励学生拥抱变化，奋发图强。

（2）生活方式的变化

以"变化"为线，对比生活方式的变化。以李子柒的视频和陶渊明的诗导入本课程话题：城市生活与乡村生活的对比。通过对比、类比全方位地比较两种生活方式，积累相关的词汇，使学生更好地理解课文。

2. 第二步：仔细阅读

分析第二/三/四段的写作手法：主旨句（topic sentence）+ 支撑句（supporting details），引领学生分析写作中的主旨句和细节论证如何使文本更有说服力。如第四段：

(topic sentence) Life can get tough.

(supporting details) haul firewood, cultivate corn, weed strawberries, retile the back roof, make long overdue improvements on the outdoor toilet, spray the orchard, paint the barn, plant the garden, clean the hen house.

以"家乡的变化是巨大的"（The change in my hometown is huge）为主旨句，让学生补充句子，支撑主旨句的观点。如：

Students in my hometown have more access to education via online learning platforms.

My neighbors come back to start his own business in my hometown, and his son doesn't have to be one of the left-behind children（留守儿童）like his father did.

My grandparents now have medical care (New Rural Cooperative Medical System, 新农合) and they felt really amazing.

My cousin started his Taobao shop 3 years ago and now he is really rich.

My former classmates began to sell local specialties via Douyin and he said he can make 300,000 a year.

……

学生通过自己的家乡，切身体会到中国过去几十年的发展带给家乡的变化。学生通过观察、发现身边的真实案例，不仅锻炼了口语表达能力，熟悉写作规则，更能融思政于语言学习中，不知不觉地讲述中国故事，见证中国发展，增强学生的民族自豪感。

(para. 5) In between such chores, I manage to spend 50 to 60 hours a week at the typewriter or doing reporting for the freelance articles I sell to magazines and newspapers. Sandy, meanwhile, pursues her own demanding schedule. Besides the usual household routine, she oversees the garden and beehives, bakes bread, cans and freezes, drives the kids to their music lessons, practices with them, takes organ lessons on her own, does research and typing for me, writes an article herself now and then, tends the flower beds, stacks a little wood and delivers the eggs. There is, as the old saying goes, no rest for the wicked on a place like this M — and not much for the virtuous either.

本段详细讲述了作者在乡村生活中遇到的困难以及一家人繁忙的日程安排，说明美好的生活源自辛苦的劳动。

翻译小练笔：

幸福都是奋斗出来的。（2018年习近平总书记新年贺词）

Happiness is achieved through hard work.

九层之台，起于累土。必须不驰于空想、不骛于虚声，一步一个脚印，踏踏实实干好工作。

Building a high-rise begins with mounds of soil. To translate the blueprint into reality, we have to avoid the distractions of unsubstantial ideas and superficial fame, take one step at a time, and approach our work with a firm footing.

通过翻译小练笔，鼓励学生通过努力奋斗去创造美好的幸福生活。

(para. 10) It picks up 80% of the costs beyond that. Although we are stuck with paying minor expenses, our premium is low — only $560 a year — and we are covered against catastrophe. Aside from that and the policy on our two cars at $400 a year, we have no other insurance. But we are setting aside $2,000 a year in an IRA.

本段介绍了作者的基本生活开支。通过算一笔经济账，引领学生更好地理解美国中产阶级的困境。

Individual retirement account refers to a US government plan that allows people to put part of their income into special bank accounts. No tax has to be paid on this money until they retire. In fact, "IRA" is used more often.

通过对个人退休账户（individual retirement account，IRA）的解释，以图表的方式展示了美国中产阶级的收入区间及过去四十年的微小变化，帮助学生批判地认识到美国社会的真实现状（图1）。

辩一辩：变或不变？

城市：昂贵的餐馆，经常看歌剧或参观博物馆，繁忙的工作，家庭成员之间关系疏远，工作压力大。

农村：自足自给的生活，人与自然和谐相处，耕种的艰辛与收获的喜悦，去繁化简的生活方式。

结合文本内容，横向对比城市和农村生活的差异，纵向对比农村和城市生活方式的变迁。通过横向和纵向对比，深刻理解中国过去几十年来的城市化进程及取得的骄人成绩。同时，

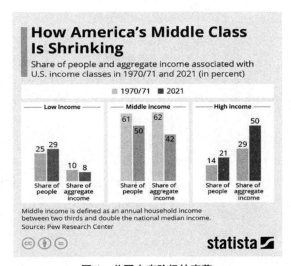

图1 美国中产阶级的衰落

通过分析中国所处的时代大背景，鼓励学生准确识变、科学应变、主动求变。

（三）课后作业

结合本课程的写作特点，让学生收集素材，写一写自己家乡的变化（The Change in My Hometown），引导和鼓励学生讲好自己身边的中国故事。同时附上 China Daily 上的两篇文章（Graduates Breathe Fresh Ideas Into Tea，Bases See Revolutionary Development），给予学生必要的支撑。

以产出为导向的教学设计，在课前、课中、课后各环节都融入课程思政，"变化"主题贯穿整个课程设计。同时，结合社会热点事件，案例因时、因势地挖掘思政材料，实现了渐进式、全过程的课程思政。

教 学 成 效

本课程的思政设计以"在变化中谋幸福"为主线，多角度、全方位地进行课程思政设计。课程思政通过一系列的活动得到巩固和加强。文化引领和价值观塑造是一个漫长的过程，课前、课中和课后的任务都将课程思政润物无声地融入其中。通过课文分析、辩论、案例对比、教师讲解和学生展示等各种方式确保课程思政真实地、有机地融入课堂教学中，在潜移默化中引导学生正确地看待时代发展的趋势，树立正确的三观。课后的写作旨在引导学生积极地发现身边的中国故事，发现并讲述中国故事，从而将语言学习、能力培养和价值观塑造三位一体的教学目标落到实处。

本课程提高了教学效果，受到了学生的广泛好评。学生认为本课程生动有趣，教学形式灵活多样，课程内容注重拓展和应用，教学过程注重思辨能力的培养，从而可以增强学生的文化自信和民族自豪感。

与 2018 级学生相比，2020 级学生期末成绩的优良率从 21.8% 提升到 26.4%，评教结果也从 93.80 分提升到 96.70 分，满意度显著提升。2020 年学校及学院的督导组听课结果评价均为良好。本课程不仅使学生受益良多，授课教师也受益匪浅。本人也获得首届全国课程思政大赛二等奖，两次外研社教学之星复赛一等奖，承担外教社大学英语教材的课程思政资源开发，并作为主讲教师承担外教社课程思政公开课讲座等，获得学院及学校的奖教金。

科技英语典型教学案例

直译与意译

学院名称	外语学院	课程名称	科技英语
主讲教师	蔡云琴	教师职称	讲师
授课对象	非英语专业二年级本科生	课程性质	公共基础课

课程简介

"科技英语"是非英语专业大学英语后续的一门集中性专题课。课程包括讲授科技英语阅读与翻译技巧和学生能力实践两个环节。通过学生自主实践，培养学生科技文章的阅读和翻译能力等，"教中学"和"学中用"的模式提供给学生运用机会，为其日后的阅读和特殊用途英语（ESP）翻译奠定基础。

教学目标

（1）价值引领：在课程教学过程中，就本课程所涉及的环境、能源、动植物、计算机、机器人等各方面的问题联系实际，进行深入思考讨论，提高学生的科学人文关怀意识，养成较强的社会责任感，能够践行社会主义核心价值观。

（2）知识拓展：课程主要包括两大部分，分别为科技翻译理论与技巧讲解、主题阅读与拓展阅读。教学过程注重理论与实践有机结合，通过科技主题文本的学习，使学生了解并熟悉科技英语特殊的语法点和常用句型以及不同种类的科技文献的特点。介绍翻译中的主要技巧和常见的问题，使学生对科技文本翻译具备初步的认识。

（3）思维训练：通过各主题拓展文本的阅读，引导学生思考探讨科技对人类社会生活的影响，能够辩证地看待科技的进步与人类精神生活的关系，培养学生的批判性思维。

（4）能力构建：通过文本阅读，主题涵盖电子、材料、生物、机械、化工、计算机等学科，突出体现科技的前沿性。结合所阅读的科技文献进行翻译练习讲解校正。采用讲练相结合的教学方法，注意将翻译理论、技巧与翻译实践相结合，提高学生的阅读能力和翻译能力。

思政元素

结合每个单元主题，在课堂及课外引导学生深入思考讨论与主题相关话题，提高学生的科学人文关怀意识，明确科技翻译所遵循的严谨的科学精神，使学生养成较强的社会责任感，能够践行社会主义核心价值观。强调工程职业的道德和规范，尤其是对公众的安全、健康和福祉，以及环境保护的社会责任。

在本课程中，以"三牛精神"的英文翻译为案例，对比新华社与华春莹在推特上的译文，直观呈现意译与直译两种翻译方法。把思政融入翻译学习当中，潜移默化地传达无私奉献、开拓进取、艰苦奋斗的时代精神，同时强调在对外宣传中应致力于传播优秀的中国传统文化，彰显"文化自信"。

案例实施路径与方法

（一）育人理念

以学生的发展为中心，提升课程的高阶性，教学内容和教学方法突出创新性，考核设计增加挑战度。

（二）实施思路

课前、课中、课后融会贯通，线上线下相辅相成。激发学生自主学习，师生同频共振。

课堂上使用现代信息技术，综合启发式讲解、传统板书、现代多媒体软件、课堂派等手段，适时设疑，师生互动交流，理论联系实际，将启发式教学与案例教学、发散思维与收敛思维有机结合。

课前，教师已经将教学大纲与授课计划发给学生，学生在课前对本课程有了整体的了解。课中，教师侧重介绍课程的考核方式；针对该章节的重点难点，通过一个小段落的英汉翻译实践使学生了解翻译知识，了解翻译理论和科技英语翻译的特点；挑选与学生专业相关的句子进行学生试译、教师点评、修改译文，让学生从实践中理解科技英语翻译。通过"三牛精神"时事翻译案例，加深对直译和意译的了解，鼓励学生传承优秀传统文化，发扬开拓进取、不怕艰苦的时代精神。课后，通过翻译练习巩固对翻译的认识。

（三）教学活动设计

1. 导入主题

问题式导入主题——what translation is，再阅读试译一段关于翻译介绍的文字。问题：What is the definition of translation? What are the principles of translation? 先让学生讲讲对翻译的认识、他们了解和喜欢的翻译家等。适时设疑，启发学生思考，调动学生学习的积极性。

2. 展开阐述

（1）学习并翻译如下段落：

Translation means the conversion of an expression from one language into another, to say it plainly, translation is an art to reproduce the exact idea of the author by means of a language different from the original. From the above definition of translation, we know that the original thought of the expression must be kept as far as possible. Nothing should be added to or taken away from the original work. The duty of the translator is simply to change the vocabulary not the thought. In translation therefore, there are two essential elements: accuracy and expressiveness. Accuracy is the first indispensable quality of translation. The translator must cautiously stick to the author's idea. Words selected and sentences constructed must be such as to convey the exact original thought. In other words, the translator must express his author's idea as clearly and as forcibly as he can by the medium he employs. Accuracy is to make the thought definite and exact; while expressiveness is to make the translation vivid and attractive.

（2）翻译过程中如何处理两种语言的不同表达是难点，教师挑选段落中的句子，进行学生试译、教师点评，逐步让学生化解难点，理解翻译的基本知识。

（3）选取与学生专业相关的英文句子，和学生一起讨论并翻译，通过实践来了解科技英语翻译是什么。

石化专业相关的英文句子：

In addition, in the analysis of the research results, we believe/find that the main factor affecting N_2 activation is charge transfer.

And further literature research shows that some researchers, inspired by nitrogenase in nature, have also conducted useful explorations on simulating the structure of the active center of nitrogenase for nitrogen fixation.

土木、材料、数计专业相关的英文句子：

Machining of materials is basically adopted to get higher surface finish, close tolerance and complex geometric shapes, which are otherwise difficult to obtain.

In essence, an algorithm determines the procedure to calculate a function. In computing, algorithm take input values through a prescribed sequence.

Existence of some forms of the crude machine tools can be traced to as early as 700 BC.

电气、软件专业相关的英文句子：

It's uneconomical to directly connect electricity consumers to the main transmission network, unless they use large amounts of power, so the distribution station reduces voltage to a level suitable for local distribution.

Through code scavenging, engineers use pieces of old code as basis for new coat. They also have access to program libraries that are full of intermediate products. Engineers can easily instantiate these templates during system development.

3. 深入研讨

知识点：直译要近情理，便于读者接受理解，不能硬译死译；意译应该注重事实依据，不能无中生有、随意杜撰、胡译乱译。

重点：没有绝对的直译或意译，具体语境具体选择。

（1）对比新华社与外交部发言人华春莹对习近平总书记关于"三牛精神"的不同翻译，帮助学生理解何为意译、直译。

① the spirit of the ox（新华社）

"We must promote the spirit of the ox in serving the people, driving innovative development and working tirelessly."

我们要大力发扬孺子牛、拓荒牛、老黄牛精神。

② three ox spirit（华春莹）

"Going forward, we must exert ourselves to strive bullishly without being afraid of or defeated by any problems with the 'three ox spirit'."

前进道路上，我们要发扬"三牛精神"，以不怕吃苦、永不气馁的牛劲牛力向前。

（2）讨论"三牛精神"的内涵。

"Ox is a symbol of diligence, dedication, progress and strength. The selfless commitment to the good of the people is represented by 孺子牛, or the 'serving-the-people ox'."

"To seek innovation and development and overcome difficulties is reflected by 拓荒牛, or the 'pioneering ox'."

"Hard work and the willingness to endure hardships define the 老黄牛, or the 'persisting ox'."

讨论华春莹推特中对"三牛精神"内涵的英文表述，把思政元素融入翻译学习当中，潜移默化地传达无私奉献、开拓进取、艰苦奋斗的时代精神，实践社会主义核心价值观"爱国"。同时强调在对外宣传中应致力于传播优秀的中国传统文化，彰显"文化自信"。

教 学 成 效

"科技英语"作为理工科学生专业英语课的先修课程，主要目标在于帮助学生积累相关语言技能，内容比较单调枯燥，如何调动学生的积极性，消除他们的畏难情绪是一个难点。案例赏析是一种常用的方法，但选择什么案例着实让教师费了一番功夫。鲜活生动的案例需要平时的积累，借助于科技的便捷，碰到有用的素材及时收藏整理成素材库是我多年的经验。"三牛精神"的翻译案例恰好是上课期间的时事，很好地切合了本课程的教学内容"直译与意译"，又天然蕴含思政元素，同时形式活泼，深得学生的喜欢，学生课后直呼"翻译学习也可以这样好玩"。在学生领略翻译技巧的过程中潜移默化地传达无私奉献、开拓进取、艰苦奋斗的时代精神，实践社会主义核心价值观"爱国"。同时基于学生熟悉的本专业内容选取内容，让学生体会到"学有所用"，激发他们的学习兴趣。

课程思政视域下 Python 教学探索

学院名称	计算机与大数据学院	课程名称	Python
主讲教师	吴运兵	教师职称	副教授
授课对象	建筑学院三年级本科生 生物科学与工程学院一年级本科生	课程性质	通识教育必修课

课程简介

"Python"是非计算机专业学生的一门计算机通识必修课。Python 语言是近些年计算机编程语言中最重要的成果之一，它拥有良好的计算生态圈和强大的第三方库，成为当前解决人工智能和大数据技术问题的首选编程语言，因而得到了广泛的应用。本课程于 2020 年被认定为福建省线上线下混合式一流课程，旨在培养学生计算思维能力，以及具备设计程序、编写程序和调试程序的能力，培养学生运用 Python 分析和解决问题的能力。

本课程在讲授 Python 基本语法和原理的同时，十分注重与各专业结合的程序类应用的讲授。随着本课程教学内容的深入，非计算机专业的学生可通过学习掌握如中文分词、网络数据获取、文件处理等编程技能，同时还能掌握程序设计基本方法与编程技术，为后续解决专业问题提供扎实的编程基础。

教学目标

（1）具有坚定正确的政治方向、良好的思想品德和健全的人格，热爱祖国，拥护中国共产党的领导；具有正确的世界观、人生观、价值观；具有科学探索精神，了解国情党情等，践行社会主义核心价值观。

（2）掌握 Python 基本语法、基本数据类型、程序基本结构、文件等，能实现简单代码编写，培养学生的计算思维能力。

（3）掌握 Python 词频统计、科学计算、可视化、网络爬虫等功能，培养学生获取数据、处理数据、展示数据等能力以及科学探索精神。

（4）利用 Python 计算生态开展相关领域内的应用与研究，如数据挖掘、人工智能等，培养学生解决专业复杂工程问题的能力。

思政元素

（1）与时俱进，厚植家国情怀。利用基本绘图方法，以画图形式展示当前国内重要事件，如抗击疫情、建党百年、北京冬奥、航天强国等案例，培养学生家国情怀。

（2）构造案例，诠释坚持意志。构建"天天向上"教学案例，诠释坚持学习的力量，引导学生努力学习。

（3）了解时政，关注国家发展。利用词频统计、制作词云等方式，结合国家"十四五"发展规划内容及远景目标，引导学生树立远大理想，实现个人价值与社会价值的有机统一。

（4）科教相融，培养探索精神。结合自身科研数据，引导学生对待科研数据务必求真，绝不剽窃、篡改和弄虚作假等，对待科学应具有创新与探索精神。

（5）学思结合，做好职业规划。利用网络爬虫，提前了解本专业社会需求，做好职业规划，引导学生注意网络安全法律法规，培养学生遵纪守法的意识。

案例实施路径与方法

（一）育人理念

本课程的教学育人理念为：始终坚持"立德树人"根本任务，坚持"以产出为导向、以学生为中心、持续改进"的先进工程教育理念，树立学生正确的世界观、人生观、价值观，践行社会主义核心价值观。

（二）实施路径

1. 课前准备：挖掘思政元素

落实课程思政教学改革，最终要体现在引领学生树立正确的世界观、人生观、价值观，因此，如何充分挖掘课程内容中的思政元素成为课程思政教学改革的关键。根据 Python 语言程序设计课程内容，课程教学团队在课前做了大量调研，充分挖掘与课程内容相符的思政元素和实验案例。

首先，课程教学团队从学校人才培养目标出发，在课程教学大纲中，明确要求教学目标需体现引领学生树立正确世界观、人生观、价值观，并具有科学探索精神，了解国情社情民情，践行社会主义核心价值观等；其次，在课程教学内容上，充分挖掘课程内容的思政元素，建立思政元素教学案例库，使得专业知识教育与思政教育同向同行。例如在课程内容基本图形绘制库（turtle 库）中，结合当前社会发展的主流思想，设计相关主题的教学案例，将思政元素隐性融入课程教学，形成协同效应。

2. 课堂教学：实施思政教育

课堂教学是实施课程思政的主要阵地。在课堂教学过程中，通过利用多种教学形式，将课前准备的具有思政元素的教学案例渗透于课堂教学各个环节，使思政元素与课程知识点深度融合，达到"隐性"思政教育的目的。

在课程理论教学中，结合线上线下混合式教学模式，学生依托国家精品在线课程学习基本理论知识，而课堂教学重点讲授课程理论重点与难点，同时详细讲授课前设计的具有思政元素的教学案例，形成思政教育与知识讲授的有机融合。在上机实验中，结合课程内容设计具有思政元素的实验案例，充分发挥实验教学"做中思"的德育功能，注重培养学生学思结合、知行统一，增强学生勇于探索的创新精神、善于解决问题的实践能力。

3. 课后加深：内化思政教育

课后加深是为了让学生巩固所学单元知识。由于课程为公共基础课，绝大多数学生仅在课堂中学习，课后基本上不会对其加深巩固，无法深入理解和掌握相关知识，缺乏对课程知识点进一步加深理解的主动性。

课后加深重点采用线上实验和综合实验来完成。其中线上实验加深是指在课后依托智慧教学辅助平台完成理论单元的实验练习，目的是对单元理论知识点进行加深理解和巩固。而综合实验内化是指利用设计好的具有思政元素的综合实验项目，对实验项目中的思政元素进行内化，培养学生分析问题、解决问题等能力以及团队合作精神。如在利用 turtle 库进行综合绘图时，要求学生以团队合作方式完成综合实验，最终以学生互评与答辩形式进行评价。

（三）教学案例设计

从课程教学目标出发，结合理论课程教学单元，以贴近现实为准则，设计课程思政教学案例，从而达到思政教育和专业教学无缝对接，课程思政润物细无声的效果。具体课程内容与思政元素设计如表 1 所示。

表 1　课程内容与思政元素设计

教学内容	理论知识	思政元素	能力培养
Python 基本图形绘制	turtle 库基本函数及功能	以画图形式展示当前国内重要事件，如抗击疫情、建党百年、北京冬奥会、航天强国等案例，培养学生家国情怀	掌握 turtle 库画图的基本方法、Python 基本语法要素等，培养学生对 Python 语言的学习兴趣
基本数据类型、程序结构、函数	数据类型、顺序结构、选择结构、循环结构、函数	诠释坚持学习的力量，引导学生努力学习	掌握基本数据类型的使用，了解基本程序结构、函数调用等，重点培养学生的计算思维能力
组合数据类型	列表、字典等数据类型、Jieba 库、Wordcloud 库	引导学生关注国家"十四五"发展规划及远景目标，树立远大理想，实现个人价值与社会价值有机统一	掌握列表和字典等组合数据类型的使用方法，利用词频统计获取关键词信息，并能实现关键词词云制作
科学计算与可视化	NumPy 库、SciPy 库、Matplotlib 库等	引导学生对待科研数据务必实事求是，绝不剽窃、篡改和弄虚作假等，对待科学应具有创新精神，遵循科学的求真务实精神	掌握科学计算常用第三方库，并能对科研数据进行存储与展示
Python 网络爬虫	Pandas 库、Requests 库、BeautifulSoup 库等使用	引导学生提前做好人生职业规划，了解社会需求，努力学习；督促学生遵循网络安全法律法规等	掌握网络爬虫技术，获取相关招聘信息，并对数据进行处理，培养学生解决复杂工程问题的能力

（四）教学活动设计

本课程教学活动采用线上线下混合式模式，线上主要应用国家精品在线课程作为校内小规模在线课程（SPOC），并结合智慧教学辅助平台完成线上作业，线下讲授重点和难点问题，并结合相关知识进行拓展延伸。另外，线下也会根据国内外重要事件设置综合实验项目，以小组为单位完成，最终需提交作品设计方案、作品最终代码和运行效果图等，并以学生互评和小组展示形式进行评价。图 1~图 3 分别为以"建党百年""北京冬奥会""航天科技"为主题的综合实验的部分学生作品展示。

教 学 成 效

本课程的教学探索取得了较好效果，总结如下。

（1）提升了教师队伍思政教育意识，能深入挖掘课程中的思政元素，合理设计教学内容和教学方法，改变传统教学模式，形成全方位育人体系。

（2）学生认同感较强，课堂参与度有所提升，绝大多数学生能积极完成线上作业，并主动参与综合实验的分析、设计和代码编写等，增强了学生的团队合作能力。

（3）从期末考试成绩来看，优良率有较大幅度的提高，而不及格率有所下降，从调查问卷情况来看，得到多数学生的一致认可。

（4）具有一定的示范效应，在学校教务处举办的第三十场"教学有道"活动中分享课程思政教学案例，得到教师们的认可。

（5）相关课程思政教学改革探索成果已发表在《中国轻工教育》上。

图1　以"建党百年"为主题的综合实验部分作品展示

图2　以"北京冬奥会"为主题的综合实验部分作品展示

图3　以"航天科技"为主题的综合实验部分作品展示

课程思政视域下 C 语言教学探索

学院名称	计算机与大数据学院	课程名称	C 语言
主讲教师	谢丽聪	教师职称	副教授
授课对象	物理与信息工程学院一年级本科生	课程性质	公共基础课

课程简介

"C 语言"是高等院校非计算机专业学生的一门计算机基础课程，涉及的专业面广，学生人数多。C 语言是一种通用的高级程序设计语言，且具有其他高级语言所不具备的低级语言功能，不但可用于编写应用程序，还可用于编写系统程序，因而得到广泛应用，故开设 C 语言课程具有现实意义。学习本课程，旨在培养学生设计程序、编写程序和调试程序的能力，以及运用 C 语言分析和解决问题的能力。

在培养学生掌握利用计算机解决实际问题的基本过程和思维规律的同时，强调学生应具备坚韧的科学精神和服务国家发展战略的家国情怀，将工匠精神的教育贯穿于课程教学过程。通过本课程的学习，要求学生掌握程序设计的方法与编程技术，形成良好的程序设计风格，为科学与技术领域的应用打下坚实的基础，并具备坚韧的科学精神和服务国家发展战略的家国情怀。

教学目标

通过本课程的学习，要求学生掌握程序设计的基本概念、语法规则、基本思想和方法，具备代码阅读、分析、编程、调试等能力；掌握编程开发工具并理解其优势和局限性，具备了解、跟踪最新进展，持续学习的能力，具备对实际问题进行正确分析和编程解决的能力；能利用 C 语言解决专业问题，具备软件开发的基本素养和团队协作精神，具有终身学习的愿望。结合课程相关理论知识，设计与日常生活紧密相关的教学案例，厚植学生家国情怀，诠释坚持意志，树立科学探索精神，养成较强的社会责任感，能践行社会主义核心价值观。

思政元素

培养学生具有坚定正确的政治方向、良好的思想品德和健全的人格，热爱祖国，热爱人民，拥护中国共产党的领导；具有正确的世界观、人生观、价值观；具有科学精神、工匠精神，具有极高的人文修养、职业素养，具有极高的社会责任感和积极向上的人生态度，了解国情社情民情，践行社会主义核心价值观。坚持知识传授和价值引领相统一。

案例实施路径与方法

案例 1

第二章"C 语言概述",介绍 C 语言的历史、特点和发展。教学目标是掌握 C 语言源程序的结构和编程风格与惯例;熟悉 Dev C++ 等 C 语言程序开发环境;在系统上编辑、编译、连接、运行一个 C 程序。通过运行 C 程序,初步了解 C 程序的特点。通过教学,使学生了解当代大学生应当具备的学习态度和道德守则,在学习中努力发扬工匠精神,执着专注、精益求精、一丝不苟、追求卓越;引导学生了解时代发展与个人成才的关系,做好自己未来职业/事业的发展规划,激发学生对社会主义核心价值观的认同感。

案例 2

第三章"数据类型、运算符与表达式",本章的教学目标是:通过学习 C 语言的数据类型和运算符,掌握 C 语言的基本数据类型的使用,各种运算符和表达式的使用。结合教学目标,在学习基础语法的同时融入课程思政内容,例如对于一个整型数,用不同的格式输出结果是完全不同的,如图 1 所示。通过对基础语法的介绍,引导学生在学习、生活和以后的工作中遵守规定,遵守学校各种规章制度,遵守国家的各种法律制度,办任何事情都要一丝不苟,容不得一点违章违法,做遵纪守法的文明人。

案例 3

第四章"程序控制结构",本章的教学目标是掌握 C 语言的基本程序控制结构:顺序结构、选择结构和循环结构。讲授选择结构时,融入课程思政内容,例如,对于分段函数,对于不同的输入值,运算公式不同,就会产生不同的输出结果,如图 2 所示。通过选择结构的案例,引导学生面临多种选择时要慎重抉择,承担抉择之后带来的后果,不要患得患失,应坚持到底,持之以恒。

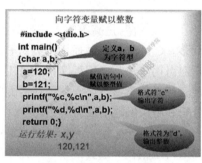

图 1　格式化输出示例图

案例 4

第四章"程序控制结构"中的循环结构,主要教学目标是:讲需要重复计算的问题,通过计算机简化运算过程。解题思路是根据循环结构的语法特点,对需要进行大量重复操作的运算过程进行简化,通过循环结构语句得到计算结果。这里通过利用公式求 π,来说明循环结构的应用,如图 3 所示,并融入课程思政内容。求 π 的公式很多,但不管用哪个公式都存在较大的误差。我国南北朝时期,祖冲之就已经将圆周率精确计算到小数点后七位,比欧洲科学家得出的公式早了上百年,而且精确度是他们无法超越的。通过循环结构实例,让学生体会到每天看似平淡的生活其实是为我们的美好生活积能蓄势,让他们在平淡中寻找亮点,积极乐观地面对每一天。

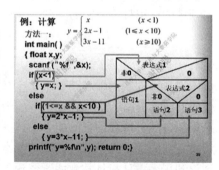

图 2　分段函数示例图

案例 5

第五章"数组",教学目标是掌握数组的概念、定义和应用。数组是具有相同数据类型的一组若干个数据,按照一定的顺序排列,通过不同的下标变量来引用每个数组元素。要求学生掌握最基本的典型算法,如:查找算法、排序

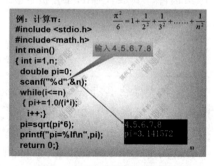

图 3　用循环结构求 π 示例图

法；矩阵的相乘、相加、转置算法。数组融入人以群分、物以类聚的思想，要多结交正能量的朋友；排序查找可以融入银行取款、搜索引擎、班级组织活动等常用场景，以增强学生的组织性和团结力。

案例 6

第六章"指针"，教学目标是掌握指针的基本概念和指针的使用。指针变量存放的是变量的地址，通过指针可以高效率访问数据。通过使用指针，能够直接访问变量在内存中的存储位置，提高程序运行效率，所以，指针的使用将使我们更加高效和方便地使用宝贵的内存空间，从而编写出精练而高效的程序。融入课程思政案例，通过使用指针变量进行复杂程序的调试可以锻炼学生的耐心和战胜困难的意志力，看似复杂的操作，只要有耐心和意志力终会解决疑难，取得成功。

案例 7

第七章"函数"，教学目标主要是让学生理解函数的作用、定义，函数的参数传递及调用，变量的作用域和生命周期，进而能够根据函数定义的格式编写函数程序，让学生能够掌握内存变量和指针作为函数参数传递时的区别，掌握不同类型参数传递的方法，了解模块化程序设计的真谛。我们通过调用函数求方程的根的实例（图4），融入分治的思想，增强学生的责任担当、集体团队和合作意识。

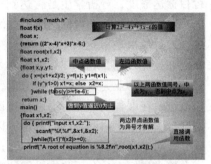

图 4 二分法求方程的根函数调用示例

案例 8

第八章"用户自定义数据类型"，介绍了结构体类型、联合体类型和枚举类型的定义；介绍了结构体变量、数组、指针变量的定义、初始化和成员引用；介绍了联合体变量的定义和成员引用；介绍了枚举型变量的定义和引用；用户自定义类型的定义和使用。在讲解课程内容的同时融入思政内容：我国对新冠疫情的防控能力和取得的成就举世无双，通过学习，学生可以使用本章所学的结构体的功能作相关防控数据分析，激发学生的爱国热情。

案例 9

第九章"文件"，教学目标是掌握文件读写的基本方法。程序数据的输入输出除了可以在标准输入输出设备键盘和显示器上实现以外，还可以通过数据文件进行，以便于利用重复数据并保存有用的关键数据，实现数据复用功能。C 语言把文件看作字节流，通过文件指针指向字节流，采用系统函数对文件进行读写。学习中融入课程思政案例，穿插对信息资源的认识，理解文件的操作流程：打开、读写、关闭，步步相扣、环环相连。要求学生保存资料，学会资源共享。要求学生提高信息安全意识和保密意识。通过综合性实验进一步提高学生的团队意识，培养学生战胜困难的毅力和职业素养。

总结

课程思政是高校立德树人、发挥课程育人作用、提高人才培养质量的重要举措。本案例立足C 语言程序设计这门课程，从课程属性及内容、要求掌握的知识技能点、目标工作岗位等方面出发，深入挖掘思政要素点，将其与课程内容、课程授课模式与评价方式相结合，为工科类计算机通识课程思政教学提供了思路。从以上案例可以看到，无论是简单的基本语法、结构化控制语句，还是数组、函数、指针、文件等，C 语言作为计算机语言，本身是要求严谨、一丝不苟的，其程序设计是一个不断调试、不断测试直到成功运行的过程。学 C 语言程序设计是为了开发程序，程序要求逻辑严密，要求精益求精。无论是人机界面的友好性，还是程序本身的容错性，都体现了工匠精神——把事情做到极致。

教 学 成 效

1. 课程评价

在教学全过程中，在课程内容上，将育人理念融入其中，围绕课程目标铺展课程思政目标，对于课程知识点的讲解可以把专业知识和思政结合。结合课程内容，设计上机实验项目及线上作业，上机实验项目用于检验学生对基本语法知识的掌握情况，线上作业用于加强与巩固基础知识，并适当拓展延伸。依据上机实验与线上作业完成情况，对授课内容与方法进行实时微调。通过将思政元素案例巧妙地融入授课内容及实验内容，使得学生在听课和实验的过程中接受专业教育和思政教育，达到潜移默化的育人效果。课程考核结束后，结合平时作业、期末考试成绩等计算课程目标达成度，分析学生是否达到毕业要求指标点，查找课程目标达成存在的短板问题，为后续进一步提升课程教学目标达成度提供依据。

2. 持续改进

在授课期间，利用"智慧教学"工具不间断调查学生学习情况，从而有效调整授课内容，同时结合线上作业完成情况进行分析，对学生存在的共性问题进行深入分析与总结，查找原因并加以改进；在课程结束后，通过分析课程目标达成度、调查问卷等形式，获取学生对本课程的掌握情况，了解学生对课程的需求等，以便后续进行持续改进。另外，与开课学院进行交流，了解不同专业对本课程的要求，进一步改进课程授课内容，以便服务不同专业工程教育认证需求，满足毕业要求指标点。今后将在继续注重教授专业知识的同时，培养学生的家国情怀和民族自信，培养学生的创新思维。

在教学过程中渗透思想政治教育，不仅可以加深学生对于专业知识的理解，而且能够培养学生良好的性格品质，有助于他们明确人生方向，担负起历史使命，积极承担公民责任。

当今科技界的网红——贝叶斯公式

学院名称	数学与统计学院	课程名称	概率论与数理统计
主讲教师	薛美玉、梁飞豹	教师职称	副教授
授课对象	理科、工科、经管类各专业二年级本科生	课程性质	公共基础课

课程简介

"概率论与数理统计"是研究随机现象统计规律性的一门学科,在高等院校人才培养中占有非常重要的地位,可为学生学习后续专业课程以及进一步获得数学知识奠定必要的数学基础。概率论与数理统计广泛应用于社会、经济、科学等领域,为定量分析随机现象及随机数据提供了一套完整的数学方法。它包含"概率论"和"数理统计"两方面的内容,其中概率论以现代数学框架为基础研究随机现象的规律性;而数理统计则以概率论为理论基础,研究怎样用有效的方法去收集、整理、分析受随机性影响的数据,并对所研究的问题做出统计推断和预测,同时为决策和行动提供依据和建议。

教学目标

围绕我校"双一流"和"211 工程"的办学定位、创业型强校之路的办学理念,以及价值引领、知识拓展、思维训练、能力建构"四位一体"的建课理念,通过本案例的学习,学生能实现以下目标:

(1) 结合贝叶斯公式与日常生活的紧密联系、与前沿学科的交叉融合,能透析公式所蕴含的哲学价值,主动践行社会主义核心价值观,还能结合知识与所学专业的联系增强专业自豪感。

(2) 理解贝叶斯公式的背景与实际意义,领会公式的内涵与使用前提、课程与专业学习的联系,为专业学习奠定厚实的数理基础。

(3) 能基于理论与数据并重的统计计算思维,对复杂的实证问题大胆假设、小心求证,用贝叶斯公式构建合适的概率统计模型。

(4) 能对概率统计模型进行合理的研究与优化,能设计相关的试验进行模拟、理论研究和实证分析,能应用统计软件高效地处理数据,培养理论联系实际分析问题、解决问题的能力,综合理论分析与计算结果做出合理的统计推断,提供决策参考。

思政元素

社会主义核心价值观,科技强国的使命感,专业自豪感,方法论。

案例实施路径与方法

（一）教学理念

以学生的发展为中心，坚持目标导向，持续改进。

（二）实施思路

坚持立德树人，专业知识与育人元素有机融合；围绕线上线下、课前课中课后两个维度，打造师生学习共同体；立足毕业要求，从教师要教什么转向学生要学什么。

课前，学生观看教学视频，查阅相关资料，线上完成教师布置的作业。教师根据线上作业完成情况，及时调整教学策略。课中，围绕贝叶斯公式的背景、内涵和使用前提这条教学主线，教师点评学生的线上完成情况，选取《狼来了》、人脸识别、海难搜救等示例，通过分析推导、演绎讲解，引导学生理解公式的内涵与使用前提。由简至难逐步烘托重点、消除难点，使学生掌握公式的应用。课后，学生继续巩固复习，加深对公式的理解，进一步体会公式蕴含的价值观和方法论。

（三）教育教学方法和资源载体

依托自建的省级线上一流课程和本地化 SPOC 资源，使用现代信息技术，开展线上线下混合式教学。综合启发式讲解、传统板书、现代多媒体软件、慕课堂智慧教学工具等手段，适时设疑，师生互动交流，理论联系实际，将启发式教学与案例教学、统计思维与创新思维有机结合。

（四）思政融入和教学设计

1. 导入主题

通过故事《狼来了》、人脸识别和垃圾邮件过滤这些与生活息息相关、学科前沿的应用，问题式导入贝叶斯公式，让学生感受所学知识与前沿热点的结合，激发其学习热情与探究欲望。

2. 展开阐述

围绕贝叶斯公式的形式、内涵与使用前提这条教学主线，分析贝叶斯公式的使用前提，通过循序渐进分析推导、层层深入演绎讲解，由简至难逐步烘托重点，使学生理解贝叶斯公式的形式与推导过程、领会其内涵与使用前提，为接下来的实例应用打好基础。

3. 深入研讨

贝叶斯公式被称为当今科技界的"网红"，其应用尤其是迭代优化，是重点也是难点。围绕贝叶斯公式的深度应用这个问题，结合例题，循序渐进地引导、由浅入深地启发学生思考，增强师生互动交流，让学生逐步记住重点并消化难点。

首先，引入例题 1（"狼来了"），师生一起计算（第一问教师推导，第二问学生计算）小男孩一次次撒谎后大人相信孩子的概率，让学生看到小男孩撒谎的过程也是信用破产的过程，最终自食其果。用耳熟能详的故事激发学生的学习兴趣，在潜移默化中掌握所学知识并明白诚信是立足之本，进而主动践行诚信的社会主义核心价值观。

其次，引入例题 2（人脸识别），该例子与当下热点有关，也与大数据、光电等新工科专业相关，能很好地调动学生的学习积极性。采用创造性思维中的逆向思维，引导学生从待求量出发逐步往回追溯直至列出所有已知的量并把问题解决。

引入例 1 和例 2 的用意：前者是贝叶斯公式应用在"接地气"的生活点滴之处，后者是贝叶斯公式应用于"高大上"的科技前沿领域。通过"接地气"与"高大上"两个层次的融合，引导学生明白"知识源于生活、用于生活，更高于生活"，告知学生要热爱生活、敬畏知识。

最后，时间允许的话，结合学生的专业背景再举一个例子，比如，针对生物专业介绍生命科学家用贝叶斯公式研究基因如何被控制，针对经济管理等专业介绍基金经理用贝叶斯公式寻找最优投资策略，等等。通过这样的融合教学，学生不仅能增强科技强国的使命感，还能体会所学专业的了不起之处，从而专业自豪感油然而生。最后这个例子启发学生运用联想思维，以学生动手为主，既改变教师满堂灌的方法，又培养学生解决问题的能力。

4.总结升华

总结条件概率、乘法公式、全概率公式和贝叶斯公式等相关知识，通过全概率公式和贝叶斯公式，引导学生理解由因导果和由果溯因的方法论。及时设疑，设置思考题（关于垃圾邮件的联合判定），启发学生根据贝叶斯公式的计算结果更深入地思考，要更好地做出决策，还需本课程的后续知识，让学生对课程充满期待，激发自主探究欲。

（五）特色与创新

本案例教学秉持福州大学价值引领、知识拓展、思维训练、能力建构"四位一体"的建课理念，特色鲜明，实现了以下创新。

（1）思政体系完善。从教学目标、教学内容到教学评价，全方位建构课程思政的教学体系。从课前教学设计、课中案例选择到课后任务布置，教学全过程融入课程思政。

（2）思政融入和谐。资源选择丰富，思政实施恰当，既有接地气的生活实例，又能及时引入学科前沿，思政元素与课程知识有机融合。

（3）细分教学对象。充分研读各专业的培养计划，以学生为中心、产出为导向，从教师要教什么转向学生要学什么。按照理科、工科、经管等不同专业类别，差异化进行课程思政建设，以课程思政与专业认证双理念协同育人。

教 学 成 效

采用线上线下混合式教学。教学设计符合大学生的认知规律和知识水平，思政元素和谐融入。引入学生耳熟能详的故事，拉近学生与知识的距离，营造轻松活跃的氛围，激发学生的探究欲望。还引申课程知识在学生专业上的应用，倡导知行合一。

学生积极参与，反响很好，纷纷表示这样寓教于乐的方式让他们很好地掌握了课程知识，教学效果良好。

教师多次受邀进行混合式教学和课程思政建设的分享，获得校内外同行的好评。课程已获评省级课程思政示范课程，课程案例还作为课程思政示范案例上线新华网展播，学习人数近4万人，较大地提升了课程的影响力。

高等数学 B（下）典型教学案例

拉格朗日乘数法的应用

学院名称	数学与统计学院	课程名称	高等数学 B（下）
主讲教师	王平	教师职称	讲师
授课对象	材料科学与工程专业一年级本科生	课程性质	公共基础课

课 程 简 介

"高等数学 B（下）"课程是高校理工科学生必修的一门重要的公共基础课，本课程于 2020 年被认定为省级线上线下混合式一流课程。主要内容是多元微积分。通过本课程的学习，学生能够掌握向量代数与空间解析几何、多元函数微分学、第一型积分、第二型积分、无穷级数的基本理论和基本方法。

本课程通过基本概念的正确讲解，基本理论的系统阐述，基本运算能力的严格训练，培养学生的抽象思维能力，严密的逻辑推理能力，科学、准确的计算能力，以及综合利用所学的基本理论、基本方法解决实际问题的能力。并使学生领会数学的思想方法，为学生学习后继课程提供必要的数学工具。

本课程已经成为培养学生数学素质的重要课程之一。

教 学 目 标

（1）价值引领：领会所学数学知识的实用性，激发学习数学的兴趣，具有爱国精神、科学精神和社会责任感。

（2）知识拓展：掌握拉格朗日乘数法求条件极值的实际应用。

（3）思维训练：加强抽象思维、逻辑思维、类比思维等思维训练。

（4）能力建构：能应用拉格朗日乘数法对相关的问题进行数学建模并适当求解。

思 政 元 素

（1）通过专业知识的深入讲解，开阔学生的数学视野，提高学习兴趣。

（2）加强数学知识的迁移和应用，培养严谨求实的科学精神。

（3）通过小组合作讨论，提高学生团队协作能力。

（4）以两个典型案例为引导，增强学生的民族自豪感和自信心，厚植家国情怀，树立科技报国的志向。

案例实施路径与方法

（一）育人理念

在新工科背景下，本课程坚持以学生为中心，面向工程认证，以立德树人为引领，在问题驱动下，加强数学思维培养，促进学生能力发展。

（二）实施思路

依托国家精品在线课程，采取混合式教学模式，融合各种智慧工具（如雨课堂），精心选取应用案例，逐步化解重难点，促进学生熟练掌握拉格朗日乘数法的应用，培养数学建模思想，加强了数学思维的训练。以两个典型案例为引导，增强学生的民族自豪感和自信心，培养家国情怀，树立科技报国的志向。

（三）教学活动设计

1. 问题引入

例1 飞行器材料选择：假设某一飞行器的表面为椭球面 $4x^2+y^2+4z^2=16$，飞行器进入地球大气层，其表面开始受热，1小时后飞行器表面 (x,y,z) 点处的温度 $T=8x^2+4yz-16z+600$，求飞行器表面最热的点。

教学设计：结合授课专业的需求，首先创设情境，以观看"神舟十三号"宇宙飞船载誉出征的视频引入例1飞行器材料选择案例，从而引出条件极值概念，培养学生的抽象思维。在问题驱动下，理论联系实际，激发学生学习兴趣，增强民族自豪感和自信心，树立科技报国的志向。

2. 条件极值的概念

采用类比思想结合几何图形引导学生区别无条件极值和条件极值两个概念。

练习1（雨课堂投票）求条件极值有几种方法？（　　　）
A. 1　　　B. 2　　　C. 3　　　D. 4

教学设计：

（1）采用概念性变式的方式，以及数形结合，教师启发学生利用类比思想方法理解条件极值的概念，培养学生的类比思维。

（2）雨课堂投票"求条件极值有几种方法"，并提问学生具体有几种方法，学生之间互相补充，加强生生互动。

例2 某厂要用铁板做成一个体积为 a m³ 的有盖长方形水箱。若要使得用料最省，这个水箱的长、宽、高应各取怎样的尺寸？

教学设计：雨课堂发送练习1，学生自主完成提交，教师根据学生的答题情况进行精准点评，提高学生主动学习的能动性。对比例1，引出拉格朗日乘数法。

3. 拉格朗日乘数法

问题：求函数 $z=f(x,y)$ 在约束条件 $\varphi(x,y)=0$ 下的可能极值点。

求法：先构造拉格朗日函数 $L(x,y,\lambda)=f(x,y)+\lambda\varphi(x,y)$，其中 λ 为参数，再求解方程组

$$\begin{cases} L_x(x_0,y_0)=f_x(x_0,y_0)+\lambda\varphi_x(x_0,y_0)=0 \\ L_y(x_0,y_0)=f_y(x_0,y_0)+\lambda\varphi_y(x_0,y_0)=0 \\ L_\lambda(x_0,y_0)=\varphi(x_0,y_0)=0 \end{cases}$$

得到 x、y 及 λ 的值。求出的 (x,y) 就是 $z=f(x,y)$ 在约束条件 $\varphi(x,y)=0$ 下的可能极值点。

练习2（雨课堂单选题）拉格朗日乘数法的基本思想是将条件极值问题化为讨论拉格朗日函数的无条件极值问题。（　　　）

A. 正确　　　　B. 错误

教学设计：

（1）师生互动。拉格朗日乘数法的代数方程的建立完全是一种逻辑演绎，是抽象思维的结果，教师用黑板板书启发学生进行分析推导拉格朗日乘数法的由来，突破本节课的难点，培养学生的逻辑思维能力和分析推导能力。

（2）雨课堂辨析式训练，帮助学生深刻理解拉格朗日乘数法的本质思想。

（3）学生用拉格朗日乘数法再次求解例2，并通过雨课堂投稿和上台板演进行生生互动。通过一题多解可以培养学生的发散思维，并进行理论知识的应用。

4. 拉格朗日乘数法的简单应用

练习3（雨课堂单选题）利用拉格朗日乘数法求目标函数 $f(x,y,z)=8x^2+4yz-16z+600$ 在约束条件 $4x^2+y^2+4z^2=16$ 下的最大值，可构造拉格朗日函数为（　　）。

A. $L(x,y,z,\lambda)=8x^2+4yz-16z+600+\lambda(4x^2+y^2+4z^2)$

B. $L(x,y,z,\lambda)=8x^2+4yz-16z+600+\lambda(4x^2+y^2+4z^2-16)$

C. $L(x,y,z,\lambda)=4x^2+y^2+4z^2-16+\lambda(8x^2+4yz-16z+600)$

D. $L(x,y,z,\lambda)=4x^2+y^2+4z^2+\lambda(8x^2+4yz-16z+600)$

教学设计：

（1）对例1进行求解，通过雨课堂互动、小组合作汇报引导学生利用数学建模的思想解决实际问题，对拉格朗日乘数法进行简单应用，从而加强所学知识的迁移和应用。

（2）小组代表汇报课前分组讨论的结果，并强化学生的运算能力，通过运算促进数学思维发展，形成规范化思考问题的品质，培养严谨求实的科学精神。

5. 拉格朗日乘数法的拓展应用

拉格朗日乘数法还可以推广到自变量多于两个而约束条件多于一个的情形，例如，要求函数 $u=f(x,y,z)$ 在约束条件 $\varphi(x,y,z)=0$，$\psi(x,y,z)=0$ 下的极值，可以先构造拉格朗日函数

$$L(x,y,z,\lambda,\mu)=f(x,y,z)+\lambda\varphi(x,y,z)+\mu\psi(x,y,z)$$

其中 λ、μ 均为参数。得到 x、y、z、λ、μ 的值，其中的 (x,y,z) 就是函数 $u=f(x,y,z)$ 在约束条件 $\varphi(x,y,z)=0$，$\psi(x,y,z)=0$ 下的可能极值点。

例3 营房选址（图1）：在我国漫长的边防线上，广大边防官兵日夜守候在各边防哨所中，为便于管理和便利广大边防官兵的日常生活，哨所及营地一般都尽量建在距离公路较近的地方。

例3抽象为如下数学问题：设某边防公路的方程为 $z=x^2+y^2$ 和 $x+y+z=1$ 的交线，如何在公路上找一点 $M(x,y,z)$，在该处修建营地，使得哨所到营地的距离最短？

练习4（雨课堂多选题）例2中的抛物面 $z=x^2+y^2$ 被平面 $x+y+z=1$ 截成一椭圆，求椭圆上的点到原点的距离最小值。利用拉格朗日乘数法可构造拉格朗日函数为（　　）。

A. $L(x,y,z,\lambda,\mu)=\sqrt{x^2+y^2+z^2}+\lambda(x^2+y^2)+\mu(x+y+z)$

B. $L(x,y,z,\lambda,\mu)=x^2+y^2+z^2+\lambda(x^2+y^2)+\mu(x+y+z)$

C. $L(x,y,z,\lambda,\mu)=\sqrt{x^2+y^2+z^2}+\lambda(z-x^2-y^2)+\mu(x+y+z-1)$

D. $L(x,y,z,\lambda,\mu)=x^2+y^2+z^2+\lambda(z-x^2-y^2)+\mu(x+y+z-1)$

教学设计： 通过例3营房选址问题，厚植家国情怀。通过雨课堂互动，GeoGebra软件演示图形（图2），培养学生的形象思维，提升实践能力。并通过例3加强拉格朗日乘数法的拓展应用，强化创新思维的培养。

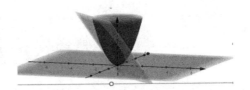

图1 营房选址　　　　图2 GeoGebra图形演示

6. 小结

教师归纳总结，布置思考题和作业，并通过慕课堂布置课外任务，进行知识巩固拓展和思维的提升。

教学设计：进行重点知识总结，训练学生的归纳能力，促进学生对所学知识的内化和系统化。通过布置小组合作任务，提高团队协作能力，以及运用数学思维方法解决问题的能力。

（四）特色与创新

借助混合式教学模式，线下通过雨课堂互动、线上通过SPOC"伙伴讲堂"专栏分享学生录制的视频等方式，将思政元素立体式全方位渗入课程，使课程内容丰富而且充满活力，形式多样化，学生易于接受，实现了知识传授与价值塑造的有机融合。

通过案例式教学，改变了学生对数学课程教学的枯燥印象，在学习专业知识的同时拓宽了认知领域，更有利于当代大学生树立正确的人生观，坚定崇高的理想信念。

教 学 成 效

本课程依据学生线上学习情况，进行线下拓展教学。运用问题驱动和案例式教学，借助雨课堂进行实时互动，激发了学生的学习热情，加强了逻辑思维等各种思维能力的训练，促进了学生学习的自主性；提高了学生思考问题、解决问题和数学应用的能力，为新工科人才提供必备的数学素养。

课后学生通过小组合作，补充录制视频，在线上异步SPOC的"伙伴讲堂"专栏进行分享。让学生在学中做，做中悟，取得了良好的学习效果。

本案例录制的课堂实录得到同行的好评，并荣获第二届福建省高校教师教学创新大赛三等奖。

中心极限定理

学院名称	数学与统计学院	课程名称	概率论与数理统计
主讲教师	薛美玉	教师职称	副教授
授课对象	理科、工科、经管类各专业二年级本科生	课程性质	公共基础课

课 程 简 介

"概率论与数理统计"是研究随机现象统计规律性的一门学科,在高等院校人才培养中占有非常重要的地位,可为学生学习后续专业课程以及进一步获得数学知识奠定必要的数学基础。概率论与数理统计广泛应用于社会、经济、科学等领域,为定量分析随机现象及随机数据提供了一套完整的数学方法。它包含"概率论"和"数理统计"两方面的内容,其中概率论以现代数学框架为基础研究随机现象的规律性;而数理统计则以概率论为理论基础,研究怎样用有效的方法去收集、整理、分析受随机性影响的数据,并对所研究的问题做出统计推断和预测,同时为决策和行动提供依据和建议。

教 学 目 标

围绕我校"双一流"和"211 工程"的办学定位、创业型强校之路的办学理念,以及价值引领、知识拓展、思维训练、能力建构"四位一体"的建课理念,通过本案例的学习,学生能实现以下目标:

(1) 在开展团队试验的过程中,大胆假设、小心求证、求真探索,能体会实践出真知,培养积极探索的科学精神并主动践行诚信、友善等社会主义核心价值观。

(2) 了解二项分布中心极限定理和独立同分布中心极限定理的背景,领会其使用前提与内涵,并能拓展知识在专业上的应用。

(3) 以不同问题的解决方式为途径,积极培养统计思维和创新思维。

(4) 自主把两个中心极限定理与实际案例联系,培养理论联系实际分析问题、解决问题的能力。

思 政 元 素

大胆假设、小心求证、求真探索的科学精神,诚信、友善的社会主义核心价值观。

案例实施路径与方法

（一）教学理念

以学生的发展为中心，理实结合，倡导知行合一。

（二）实施思路

坚持立德树人，专业知识与育人元素有机融合；围绕线上线下、课前课中课后两个维度，打造师生学习共同体；融合试验教学，坚持理论联系实际。

（三）教育教学方法和资源载体

依托自建的省级线上一流课程和本地化 SPOC 资源，使用现代信息技术，开展线上线下混合式教学。综合启发式讲解、传统板书、现代多媒体软件、慕课堂智慧教学工具等手段，适时设疑，师生互动交流，理论联系实际，将案例教学与试验教学、统计思维与创新思维有机结合。

（四）思政融入和教学设计

围绕二项分布中心极限定理和独立同分布中心极限定理这条教学主线，通过启发式的分析推导、演绎讲解、试验展示，使学生直观理解两个中心极限定理的内涵与使用前提。选取"双 11"购物狂欢节、加数求和的取整误差等实例，循序渐进、层层深入地讲解和利用统计软件展示分组试验结果，由简至难逐步烘托重点，引导学生使用收敛思维，归纳出两个定理应用的三种类型，逐步让学生化解难点，掌握这两个定理的使用条件，以便熟练地掌握两个中心极限定理的应用。

1. 导入主题

通过"双 11"购物节网络拥堵、身高和成绩"中间大两头小"等生活中的实际现象，问题式导入中心极限定理，让学生感受所学知识与日常生活的联系，拉近学生与新知的距离，激发其学习兴趣。

2. 展开阐述

学生课前借助慕课资源学习两个中心极限定理的内容。课堂上，例题 1 先通过二项分布和正态分布的随机事件概率的计算，初步验证二项分布中心极限定理。重点是向学生揭示定理的本质——二项分布与正态分布的近似。引导学生回忆第二章二项分布与泊松分布的近似，通过仔细观察二项分布的参数，正确选择用来近似的分布类型，培养学生知识迁移、融会贯通的能力，并精确发起 SPOC 平台的讨论话题（关于七大常见分布之间的联系）。

接着，从"双 11"购物节的背景出发精心设计了例题 2（关于网站访问）。其三个问题恰好涵盖该定理的三种应用类型。问题一以教师讲授为主，采用创造性思维中的逆向思维，引导学生从待求量出发逐步往回追溯直至列出所有已知的量并把问题解决；问题二启发学生运用联想思维，以学生动手为主；问题三留给学生课后解决。既改变教师满堂灌的方法，又培养学生解决实际问题的能力。

最后，例题 3（关于误差分析）的两个问题由学生分组完成，组内讨论，组间互评。教师及时设疑，引导学生采用收敛思维，类似于例题 2，归纳出独立同分布中心极限定理的三种应用类型。

3. 理实结合

中心极限定理比较抽象，故在课外提前布置了分组试验，每组学生自行选择合适的计算机软件（如 MATLAB、R、Excel）开展统计模拟试验，验证两个中心极限定理。课中安排各组上台现场展示试验结果并介绍组内分工合作情况。各组无一例外都验证了两个中心极限定理，不仅让学生体会到成功的喜悦，而且在组内分工合作试验的过程中，学生更加钻研探索、诚实协作、团结友善，从而培养积极探索的科学精神，并主动践行诚信和友善的社会主义核心价值观。试验展示后，采取团队奖励措施，投票推选最优小组，组员可获得该试验的平时加分。

4. 总结升华

先总结二项分布中心极限定理和独立同分布中心极限定理的内涵与使用前提。再由 0-1 分布与二项分布的关系来诠释两个中心极限定理的联系——二项分布中心极限定理是独立同分布中心极限定理的特例。由此，介绍中心极限定理的发展历史。进一步培养学生知识迁移、融会贯通的能力，培养其联想思维、发散思维。

（五）特色与创新

本案例教学秉持福州大学价值引领、知识拓展、思维训练、能力建构"四位一体"的建课理念，特色鲜明，实现了以下创新。

（1）思政体系完善。从教学目标、教学内容到教学评价，全方位建构课程思政的教学体系。从课前教学设计、课中案例选择到课后任务布置，教学全过程融入课程思政。

（2）倡导知行合一。融合试验教学，强调理实结合。既有小型趣味性试验，又有承载高阶能力的编程试验。

（3）教学方法多元。问题导向，深化思维训练。以问题中蕴含的统计思维为驱动，训练学生的数理逻辑等思维，为专业学习融入统计思维和创新思维奠定了扎实的基础。

（4）考核机制创新。组内讨论，组间互评，采取团队奖励措施，专业考核与德育考核并举。

教 学 成 效

开展线上线下混合式教学。教学设计符合大学生的认知规律和知识水平。学生学习兴趣浓厚，师生互动较足。学生在理解两个中心极限定理的结论所蕴含内涵的基础上，能学以致用，积极开展试验探究。但对于独立同分布中心极限定理解题时的第一步，即正确假设随机变量，学生比较困惑，要注重这方面的讲解。另外，学完中心极限定理之后将进入数理统计部分，要强调中心极限定理在数理统计中将发挥的强大作用。

教师多次受邀进行混合式教学和课程思政建设的分享，获得校内外同行的好评。课程已获评省级课程思政示范课程，课程案例还作为课程思政示范案例上线新华网展播，学习人数近 4 万，较大地提升了课程的影响力。

高等数学 A（上）典型教学案例

反常积分（广义积分）

学院名称	数学与统计学院	课程名称	高等数学 A（上）
主讲教师	周勇	教师职称	讲师
授课对象	电类专业一年级本科生	课程性质	公共基础课程

课 程 简 介

课程秉承"以教师为主导，以学生为中心，以发展为主线"的教学理念，开展大量调研，在总结教学痛点的基础上，以"立德树人"为根本，以"课程思政"为抓手，以"两性一度"为建课标准，以"思维创新"为目的，以"学习产出"为导向，设计并实践了一套涵盖课前异步先学、课中大班研习、课后精准专题小班强化、多元化考核评价、朋辈助力解疑等方面，强化师生、生生、师师之间融合交流的"大混合小专题巧助力"精准创新教学模式（图1）。依托"最近发展区 ZPD"理论，课前自学、课中教授、课后领会的"教—学—会"三段式教学，融合多维度的线上线下立体教学环节和多元化的教学方法，成长式地达成课程教学的认知目标、能力目标、思维目标与价值目标。师生同频共振，完成从"要我学"转变为"我要学"，从"教我学"转变为"我会学"的自主学习革命，课程从数学知识为中心的教学走向数学思维为中心的教学。

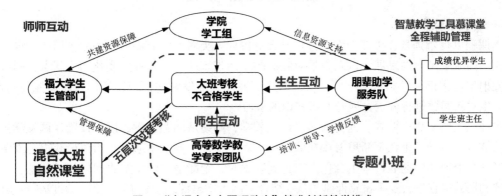

图1 "大混合小专题巧助力"精准创新教学模式

"高等数学 A（上）"共有4部分基础知识内容，包括：微积分的理论基础（函数、极限及连续），一元函数微分学及其应用（导数、微分、中值定理、函数形态），一元函数积分学及其应用（定积分、微积分基本公式、不定积分、反常积分），常微分方程（几类简单的微分方程、二阶线性微分方程、二阶常系数线性微分方程）。本课程要求学生系统地掌握一元函数微分学，常微分方程的基本概念、基本理论和基本方法，同时通过数学实验来培养学生的综合素质，即实验动手能力、分析设计能力及团队合作精神，拓展学生思维，激发学生的创新意识，使学生在分析问题的基本思维方面受到必要的训练，在运算能力、抽象思维能力、逻辑推理能力、空间想象能力方面有一定提高，并对现代数学的某些思想方法有所了解，为继续学习现代数学接轨，提高学生的数学素质与综合素质。

教 学 目 标

（1）价值引领：领会数学知识的实用性，激发学习数学的兴趣，油然而生科技报国的使命感，增强学生的民族自豪感、培养学生勇于探究的科学精神和精益求精的工匠精神。

（2）知识拓展：理解第一类反常积分的概念；讨论第一类反常积分的收敛性；掌握第一类反常积分的计算，以及与定积分的区别。

（3）思维训练：转化的思维——将无限区间上的积分转化为学生熟悉的有限区间上的定积分；极限的思维——利用极限的思想理解无穷限反常积分的概念；采用举例法将新知应用在实际中，修改例题条件后让学生演练，培养学生举一反三的逻辑推理能力；课堂讨论常义积分与反常积分的异同，培养学生的比较思维和归纳思维。

（4）能力建构：能应用第一类反常积分的知识对实际问题进行数学建模，熟练解决专业领域及现实生活中的问题；通过对第一类反常积分概念的梳理，形成严格的逻辑思维能力；通过一题多解，逆向思维，加深对知识的掌握。

思 政 元 素

"航天持续有创新，中国飞天不是梦"，飞天梦是中国梦的重要组成部分，培养学生的科研求真意识、批判精神、职业崇高意识及奉献精神，用知识武装自己，立志报效祖国。

案例实施路径与方法

（一）教学总体思路

本课程以嫦娥奔月、牛郎织女、万户升天等古代人类对太空充满向往的故事引入新课，再通过当代中国航空事业的发展，以及卫星对我们的生活带来的翻天覆地的变化切入新课，引出利用火箭发射卫星案例，顺利进入主题，展开教学。并以火箭发射的物理背景作为新课探究知识点，诱导学生对新问题进行分析，展开对新知识的学习。

本课程主要采用启发式、探究式、研讨式教学，始终从问题出发，层层设疑，诱发学生解决问题的欲望，引导学生在不断思考中获取知识。教学中，引导学生通过小组讨论获得合理解决方案，当一个个数学问题通过学生合作探究得到答案时，定能增强学生解决问题的成就感。本次教学设计利用爱课程平台及手机慕课堂模块，结合中国大学慕课线上资源，应用BOPPPS教学模型，基于慕课/SPOC开展线上线下混合式教学。

（二）教学活动设计

1. 剖析问题，探究新知

通过对案例的分析得到 $\frac{1}{2}mv_0^2 = \int_R^{+\infty} \frac{mgR^2}{x^2} dx$，学生不难发现要求初始速度 v_0 必须先计算出这

个无穷限积分 $\int_R^{+\infty} \frac{mgR^2}{x^2} dx$，这个积分的结构类似于定积分，但它的积分区间是无穷区间，该如何来计算呢？

引导学生把握好两个思想：第一，转化的思想，将未知的无限区间上的积分转化为学生熟悉的有限区间上的定积分；第二，极限的思想，利用极限的思想理解无穷限反常积分的概念。

所以这个无穷限积分 $\int_R^{+\infty} \frac{mgR^2}{x^2} dx$ 的实质就是求定积分的极限问题 $\lim_{x \to +\infty} \int_R^x \frac{mgR^2}{x^2} dx$，由此引出无穷区间上反常积分的概念。

思政融入：借助当代航天科技的实例，将数学知识融入其中，引出飞天梦是中国梦的重要组成部分，培养学生科技报国的使命感，增强学生的民族自豪感。

2.定义梳理，探究实质

1) 无穷区间上的反常积分

定义1 设 $f(x)$ 在 $[a,+\infty)$ 上有定义，且对任意的 $b>a$，$f(x)$ 在 $[a,b]$ 上可积，极限 $\lim_{b \to +\infty} \int_a^b f(x) dx$ 称为 $f(x)$ 在无穷区间 $[a,+\infty)$ 上的反常积分，记作 $\int_a^{+\infty} f(x) dx$，即 $\int_a^{+\infty} f(x) dx = \lim_{b \to +\infty} \int_a^b f(x) dx$。若式子右端的极限存在，则称此无穷区间上积分 $\int_a^{+\infty} f(x) dx$ 收敛，否则称之发散。

类似地，若 $f(x) \in C(-\infty, b]$，则有

$$\int_{+\infty}^b f(x) dx = \lim_{a \to +\infty} \int_a^b f(x) dx$$

课堂上以动画的方式，从几何角度解释无穷限反常积分，数形结合，形象生动地展示新知识，并借助"迁移思维"借助定积分的几何意义理解新知识。

$$\int_a^{+\infty} f(x) dx = \lim_{b \to +\infty} \int_a^b f(x) dx \ ; \ \int_{+\infty}^b f(x) dx = \lim_{a \to +\infty} \int_a^b f(x) dx$$

设 $f(x) \in C(-\infty, +\infty)$，则定义

$$\int_{-\infty}^{+\infty} f(x) dx = \lim_{a \to -\infty} \int_a^c f(x) dx + \lim_{b \to +\infty} \int_c^b f(x) dx \ （c \text{ 为任意确定的常数}）$$

只要有一个极限不存在，就称 $\int_{-\infty}^{+\infty} f(x) dx$ 发散。无穷限的反常积分也成为了第一类反常积分。

说明：上述定义中若出现 $\infty - \infty$，并不是未定式，它表明该反常积分发散。

若 $F(x)$ 是 $f(x)$ 的原函数，引入记号 $F(+\infty) = \lim_{x \to +\infty} F(x)$，$F(-\infty) = \lim_{x \to -\infty} F(x)$，则得广义牛顿-莱布尼兹公式的计算表达式：

$$\int_a^{+\infty} f(x) dx = F(x) \Big|_a^{+\infty} = F(+\infty) - F(a)$$

$$\int_{-\infty}^b f(x) dx = F(x) \Big|_{-\infty}^b = F(b) - F(-\infty)$$

$$\int_{-\infty}^{+\infty} f(x) dx = F(x) \Big|_{-\infty}^{+\infty} = F(+\infty) - F(-\infty)$$

例1 计算无穷积分 $\int_{-\infty}^{+\infty} \frac{dx}{1+x^2}$。（采用定义法与广义牛顿-莱布尼兹方法两种方法计算）

慕课堂讨论：思考题 $\int_{-\infty}^{+\infty} \frac{xdx}{1+x^2} = 0$ 对吗？

解：

$$\int_{-\infty}^{+\infty}\frac{x\mathrm{d}x}{1+x^2}=\int_{-\infty}^{0}\frac{x\mathrm{d}x}{1+x^2}+\int_{0}^{+\infty}\frac{x\mathrm{d}x}{1+x^2}$$

因为

$$\int_{-\infty}^{0}\frac{x\mathrm{d}x}{1+x^2}=\frac{1}{2}\ln(1+x^2)\Big|_{-\infty}^{0}=-\infty$$

所以原积分发散。

注意：对于反常积分，只有在收敛的条件下才能使用"偶倍奇零"。

概率应用：标准的柯西分布，注重课程间的知识联系，做好前后课程的无缝衔接。

例2 计算无穷积分 $\int_{0}^{+\infty}te^{-pt}\mathrm{d}t$（$p$ 为常数，且 $p>0$）。

板书仔细讲解定积分的分部积分法在无穷区间反常积分中的使用。

注意：分部积分在广义积分中的推广。

概率应用：被积函数含指数函数的反常积分，经常会出现在概率的指数分布中，强调课程间的知识关联。

例3 讨论无穷积分 $\int_{a}^{+\infty}\frac{1}{x^p}\mathrm{d}x$（$a>0$）的收敛性。

证：当 $p=1$ 时，有

$$\int_{a}^{+\infty}\frac{1}{x}\mathrm{d}x=\ln|x|\Big\|_{a}^{+\infty}=+\infty$$

当 $p\neq 1$ 时，有

$$\int_{a}^{+\infty}\frac{1}{x^p}\mathrm{d}x=\frac{x^{1-p}}{1-p}\Big|_{a}^{+\infty}=\begin{cases}+\infty,\ p<1\\ \dfrac{a^{1-p}}{1-p},\ p>1\end{cases}$$

因此，当 $p>1$ 时，积分收敛，其值为 $\dfrac{a^{1-p}}{1-p}$；当 $p\leq 1$ 时，积分发散。

解决课程开始阶段"1. 剖析问题——新知探究"中案例的计算问题

引例（第二宇宙速度）：在地球表面垂直发射火箭，要使火箭克服地球引力无限远离地球，初速度 v_0 至少为多大？

解：设地球半径为 R，火箭质量为 m，地面上的重力加速度为 g，根据万有引力定律，在距地心 $x(\geq R)$ 处火箭所受的引力为 $F=\dfrac{mgR^2}{x^2}$，火箭从地面上升到距地心为 $r(>R)$ 处需做功 $\int_{R}^{r}\dfrac{mgR^2}{x^2}\mathrm{d}x$，当 $r\to+\infty$ 时，可得到积分

$$\int_{R}^{+\infty}\frac{mgR^2}{x^2}\mathrm{d}x=mgR^2\int_{R}^{+\infty}\frac{1}{x^2}\mathrm{d}x=mgR$$

根据机械能守恒定律，初速度 v_0 至少应使 $\dfrac{1}{2}mv_0^2=mgR$。将 $g=9.8\mathrm{m/s^2}$，$R=6.371\times 10^6\mathrm{m}$ 代入，得 $v_0=\sqrt{2gR}\approx 11.2\mathrm{km/s}$。

思政融入：强调科研求真意识与数学思维方法。

2）无界函数的反常积分

引例：曲线 $y=\dfrac{1}{\sqrt{x}}$ 与 x 轴、y 轴和直线 $x=1$ 围成开口曲边梯形，其面积可记作 $A=\int_0^1\dfrac{\mathrm{d}x}{\sqrt{x}}$，其含义可理解为

$$A=\lim_{\varepsilon\to 0^+}\int_\varepsilon^1\dfrac{\mathrm{d}x}{\sqrt{x}}=\lim_{\varepsilon\to 0^+}2\sqrt{x}\Big|_\varepsilon^1=\lim_{\varepsilon\to 0^+}2(1-\sqrt{\varepsilon})=2$$

定义 2 设函数 $f(x)$ 在区间 $(a,b]$ 上有定义，对任意小的 $\varepsilon>0$，$f(x)$ 在 $(a+\varepsilon,b]$ 上可积，且 $\lim\limits_{x\to a^+}f(x)=\infty$（即端点 a 是 $f(x)$ 的无穷间断点），极限 $\lim\limits_{\varepsilon\to 0^+}\int_{a+\varepsilon}^b f(x)\mathrm{d}x$ 称为无界函数 $f(x)$ 在 $(a,b]$ 上的反常积分，记为 $\int_a^b f(x)\mathrm{d}x=\lim\limits_{\varepsilon\to 0^+}\int_{a+\varepsilon}^b f(x)\mathrm{d}x$。若式子右端极限存在，则称此无界函数的反常积分收敛；否则，称之发散。

类似地，若 $f(x)\in C(a,b)$，而在 b 的左邻域内无界，则定义

$$\int_a^b f(x)\mathrm{d}x=\lim_{\varepsilon\to 0^+}\int_a^{b-\varepsilon}f(x)\mathrm{d}x$$

若 $f(x)$ 在区间 $[a,b]$ 上除点 $c(a<c<b)$ 外连续，而在点 c 的领域内无界，则定义

$$\int_a^b f(x)\mathrm{d}x=\int_a^c f(x)\mathrm{d}x+\int_c^b f(x)\mathrm{d}x=\lim_{\varepsilon_1\to 0^+}\int_a^{c-\varepsilon_1}f(x)\mathrm{d}x+\lim_{\varepsilon_2\to 0^+}\int_{c+\varepsilon_2}^b f(x)\mathrm{d}x$$

无界点常称为瑕点。

有限区间上的瑕积分又称作第二类反常积分。

设 $F(x)$ 是 $f(x)$ 的原函数，则也有广义牛顿-莱布尼兹公式的计算表达式：

若 b 为瑕点，则

$$\int_a^b f(x)\mathrm{d}x=F(b^-)-F(a)$$

若 a 为瑕点，则

$$\int_a^b f(x)\mathrm{d}x=F(b)-F(a^+)$$

若 a、b 为瑕点，则

$$\int_a^b f(x)\mathrm{d}x=F(b^-)-F(a^+)$$

注意：若瑕点 $C\in(a,b)$，则

$$\int_a^b f(x)\mathrm{d}x=F(b)-F(c^+)+F(c^-)-F(a)$$

例 4 讨论瑕积分 $\int_0^a\dfrac{\mathrm{d}x}{\sqrt{a^2-x^2}}$（$a>0$）的收敛性。

解：$x=a$ 是瑕点，于是有

$$\int_0^a\dfrac{1}{\sqrt{a^2-x^2}}\mathrm{d}x=\lim_{\varepsilon\to 0^+}\int_0^{a-\varepsilon}\dfrac{1}{\sqrt{a^2-x^2}}\mathrm{d}x=\lim_{\varepsilon\to 0^+}(\arcsin\dfrac{a-\varepsilon}{a}-0)=\dfrac{\pi}{2}$$

慕课堂练习：计算瑕积分 $\int_{-1}^1\dfrac{\mathrm{d}x}{x^2}$

例 5 证明瑕积分 $\int_0^1\dfrac{1}{x^q}\mathrm{d}x$ 当 $q<1$ 时收敛，$q\geqslant 1$ 时发散。

例 6 圆柱形桶的内壁高为 h，内半径为 R，桶底有一半径为 r 的小孔，试问从盛满水开始打开小孔直至流完桶中的水，共需多少时间？

3）小结提升

（1）反常积分（常义积分的极限）：积分区间无限、被积函数无界。

（2）两个重要的反常积分

p 积分：$\int_1^{+\infty}\dfrac{1}{x^p}\mathrm{d}x=\begin{cases}+\infty, & p\leq 1\\ \dfrac{1}{p-1}, & p>1\end{cases}$；$q$ 积分：$\int_0^1\dfrac{1}{x^q}\mathrm{d}x=\begin{cases}\dfrac{1}{1-q}, & q<1\\ +\infty, & q\geq 1\end{cases}$

4）知识延伸1——喇叭悖论

意大利数学家托里拆利发明了这样一个容器——加百利喇叭。喇叭悖论指的是加百利喇叭内能够装满立方单位的油漆，但这些油漆却不能涂满这个喇叭的内表面，你能解释这个问题吗？

托里拆利发明这个容器时还没有发明微积分，所以他使用了祖暅原理来得出这一结论：小号的体积有限，表面积却是无限的。

借助数学模型的思维，这个喇叭可以看作曲线 $y=1/x$，$x>1$ 绕 x 轴循环而成，求这个喇叭的内表面积 A 以及体积 V。

思政融入：介绍喇叭悖论的发展历史，强调实践出真知，理论联系实际，培养学生勇于探究的科学精神和精益求精的工匠精神。

5）知识延伸2——Γ 函数

（1）定义 Γ 函数：$\Gamma(s)=\int_0^{+\infty}x^{s-1}\mathrm{e}^{-x}\mathrm{d}x,\ s>0$

（2）性质：递推公式 $\Gamma(s+1)=s\Gamma(s),\ s>0$

例：计算积分 $\Gamma\left(\dfrac{1}{2}\right)=\int_0^{+\infty}x^{-\frac{1}{2}}\mathrm{e}^{-x}\mathrm{d}x$。

解：

$$\Gamma\left(\dfrac{1}{2}\right)=\int_0^{+\infty}x^{-\frac{1}{2}}\mathrm{e}^{-x}\mathrm{d}x\xlongequal{\diamondsuit x=y^2}\int_0^{+\infty}y^{-1}\mathrm{e}^{-y^2}2y\mathrm{d}y=2\int_0^{+\infty}\mathrm{e}^{-y^2}\mathrm{d}y$$

$$=2\int_0^{+\infty}\mathrm{e}^{-x^2}\mathrm{d}x=\int_{-\infty}^{+\infty}\mathrm{e}^{-x^2}\mathrm{d}x=\cdots=\sqrt{\pi}$$

概率应用：这个积分 $\int_{-\infty}^{+\infty}\mathrm{e}^{-x^2}\mathrm{d}x$ 是概率论中一个重要积分，经常出现在概率的正态分布中，其结果 $\sqrt{\pi}$ 将在二重积分中给出。注重课程间的知识联系，做好前后课程的无缝衔接。

（三）特色与创新

（1）采用案例结合理论知识的教学，将基础知识、高阶知识和能力、课程思政三股力量拧成一股绳，有效地培养学生高阶思维和解决复杂问题的能力。

（2）智慧教学工具慕课堂全过程辅助教学，线上慕课学习平台的使用，课堂氛围热烈，充分展示现代化教学环境和技术的先进性，有效地提升教与学的效率，实时掌握学生的学情，为"因材施教、精准教学"提供支撑。

（3）遵循"以学生为中心"的教学原则，倡导教学应立足于学生的最近发展区，立足于教学的有效性，确定最近发展区并使潜在发展水平转化为现有发展水平，最终使学生从知识接受者转变为知识探索者，以实现教学效果的最大化。

（4）师生同频共振，完成从"要我学"转变为"我要学"，从"教我学"转变为"我会学"的自主学习革命，课程从数学知识为中心的教学走向数学思维为中心的教学。

教 学 成 效

本课程遵循"以教师为主导,以学生为中心,以发展为主线"的教学理念,借助"慕课线上资源+慕课堂"开展线上线下混合式教学,并融入高阶知识和能力的教学。在教学进程上,尊重学生个性化特征,应用维果斯基的"最近发展区原理",层层深入,启迪学生的创造性思维,增强学生解决实际问题的能力,并通过课程思政增强学生学习动力,提升了学习的积极性和主动性。

以本课程为例,学情分析较为准确,教学设计符合学生认知发展规律,授课过程课堂氛围热烈,学生思维积极,主动参与,生生互动达到了超出预期的教学效果,顺利完成本课程知识、能力、思政目标。

2020年,"高等数学A(上)"被认定为福建省一流线上线下混合式课程。经过3年多的"大混合小专题巧助力"的创新教学实践,形成了精准的"扶弱模式",大大提升了成绩。近两个学年,授课班级高等数学课程的教学效果突出,优秀率(26.3%)、及格率(93.9%)与平均分(80.4分)均大大优于全校其他学生,获得了学生和学校督导组的一致好评。学生的学习满意度高,教学的影响力不断扩大,得到了学校各部门及兄弟院校的密切关注与高度评价。

课程团队秉承持续改进的发展理念,不断调整优化教学方案,发现问题,解决问题,从而提高效率,优化教学模式,形成了较成熟的、可复制推广的制度规范与教学经验。

高等数学 A（下）典型教学案例

孤 立 奇 点

学院名称	数学与统计学院	课程名称	高等数学 A（下）
主讲教师	程航	教师职称	教授
授课对象	信息管理与信息系统专业二年级本科生	课程性质	公共基础课程

课 程 简 介

"高等数学 A（下）"是电类、经管类、信息类专业学生必修的一门重要的公共基础课，内容包含无穷级数、留数、积分变换。通过本课程的学习，学生可以掌握无穷级数、留数理论及其应用、傅里叶变换、拉普拉斯变换的基本理论和基本方法。通过基本概念的正确讲解，基本理论的系统阐述，基本运算能力的严格训练，培养学生严密的逻辑推理能力，科学、准确的计算能力和综合利用所学的基本理论、基本方法解决实际问题的能力，为学习后继课程提供必要的数学工具。同时隐性地融入思政元素进行课程教学，以达到教书育人的目标。

教 学 目 标

（1）价值引领：严谨求真，培养耐心细致的工作作风和严肃认真的科学精神；自主学习，乐于分析和解决问题，勇于探究，具有较好的逻辑思维并能在学习中不断总结和创新。

（2）知识拓展：应用不同的方法对孤立奇点进行分类。

（3）思维训练：类比思维、延拓思维、推论演绎、逻辑分析、理论联系实际、归纳总结等数学思维。

（4）能力建构：学生能识别具体问题的奇点和判别奇点类型。

思 政 元 素

（1）由实例引入奇点的概念，激发学生学习兴趣，领会数学知识的实用性。

（2）通过分组学习，提高团队协作能力。

（3）通过演练式+探究式翻转课堂，引导学生严谨求真，培养耐心细致的工作作风和严肃认真的科学精神。

案例实施路径与方法

（一）课前

任务：学习线上（超星平台）孤立奇点相关知识点推送，预习 12.1 孤立奇点（课本），并反馈本节课的疑点与难点。

要求：完成相关知识阅读并记录难点疑点。

目标：形成整体知识构架；个性化知识定位；自我管理监督；主动学习和总结。

（二）课中

通过演练式＋探究式翻转课堂，引导学生严谨求真，培养耐心细致的工作作风和严肃认真的科学精神。培养学生的类比思维、延拓思维、逻辑思维、抽象思维、推论演绎、多角度交叉思维、理论联系实际思维等。

1. 知识点复测

方法：师问生答。

问题 1：复变函数的解析性如何定义？

问题 2：请举一个复变函数作为例子，展开为洛朗（Laurent）级数，并指出主要部分和解析部分。

目标：知识内化；理论联系实际。

2. 知识点讲解

1) 概念导入

- **奇点**

定义：一个当数学物件上被称为未定义的点，或当它在特别的情况下无法完序，以至于此点出现在于异常的集合中。

学科拓展：时空无限弯曲的那一个点——物理定义（引力奇点）；既存在又不能描述的疑点——宇宙定义（黑洞、量子理论）；无限小且不实际存在的"点"——数学定义（切线奇点）。

启示：复变函数中的奇点是如何定义的？（使函数不解析的点称为奇点）

- **孤立奇点**

定义：如果 $f(z)$ 在 z_0 处不解析，但在 z_0 的某一个去心邻域 $0<|z-z_0|<\delta$ 内处处解析，则称 z_0 为 $f(z)$ 的孤立奇点。

启示：邻域内唯一、奇点。

例1 $z=0$ 是 $\dfrac{\sin z}{z}$ 的孤立奇点。

解：（1）因为 $\dfrac{\sin z}{z}$ 在 $z=0$ 处无意义，所以 $z=0$ 为 $\dfrac{\sin z}{z}$ 的奇点；

（2）令 $z_0=0$，在 z_0 的一个去心邻域内（假设半径为 0.1），$\dfrac{\sin z}{z}$ 在这个邻域里，除了 $z_0=0$ 以外，它是解析的。

综上所述，$z=0$ 是 $\dfrac{\sin z}{z}$ 的孤立奇点。

例2 $z=0$ 不是 $f(z)=\dfrac{1}{\sin\dfrac{1}{z}}$（$z$ 为非 0 整数）的孤立奇点。

解：（1）$z=0$ 是 $f(z)=\dfrac{1}{\sin\dfrac{1}{z}}$（$z$ 为非 0 整数）的奇点；

（2）在 $z=0$ 的一个去心邻域内（无论半径多小），总可以找到 $z_n=\dfrac{1}{n\pi}$（n 为非 0 整数）也是 $f(z)=\dfrac{1}{\sin\dfrac{1}{z}}$ 的奇点，所以 $z=0$ 不是孤立的。

综上所述，$z=0$ 不是 $f(z)=\dfrac{1}{\sin\dfrac{1}{z}}$（$z$ 为非 0 整数）的孤立奇点。

练习：判断下列点是否是对应函数的孤立奇点。（生练师评）

（1）$\dfrac{\cos z}{z}$，$z=0$；（2）$\dfrac{e^z}{z^2}$，$z=0$；（3）$\sin\dfrac{z}{1-z}$，$z=1$。

2）孤立奇点的分类

• **关联驱动**

例3 $\dfrac{\sin z}{z}=\sum\limits_{n=0}^{\infty}\dfrac{(-1)^n z^{2n}}{(2n+1)!}$，$0<|z|<+\infty$

特征：该函数的 Laurent 级数没有负次幂。

练习：$\dfrac{e^z}{z^2}=\sum\limits_{n=0}^{\infty}\dfrac{z^{n-2}}{n!}$，$0<|z|<+\infty$

特征：该函数的负次幂只有两项。

练习：$\sin\dfrac{z}{1-z}=-\sin 1-\dfrac{\cos 1}{z-1}+\dfrac{\sin 1}{2!(z-1)^2}+\dfrac{\cos 1}{3!(z-1)^3}-\cdots$，$0<|z-1|<+\infty$

特征：该函数的负次幂有无穷多项。

启示：三个函数在各自孤立奇点邻域内展开的 Laurent 级数，负次幂呈现出三种不同的数量。

分析：洛朗展开式 = 主要部分 + 解析部分

　　　　主要部分——负次幂——奇异性

　　　　解析部分——正次幂——解析性

思考：孤立奇点的类型是否能根据 Laurent 展开式中主要部分系数的取零情况来划分呢？

• **三种类型**

（1）**可去奇点**：对于一切 $n<0$，$C_n=0$，则称 z_0 为 $f(z)$ 的可去奇点。

例4 $z=0$ 是 $\dfrac{\sin z}{z}$ 的可去奇点。

启示：$f(z)$ 在点 z_0 的洛朗级数的主要部分为 0，若令 $f(z_0)=C_0$，则 $f(z)$ 在 z_0 的整个邻域内解析。

记忆：弥补遗憾，成就完美！

（通过重新定义 z_0 点取值的方式，将可去奇点转为解析点，使得在该邻域内 $f(z)$ 解析。）

（2）**极点**：如果只有有限个（至少一个）整数 $n<0$，使得 $C_n\neq 0$，则称 z_0 为函数 $f(z)$ 的极点。若对于正整数 m，$C_{-m}\neq 0$，并且当 $n<-m$ 时，$C_n=0$，则称 z_0 为函数 $f(z)$ 的 m 阶极点。

练习：$z=0$ 是 $\dfrac{e^z}{z^2}$ 的二阶极点。

启示：$f(z)$ 在点 z_0 的洛朗级数的主要部分含有有限项负次幂，若 z_0 是 $f(z)$ 的 m 阶极点，则

$(z-z_0)^m f(z)$ 在 z_0 领域内解析。

记忆：稍加修饰，完美变身！

（将 $f(z)$ 乘上 $(z-z_0)^m$，抵消负次幂，在 z_0 点有极限。）

（3）**本性奇点**：如果有无限个整数 $n<0$，使得 $C_n \neq 0$，则称 z_0 为函数 $f(z)$ 的本性奇点。

练习：$z=1$ 是 $\dfrac{\sin z}{1-z}$ 的本性奇点。

启示：$f(z)$ 在点 z_0 的洛朗级数的主要部分有无限多项。

记忆：江山易改，本性难移！

（无论将 $f(z)$ 乘上多少阶 $(z-z_0)$ 的表达式，均无法完全抵消负次幂，在 z_0 点无法求极限。）

3）孤立奇点的极限性态（6分钟）

（分组学习讨论，利用学习通随机分组功能将班级成员分为 A、B、C 三组，各组自行指定组长。）

设点 z_0 为函数 $f(z)$ 的孤立奇点，则有

（1）点 z_0 为 $f(z)$ 的可去奇点 $\Longleftrightarrow \lim\limits_{z \to a} f(z) = C_0$，$C_0$ 为一有限复数。

例5 $z=0$ 是 $\dfrac{\sin z}{z}$ 的可去奇点，用极限性态描述。（**A 组生讲**）

（2）点 z_0 为函数 $f(z)$ 的极点 $\Longleftrightarrow \lim\limits_{z \to z_0} f(z) = \infty$。

练习：$z=0$ 是 $\dfrac{e^z}{z^2}$ 的二阶极点，用极限性态描述。（**B 组生讲**）

（3）点 z_0 为函数 $f(z)$ 的本性极点 $\Longleftrightarrow \lim\limits_{z \to z_0} f(z)$ 不存在或不等于 ∞。

练习：$z=1$ 是 $\dfrac{\sin z}{1-z}$ 的本性奇点，用极限性态描述。（**C 组生讲**）

（4）归纳总结（4分钟）

对 A、B、C 三组学生的讲解做出点评和偏差纠正。（**师评**）

通过自我展示，进行知识内化与知识修正。

3. 知识点巩固

1）考核题（6分钟，利用超星平台随机选人功能选择一位学生讲解）

判别函数 $f(z) = \dfrac{1}{(z-1)(z-2)}$ 的孤立奇点类型。（**生讲师评**）

解：$z=1$，$z=2$ 为函数的两个孤立奇点。

（1）$z=1$ 的去心邻域内 $f(z) = \dfrac{1}{(z-1)(z-2)^2} = \dfrac{\frac{1}{(z-2)^2}}{z-1}$，其中 $\dfrac{1}{(z-2)^2}$ 在该邻域解析，则 $z=1$ 是函数一阶极点。

（2）$z=2$ 的去心邻域内，$f(z) = \dfrac{1}{(z-1)(z-2)^2} = \dfrac{\frac{1}{z-1}}{(z-2)^2}$，且 $\dfrac{1}{z-1}$ 在该邻域解析，则 $z=2$ 是函数的二阶极点。

2）思维导图绘制（4分钟）

由学生毛遂自荐上台绘制，如图1所示。（**生演师评**）

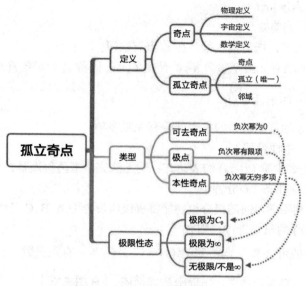

图 1 孤立奇点思维导图

（三）课后

如图 2 所示，为了巩固课堂所学知识，课后需完成相应习题，并借助超星学习通平台进行相关知识测试和讨论。

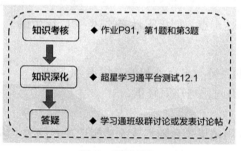

图 2 课后任务

教 学 成 效

本课程是通过演练式翻转课堂＋探究式翻转课堂＋线上学习，从实际案例出发，启发式地引入定义，激发学生学习的热情；关联驱动增强了学生类比思维、延拓思维、归纳总结等思维能力；分组讲解、自我展示增强学生学习的自主性，提高了学生思考问题、解决问题和数学应用的能力。在教学过程中，隐性地融入思政元素，引导学生严谨求真，培养耐心细致的工作作风和严肃认真的科学精神，达到教书育人的目标。学生对课堂评价高，知识点掌握透彻，并能理论联系实际，学以致用。

材料科学基础（上）典型教学案例

丹尼尔·谢赫曼发现准晶的曲折之路

学院名称	材料科学与工程学院	课程名称	材料科学基础（上）
主讲教师	李湘祁	教师职称	教授
授课对象	材料科学与工程专业二年级本科生	课程性质	学科基础课

课程简介

"材料科学基础"是材料科学与工程专业一级学科的公共主干课，是介于一般基础课与专业课之间的学科基础课，教学分上、下两部分进行。其中"材料科学基础（上）"课程全面而系统地介绍材料结构的基础理论知识，通过课程教学，使学生掌握原子结构与键合、固体材料的结构、晶体缺陷的基本理论知识，掌握典型金属材料、无机非金属材料的结构特征，使学生更好地把握材料的属性，能够对材料复杂工程问题进行识别和判断，培养学生求真、求证的批判性思维，为后续课程的学习奠定基础。

教学目标

以准晶发现过程为例，使学生意识到科学研究中勇于质疑、追求真理的科学精神的重要性；科学系统地设计教学内容与课后习题，训练学生深入分析思考、谨慎求证的批判性思维。

思政元素

勇于质疑、追求真理的科学精神。

案例实施路径与方法

（一）案例特点

授课过程中引入思政案例，课程思政与专业知识互浸，培养学生敢于质疑、锲而不舍追求真理的科学精神。

（二）教学思路

通过课前预习要求驱动（查阅文献了解鲍林与丹尼尔·谢赫曼的学术成就，丰富教材内容）、课堂问题驱动（准晶提出之初为什么会受到以鲍林为代表的学术界的质疑、准晶与晶体的结构和性质有何区别）、课后作业驱动（丹尼尔·谢赫曼历经艰难曲折发现准晶的故事给你什么启示），促使学生自主学习,实现教与学有机融合。授课过程适时设疑,环环相扣,启发学生思考。

(三)案例讲授内容

1982年以色列工学院材料工程系教授丹尼尔·谢赫曼利用假期赴美国约翰霍普金斯大学进行铝合金的深入研究。1982年4月8日他在用电子显微镜研究一个急冷的Al-Mn合金样品结构时,在得到的电子衍射图中观察到围绕中心有10个对称的衍射斑点,电子衍射斑具有明显的5次对称性,他将此类金属相定义为准晶体。按照经典晶体理论,晶体不具备5次以及6次以上的对称轴,具有此种原子排列方式的固体是不存在的。于是,他拿着照片去请教冶金学权威卡恩教授,卡恩认为它是由五重孪晶产生的。当时美国伟大的化学家鲍林(1954年因在化学键方面的工作获得诺贝尔化学奖,1962年因反对核弹在地面测试的行动获得诺贝尔和平奖)断定谢赫曼的发现是错误的,他认为根本不可能存在准晶体,并称谢赫曼为"伪科学家"。众多同行研究者也对谢赫曼的新发现表示质疑,不仅如此,谢赫曼还被要求离开了所在的美国研究小组。无奈之下谢赫曼回到以色列,但他以其敏锐的洞察力和实事求是的科学精神确信"准晶体"的存在,继续进行研究两年后,于1984年11月12日在《物理评论快报》(*Physical Review Letters*)上发表了题为"具有长程取向序而无平移对称的金属相"的论文。该论文遭受到很多反对声音,鲍林对准晶体的怀疑持续了十年,从1984年谢赫曼发表论文直到1994年鲍林去世。但谢赫曼凭着对科学的尊重与锲而不舍的钻研精神,默默坚持准晶体的研究,为准晶体的发现和人类对物质结构的深入认识做出巨大贡献,并因此获得了2011年度诺贝尔化学奖。

(四)准晶体发现过程的启示

谢赫曼从发现准晶体到最终获得诺贝尔奖,历时整整29年,从中我们可以看到科学研究的道路充满艰辛。当发现新事物时,首先要对实验现象、数据的真实性和准确性进行验证,然后试着去解释所看到的新事物。如果确信自己发现了新事物,就不要被他人意见误导,应该敢于质疑"常识",坚持追求真理。

(五)作业

学生课前查阅谢赫曼和鲍林的个人资料和科学研究成果,课后完成作业"谢赫曼历经艰难曲折发现准晶的故事给你什么启示",旨在使学生体会谢赫曼当时所处环境,更能真切地理解在科学道路上追求真理的重要性。

教 学 成 效

本课程教学之前学生已学习了晶体的对称性,明白5次对称性与晶体的长程有序结构相违背,采用多媒体生动演示不能用正十边形(或者简化为正五边形)去周期性地铺满平面,与十边形准晶的高分辨电子显微图像进行对比,引出准晶发现之初受到的种种质疑,学生很快就进入了案例情境,并产生好奇心:谢赫曼用了什么办法来解释准晶的结构?进而激发出对后续的彭罗斯拼砌模型和准晶三维模型的学习兴趣。

准晶发现之初受到了以著名化学家鲍林为代表的学术界的种种质疑,而在本课程的离子晶体部分学生已经学习过判断离子晶体结构稳定性的鲍林规则,了解质疑者鲍林的伟大学术成就,因此学生能深刻体会谢赫曼当时的艰难处境,意识到科学研究的道路充满艰辛,也更能真切地理解在科学道路上敢于质疑"权威"、追求真理的重要性。

材料科学基础（上）典型教学案例

位错概念的提出

学院名称	材料科学与工程学院	课程名称	材料科学基础（上）
主讲教师	彭开萍	教师职称	教授
授课对象	材料科学与工程专业二年级本科生	课程性质	学科基础必修课

课程简介

"材料科学基础"是材料科学与工程专业一级学科的公共主干课，是介于一般基础课与专业课之间的学科基础课，教学分上、下两部分进行。其中"材料科学基础（上）"课程全面而系统地介绍材料科学的基础理论知识，通过课程教学，使学生掌握纯质材料和合金的凝固、固体材料的扩散、相图分析以及材料形变与再结晶的基本理论知识，掌握材料组织结构与性能之间的关系，能够对材料复杂工程问题进行识别和判断，培养学生求真、求证的批判性思维，为后续课程的学习奠定基础。

教学目标

以位错概念的提出为例，使学生意识到科学研究中勇于质疑、追求真理的科学精神的重要性；通过科学系统地设计教学内容与课后习题，训练学生深入分析思考、谨慎求证的批判性思维。

思政元素

具有"理性、实证、批判、试错"的科学精神，实事求是、求真务实。

案例实施路径与方法

"材料科学基础（上）"课程第三章"晶体缺陷"的主要教学内容是晶体的点缺陷、线缺陷和面缺陷。其中线缺陷中的位错是本章一个重要的学习内容。本课程介绍位错概念的提出过程，激发学生不断探索、实证、求真的科学精神。

人们很早就利用金属的塑性来加工金属，那么，晶体是如何发生塑性变形的？对其机理的了解于20世纪30年代才开始。1926年弗兰克尔提出了刚性相对滑动模型，假设晶体中原子排列是完整的，变形时原子作整体的刚性运动，得出理论剪切强度为 $\tau_m = \dfrac{G}{2\pi}$，其中 G 为切变模量，与实际晶体强度相差 3~4 个数量级，即使修正后为 $\tau_m = \dfrac{G}{30}$，仍相差很大。

例如，α–Fe 的 τ_m 为 6890 MN/m^2，实际为 τ=2.75 MN/m^2；Al 的 τ_m 为 3830 MN/m^2，实际为 τ=0.786 MN/m^2。

为了解释这种差异，1934 年，泰勒、波朗依、奥罗万几乎同时提出位错的概念。泰勒将位错与塑性变形时的滑移过程联系起来，认为：晶体实际滑移过程并不是滑移面两边的所有原子都同时作整体刚性滑动，而是通过在晶体中存在的称为位错的线缺陷来进行的，位错在较低应力的作用下就能开始移动，使滑移区逐渐扩大，直至整个滑移面上的原子都先后发生相对位移。按照这一模型进行理论计算，其理论屈服强度比较接近于实验值。

1939 年柏格斯（Burgers）提出用柏氏矢量来表征位错。

1947 年柯垂尔（Cottrell）提出溶质原子与位错的交互作用。

1950 年弗兰克与瑞德（Read）提出位错增殖机制。

20 世纪 50 年代人们用透射电子显微镜（TEM）观测到晶体中位错的存在与运动。

在此基础上，位错理论有了很大的发展。目前，位错理论不仅成为研究晶体力学性能的基础理论，而且还被广泛用来研究固态相变，晶体的光、电、声、磁和热学性质，以及催化和表面性质等。

通过介绍位错概念的提出过程，激发学生实证、求真的科学精神。

一个新科学现象的发现以及新理论的建立都不是一帆风顺或一蹴而就的。通过介绍位错概念提出的过程，包括对位错理论的反复论证、修正不合实际的错误理论等，阐述实践是检验真理的标准，培养学生"理性、实证、批判、试错"的科学态度，以及实事求是、求真务实的科学精神。

教 学 成 效

通过案例教学，学生认识到一个概念的提出、一个基本理论的建立需要不断修正、不断探索，并要从实际出发，提出的概念和建立的理论才有意义。

生物化学 A 典型教学案例

三聚氰胺毒奶粉事件

学院名称	化学学院	课程名称	生物化学 A
主讲教师	余素红	教师职称	副研究员
授课对象	制药工程专业二年级本科生	课程性质	学科基础必修课

课程简介

"生物化学 A"为化学生物与制药工程系学科基础课程,学分:2;学时:32;开课时间:第四学期,2 学时/周;授课方式:课堂讲授;学习论文:要求进行一次小论文写作(写作内容:围绕当年与本课程内容相关的实事展开论述)。

"生物化学 A"作为化学生物与制药工程系的学科基础课程,要求学生掌握蛋白质、核酸、酶、糖、脂的组成、性质、结构与功能;掌握生物新陈代谢与生物氧化的特征、物质的分解/合成代谢及各物质代谢的相互关系与相互转化。在初步认识生物体内各种反应规律的基础上,要求学生懂得如何将生物化学知识应用于制药工程领域中。

教学目标

(1)价值引领:学生通过学习并结合已有的生物、医学常识,了解生命体的由来、组成物质、相互作用,体会人类自我认识的过程;通过学习生物化学知识在实际生活中的应用,了解职业道德的重要性。

(2)知识拓展:要求学生了解生物化学发展的历史;掌握生物体的重要组成成分——糖、脂、蛋白质、酶、核酸的结构、性质和功能;学习生物体内分子水平上所发生的各种代谢反应;从总体上,对生物体内的各种生化反应规律有一个基本的认识。

(3)思维训练:训练学生能够结合各章节知识点,从深度、广度、速度等多方面,准确、清晰地理解蛋白质、核酸、酶、脂、糖等各部分知识要点,并能准确应用于实例分析中。

(4)能力建构:通过系统学习,培养学生学会总结生物体内的各种反应规律,综合分析生物体各种代谢作用的相关性,从而正确分析生物化学与生产及生活的关系,如疾病的病因及治疗、生物制药、农业生产等。学习应用专业知识解决生产、生活中存在的实际问题。

思政元素

通过课程教学,注重培养学生具备以下几方面的良好素质,从而树立正确的人生观和价值观：① 树立辩证唯物主义观念，具备认真观察实验现象、分析实验结果的意识；② 培养学生勤学、多想、质疑、好问等素质；③ 培养学生正确的职业道德素养；④ 培养学生的爱国情怀。在课程讲解中，通过介绍一些优秀科学家的励志故事，激发学生的爱国热情及对专业的热爱。

案例实施路径与方法

（一）教学章节

第二章"蛋白质化学"，第一节"蛋白质的基本组成单位、理化性质与结构"。

（二）知识点及案例讲解

介绍蛋白质的化学组成。蛋白质的化学组成主要为碳、氢、氧，以及氮和少量的硫，有些蛋白质还含有其他一些元素，如磷、铁、铜、碘、锌、钼等。这些元素在蛋白质中的占比如图1所示，在书本中也有详细介绍。

熟悉掌握"凯式定氮法"，"凯式定氮法"是用来测定蛋白质含量的一种简便方法，它的依据是蛋白质元素组成的特点，即在蛋白质中氮的含量平均为16%，因此，可以根据公式"蛋白质含量＝蛋白氮×6.25"（6.25为16%的倒数）表示一克氮所代表的蛋白质的质量（克）。凯式定氮法测量蛋白质样品中的总氮量主要包括"消化""蒸馏""滴定"三个步骤。

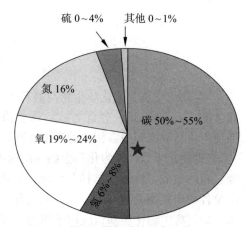

图1 蛋白质的元素组成

即在有催化剂的条件下，用浓硫酸硝化样品将有机氮都转变成无机铵盐，然后在碱性条件下将铵盐转化为氨，随水蒸气馏出并为过量的酸液如硼酸吸收，再以标准酸滴定，最后通过消耗的酸试剂就可计算出样品中的氮量。由于凯式定氮法是通过含氮量的测定值乘以一定系数得出蛋白质含量的，因此，如果不法分子在食物或饲料中添加一些含氮量高的化学物质，就可在检测中造成蛋白质含量达标的假象。其中最著名的事件就是前些年的"三聚氰胺毒奶粉事件"。

"三聚氰胺毒奶粉事件"是2008年在中国发生的一起严重食品安全事件。事件起因是很多食用三鹿奶粉的婴儿被发现患有肾结石，随后在其奶粉中发现含有化工原料三聚氰胺。根据公布数字，因食用毒奶粉而接受门诊治疗的婴幼儿累计4万多人。中国国家质检总局公布对国内乳制品厂家生产的婴幼儿奶粉的三聚氰胺检验报告后，事件迅速恶化，包括伊利、蒙牛、光明、圣元及雅士利在内的多个厂家的奶粉都检出三聚氰胺。三聚氰胺是一种白色结晶粉末，没有什么气味和味道，掺杂后不易被发现，其含氮量高达66%。由于凯氏定氮法只能测出含氮量而无法测出氮的来源，根本不会区分这种生产工艺简单、成本很低的伪蛋白氮，因此不法分子将其添加在食品中，通过提高食品中的氮含量，使蛋白质检测数值虚假升高，从而牟取暴利。目前有关机构专门出台了针对三聚氰胺的检测方法——液相色谱串联质谱法、气相色谱质谱法和高效液相色谱法，这些方法已被纳入新的标准中。

（三）思政元素融入方式

通过举例"三聚氰胺毒奶粉事件"，强调个人在追求经济效益过程中不能为了私利做出危害人民健康、违背社会道德的事。

教 学 成 效

通过本案例教学分析，学生深刻认识到学好专业知识的重要性，懂得如何运用所学知识，理解并分析、解决在实际生活中遇到的相关问题，同时认识到职业道德修养的重要性。学生普遍反馈对本案例教学内容印象深刻。

普通化学 C 典型教学案例

近代原子结构理论的确立

学院名称	化学学院	课程名称	普通化学 C
主讲教师	李金宇	教师职称	教授
授课对象	机器人工程专业一年级本科生	课程性质	学科基础必修课

课程简介

"普通化学 C"是为机械学院本科生开设的唯一一门化学类学科基础必修课。本课程以物质结构、化学反应基本原理以及化合物的性质为载体,使学生了解当前世界主流化学学科的基本理论和框架,并能运用化学的理论、观点和方法来处理材料制备、环境污染、能源生产、碳达峰与碳中和等前沿科学领域和国家重大战略所涉及的化学问题。

本案例为普通化学 C 物质结构基础章节中的近代原子结构理论的确立,原子结构是研究微观世界物质组成与运动规律的重要理论基础,对它的研究可为分子结构、化学键、电子排布、元素周期性等后续知识点的学习奠定基础。

教学目标

挖掘近代原子结构理论确立过程背后的思政元素,引领学生由一系列实验事实提出理论假设,帮助学生建立微观粒子的量子化理念,使学生受到创新意识和创新精神的熏陶,提高其分析和解决问题的能力。

教学具体目标包括理解历史上不同原子模型的确立过程、氢原子光谱的特征、波尔理论的背景与实际意义、电离能与能级的推导过程,掌握波尔理论的应用与局限性,培养学生发现问题、分析问题、解决问题的能力。

思政元素

本案例所讲授的知识几乎都是西方杰出科学家的优秀成果,这自然会引发类似"李约瑟难题"和"钱学森之问"的思考,引导学生客观、辩证地分析中国在近代科学落后的原因,激励学生将爱国情、强国志、报国行自觉融入建设社会主义现代化强国、实现中华民族伟大复兴的奋斗之中,培养学生的科学发展史观、创新意识、爱国情怀和社会责任。

案例实施路径与方法

（一）育人理念

遵循从实验事实出发，由现象到本质、从特殊到一般、由实验到理论的过程，通过思政教育素材，在探讨科学方法过程中培养学生的创新意识和实践能力，并进一步激发学生将爱国情、强国志、报国行自觉融入建设社会主义现代强国中。

（二）实施思路

在教学中，不但要考虑教师主导作用的发挥，更要注重学生认知主体作用的体现，及与中学化学知识的衔接，使学生能够在课堂教学中充分发挥积极性和主动性。培养学生的创新意识和实践能力，化学是在实践与理论相互推动下向前发展的，是从生产实践或科学实验到理论，再把理论用于实验的反复过程。

（三）思政元素融入方式

通过介绍近代原子结构理论确立过程中的重要代表性成果，培养学生的科学史观；同时，指出这些成果皆源自欧美科学家的贡献，引发"李约瑟难题"和"钱学森之问"的思考，为什么近代中国的科学发展和人才培养皆落后于欧美？引导学生客观、辩证地分析中国在近代科学落后的原因，激励学生将爱国情、强国志、报国行自觉融入建设社会主义现代强国、实现中华民族伟大复兴的奋斗之中。

（四）教育教学方法

在教学中贯穿"实验现象—经验假说—理论框架"式的化学学科研究策略，适时设疑，师生互动交流，进行启发式教学与案例教学。

（五）教学活动设计

1. 导入主题

介绍物质结构及原子结构的重要性；回顾中学化学中所学习的原子相关知识；提出问题：微观粒子运动是否与宏观粒子运动相同？如何描述微观粒子的运动？它们的运动有何规律可循？带着这些疑问，开始原子结构的学习。

2. 展开阐述

古希腊的物质结构学说；道尔顿的原子学说；托马森的"西瓜模型"（图1）；卢瑟夫的"核式模型"（图1）；波尔电子分层排布模型（本节课重点）；量子力学模型（下节课重点）。

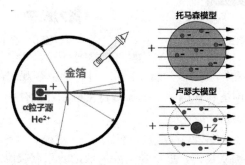

图 1　近代原子结构的确立：托马森的"西瓜模型"与卢瑟夫的"核式模型"

人们研究原子结构是受到光的启发；光和电磁辐射图，日光的连续色带（以彩虹为例）；提出问题：路灯里的气体是什么呢？其中的光是如何发出的呢？光是线性的吗？

氢原子光谱实验测量装置介绍（图2）；氢原子光谱的特点——不连续光谱，频率具有一定的规律；巴尔曼的经验公式（板书）；提出问题：经验公式中的参数各代表了什么呢？需要用理论来解释经验公式和氢原子光谱的实验事实。波尔理论很好地做出了解释。

波尔理论的提出基于普朗克量子论和爱因斯坦光子论；波尔理论的三点假设；能级、基态、激发态的概念，原子结构模型（板书，图3）；氢原子能级图；能级与轨道的关系；经验公式参数的意义；拓展能级差计算公式；推导电离能计算方法（板书）；波尔理论的局限性；引出需要进一步研究微观粒子运动的特殊性。

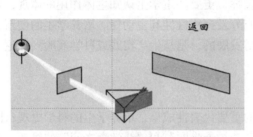
图2　氢原子光谱实验示意图

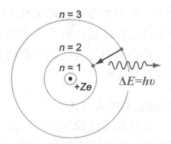
图3　波尔理论示意图

3. 深入研讨

基于高分辨率光谱的实验数据，深入讨论波尔理论的局限性，并引导学生充分认识到微观世界与宏观世界在粒子运动方面的区别。

首先，展示高分辨率氢原子光谱数据（图4），并展开对两条相近谱线出现机理的讨论。

其次，通过谱线的实验结果，推导出同一轨道上可能存在运动状态不完全一致的电子这一事实，揭示波尔理论的局限性，即其基于描述宏观物体运动的经典力学来描述微观粒子（图5）。微观粒子有其运动的独特性，将在下节课展开学习。

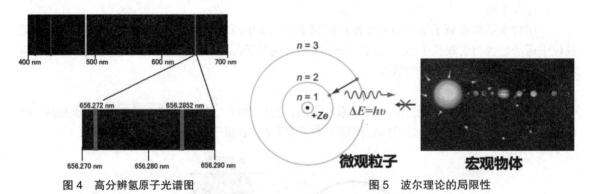

图4　高分辨氢原子光谱图　　　　　　　图5　波尔理论的局限性

最后，提出"李约瑟难题"和"钱学森之问"，引导学生客观、辩证地分析中国在近代科学落后的原因，激励学生将爱国情、强国志、报国行自觉融入建设社会主义现代强国、实现中华民族伟大复兴的奋斗之中。

4. 总结提高

回顾近代原子结构理论确立过程，重点强调波尔理论的三点假说及其应用，再次阐述其局限性，为后续量子力学模型的学习奠定基础。

（六）资源载体

依托在线开放课程资源，使用现代信息技术，综合启发式讲解、传统板书、现代多媒体软件等手段。

（七）特色与创新

注重化学学科发展的特点，重视"实验现象引发经验假说，理论框架解释经验假说"这一科学研究主线，教学中涉及的问题都围绕其展开，帮助学生建立辩证的科学史观，同时结合教学内容自然引导学生分析中国在近代科学落后的原因，激励学生的爱国情与强国志，培养学生的创新精神。

教 学 成 效

化学是从分子、原子、电子等微观水平研究物质的结构及其变化规律的科学，课程富含哲学观、科学观等思政元素，教学内容也贯穿辩证唯物主义思想，且其经典知识点主要来源于近现代西方科学家，这对培养我国未来科学与先进技术工作者的创新意识、科学史观、爱国情怀具有重要意义。未来在实际教学中，应更加注重从教学内容、教学方法、化学大家故事等多个层面出发，进一步挖掘丰富多彩的思政元素，提高教师的课程思政意识和能力，实现教学与科研多维度自我发展。通过课后与学生交流，了解到本案例的实施使学生在一定程度上克服了学习物质结构基础的畏难情绪，激发了学习兴趣。同时，有部分学生反映过往在课堂学习中主要关注知识本身，现在也开始关注科学原理建立与发展完善过程中的普适性哲学规律，发现了思考的快乐，树立了学习的信心。此外，本章节作业抄袭现象明显减少，且在作业中尝试使用新思路、新解法的情况增多，科学作风更加严谨，达到了立德树人的目的。

普通化学 A 典型教学案例

沉淀溶解平衡（侯氏制碱法）

学院名称	化学学院	课程名称	普通化学 A
主讲教师	曾庆新	教师职称	副教授
授课对象	采矿工程专业一年级本科生	课程性质	学科基础必修课

课 程 简 介

"普通化学 A"是一门基础课程，内容包括化学基本原理、物质结构基础、元素化学三个部分。本课程主要讲授现代化学基础理论，侧重化学理论在工程实践中的应用，以化学基础知识的掌握与应用、结合工程实际与具体案例的学习为主要内容，集多种教学模式和教学手段为一体。本课程旨在培养学生具备较强的化学素养，能在所从事的工程技术工作中灵活应用化学基础知识与检验检测技能，有较强的分析问题与解决问题的能力及较强的实验检验能力，使学生懂得使用化学的观点观察工程技术问题；培养学生运用所学的化学知识来解决工程实践中存在的问题的能力。此外，着重培养学生具备以下良好素质：一是理论联系实际，善于运用所学的化学知识分析当今社会问题，如能源问题、环境污染问题等。二是辩证唯物主义世界观和方法论，强调实验的重要性，结合国情对学生进行思政教育，引导学生通过衍生阅读和研究性学习来提高分析问题和解决问题的能力，善于从工程问题中发现其中蕴含的化学本质；激发学生学习化学的兴趣，以适应社会发展的需要。

教 学 目 标

通过对化学原理，如酸碱平衡、沉淀溶解平衡、氧化还原平衡及配位解离平衡等基础理论知识的学习，学生能针对环境安全、勘察采矿以及矿物加工系统或过程中的边界条件求解，具备解决采矿过程中化学问题的能力。通过物质结构的学习并结合化学原理，能针对所研究对象的性质、特点和研究目标，建立适宜的研究方法和实验方案开展相关研究。掌握应用化学知识的技能，特别是能够在工程实践中自觉应用。着重培养学生具备以下良好素质：一是针对现代社会问题和工程问题，开展文献调研，扩大知识面，提出解决方案，不断地提高化学水平；二是提高学生的学术交流能力，通过把小论文、小制作、研究方案在学生之间交流，逐步提高学生的交流能力，通过网络上化学资源的介绍，让学生加入其中参与讨论，提高学习化学的兴趣和积极性。树立诚实公正、诚信守则的工程职业道德和规范，具备坚韧的科学精神和服务国家发展战略的家国情怀。

思 政 元 素

细致周密、一丝不苟、实事求是的科学态度和严谨的科学作风，激发科技报国的使命感。

案例实施路径与方法

钱学森先生晚年提出了一个发人深省的疑问：为什么我们的学校总是培养不出杰出人才？这一疑问不仅成为社会各界对我国高等教育的疑问，而且成为整个教育界及教育工作者对如何正确培养德才兼备的创新型人才的疑问。其中主要涉及3个"问题"：① 什么是教育？正确的教育理念是，教育不是简单的理性知识的堆积，专业知识虽然重要，但更需要培养学生正确的价值观和探索、思考、学习以及践行的能力。鲁迅先生曾明确指出"教育是要立人"。教育的本质和精髓就是"独立的人格、探索的精神、学习的能力、践行的能力"。弄清楚什么是教育这个问题，对于认清教育的本质、明确自己的职能和职责、找准前进的方向是非常必要的。这是实现高质量教学设计最为核心的指导思想。② 教什么？这部分的主要问题是如何利用课堂上有限的学时，简短地呈现出所讲知识点的精华部分。重要的是要在课堂上构建知识，而不是灌输知识，并在知识中融入实事求是的科学态度和严谨的科学作风，激发科技报国的使命感。③ 怎么教？这部分涉及以下问题：如何才能做到课堂上呈现精华，如何引导学生重现前人创新过程，又如何引导学生研究知识点在应用领域的延伸和提升？

下面以"沉淀溶解平衡"内容中的"溶解度"的应用为例，阐述如何将思政元素融入教学内容以及教育教学方法和教学活动设计中。

1. 沉淀溶解平衡

沉淀溶解平衡的定义：一定温度下，当沉淀溶解的速率和沉淀生成的速率相等时，形成电解质的饱和溶液，达到平衡状态，我们把这种平衡称为沉淀溶解平衡。

从宏观上引导学生回顾中学所熟知的 $BaSO_4$ 等难溶电解质的溶解习性，进而启发学生思考：难溶电解质在微观上的表现如何？

接着，以 $BaSO_4$ 为例，结合PPT演示和板书推导，并配合启发式讲授，帮助学生通过微观分析更好地理解难溶电解质沉淀溶解平衡的微观机理，如图1所示。

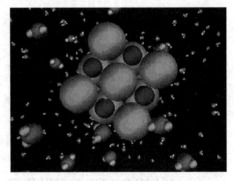

图1 $BaSO_4$ 在水中的沉淀溶解过程

$$BaSO_4(s) \underset{沉淀}{\overset{溶解}{\rightleftharpoons}} Ba^{2+}(aq) + SO_4^{2-}(aq)$$

沉淀溶解平衡的特征：

（1）逆：沉淀生成过程与沉淀溶解过程是可逆的。

（2）等：达到沉淀溶解平衡，沉淀溶解速率与沉淀生成速率相等。

（3）定：达到沉淀溶解平衡，溶质离子浓度保持不变。

（4）动：动态平衡。达到沉淀溶解平衡，沉淀的生成与溶解仍在进行，其速率相等。

（5）变：沉淀溶解平衡是在一定条件下建立起来的，当条件改变时，会建立新的平衡。

2. 溶解度和溶度积规则（重点）

首先，定义溶解度，回顾难溶物、微溶物和可溶物。然后引导学生思考：通过刚才的分析，我们知道沉淀和溶解是一个同时进行且相互可逆的过程，那么我们要如何判断在某一特定时刻是沉淀更多还是溶解更多呢？进而引出判定规则：溶度积规则。

接着，从学生的学情出发，利用学生已掌握的化学平衡知识，建立与目标知识——溶度积规则之间的联系，并通过结合PPT演示与板书推导，配合启发式讲授，帮助学生更好地理解溶度积的概念。

【提问】对于一般的沉淀溶解平衡，平衡常数应该怎么写呢？

【板书】

$$A_nB_m(s) \rightleftharpoons nA^{m+}(aq) + mB^{n-}(aq)$$

$$K^{\ominus}(A_nB_m) = \frac{\left[\dfrac{C(A^{m+})}{C^{\ominus}}\right]^n \cdot \left[\dfrac{C(B^{n-})}{C^{\ominus}}\right]^m}{1}$$

$$= c(A^{m+})^n \cdot c(B^{n-})^m$$

【启发】沉淀溶解平衡的平衡常数，从形式上看，是不是等于溶解后各离子浓度的幂的乘积？所以我们把它形象地称为"溶度积常数"，简称"溶度积"。

【启发】既然溶度积的本质还是平衡常数，那么我们是不是也可以利用上一章所学的反应熵判据，通过比较反应熵和溶度积的大小来判断沉淀溶解平衡移动的方向？

【板书】

溶度积规则：
$$\begin{cases} J < K_{sp}^{\ominus}：平衡右移，沉淀溶解 \\ J = K_{sp}^{\ominus}：平衡状态，饱和溶液 \\ J > K_{sp}^{\ominus}：平衡左移，沉淀析出 \end{cases}$$

通过以上教学过程，学生可以比较容易地理解溶解度、溶度积的概念，并较好地掌握溶度积规则，达到了教学目标。

3. 思政元素融入

案例1 Ba^{2+}有毒，如遇钡离子中毒，应尽快用5.0%的Na_2SO_4溶液洗胃，能解毒吗？——根据溶解度和溶度积规则分析我国的重金属污染问题，了解我国国情，树立关注环境、保护环境的思想，培养学生对国家和社会的责任感。

案例2 介绍侯德榜先生的联合制碱法（溶解度和溶度积的应用），激发学生的爱国情怀（思政案例）。其化学方程式可以归纳为以下三步反应：

（1）$NH_3 + H_2O + CO_2 \longrightarrow NH_4HCO_3$

（首先向水中通入氨气，然后再通入二氧化碳。）

（2）$NH_4HCO_3 + NaCl \longrightarrow NH_4Cl + NaHCO_3 \downarrow$

（$NaHCO_3$溶解度最小，所以析出。）

（3）$2NaHCO_3 \longrightarrow Na_2CO_3 + CO_2 \uparrow + H_2O$

（$NaHCO_3$热稳定性很差，受热容易分解。）

侯德榜，著名化学家，侯氏制碱法的创始人，1890年8月9日出生于福建省闽侯县坡尾村的农民家庭。为了实现中国人自己制碱的梦想，揭开索尔维法生产的秘密，打破外国人的封锁，以及缓解当时国内外市场急需纯碱的状况，侯德榜先生把全部身心投入到研究和改进制碱工艺上。经过5年艰苦的摸索，终于在1926年生产出合格的纯碱，使纯碱工业和氮肥工业得到发展，他采用的就是著名的"侯氏制碱法"。本可以高价出售其专利而大发其财，但是侯德榜先生却把这一奥秘公布于众，让世界各国人民共享这一科技成果。一个有骨气的中国人就是这样披露了索尔维制碱法的奥秘。侯德榜先生对科学的态度一贯是严肃认真的。在研究联合制碱的过程中，他要求每个试验都得做 30 多遍才行。开始时有些人不理解，认为这是浪费时间和耗费精力，多此一举。后来的事实证明，多数试验在进行了 20 多次以后数据才稳定下来，这样得到的数据资料才是可靠的，人们这才真正认识到侯德榜这种细致周密、一丝不苟的科学态度是多么难能可贵。

教 学 成 效

教学实质就是两个"对话"：① 是与创造知识的人对话。化学课程历史厚重，思想深刻。教材中往往汇集了几百年来化学学科发展过程中得到的重要理论和知识。每一个化学定律本身就是当时的重大创新成果，同时也可以对学生进行思政教育。② 是与学生对话。这部分属于讲授技巧的范畴，体现在课上及课后。一个优质的课堂必然是有感染力的，一个能吸引学生的教师必然是有亲和力的。可以通过介绍侯德榜先生的例子，激发学生们的科学探索兴趣及家国情怀。

学生满意度分析：根据教务系统查询，在 2020 级学生评教和教学反馈中，有效样本数 / 选课学生数为 56/62，学生给本课程打的平均分为 98.08 分（满分 100 分）。说明这种教学方式得到了学生的高度认可。

标准平衡常数

学院名称	化学学院	课程名称	无机化学 B
主讲教师	陈涓涓	教师职称	副教授
授课对象	化学工程与工艺专业一年级本科生	课程性质	学科基础必修课

课 程 简 介

本课程是工科各专业学生的基础化学必修课程,对工科学生的专业学习起着承前启后的作用。本课程的学习内容不仅要立足于学生已掌握的高中化学知识,更要为工科学生后续课程准备必需的无机化学理论知识。本课程结合当前工科无机化学教学的实际,包含了溶液中的酸碱平衡、沉淀平衡、配位平衡以及氧化还原平衡等化学四大平衡,物质的分子结构及原子结构,以及常见元素及化合物的各种性质等。本课程使学生掌握无机化学的基本知识,了解物质组成、结构与性质间的关系;掌握重要元素及其化合物的性质及其制备方法;具备综合运用所学的基本理论和知识解决实际问题的能力。

教 学 目 标

(1)理解并掌握标准平衡常数的概念及表达式的书写。
(2)运用反应熵判据预测反应方向。
(3)掌握化学平衡常数的有关计算以及实际应用。
(4)领会标准平衡常数在工业应用以及研究中的实际意义。

思 政 元 素

政治认同、爱国情怀和社会责任感。

案例实施路径与方法

(一)教育教学方法
(1)采用 PPT 演示、板书推导、比较启发等讲授方法相结合的教学手段。
(2)通过引入实际问题,理论联系实际,在增进互动交流的同时,训练学生分析问题、解决问题的思维能力。

（3）利用学术前沿实例，培养学生的创新思维意识和爱国情怀，提升学生的科研素养以及社会责任感。

（二）教学活动设计

1. 标准平衡常数表达式

【引导学生思考】我们知道，大多数化学反应都是可逆反应。但是什么时候正向进行，什么时候逆向进行呢？

【实验】氢气与碘蒸气反应生成碘化氢气体。

【观察分析】由实验数据（图1）可以发现，随着反应时间的推移，反应物浓度不断减少，产物浓度不断增加。但是，随着产物的不断生成，正反应速率在不断减小，而逆反应速率却在不断增大。从图2中可以看出，到了某一个时刻正逆反应速率相等，这时我们就认为这一反应达到平衡状态。

$$H_2(g) + I_2(g) \rightleftharpoons 2HI(g)$$

时间 t/s	c_{H_2}/mol·L^{-1}	c_{I_2}/mol·L^{-1}	c_{HI}/mol·L^{-1}	$r_{正} \times 10^6$/mol·L^{-1}·s^{-1}	$r_{逆} \times 10^6$/mol·L^{-1}·s^{-1}
0	0.0100	0.0100	0	7.60	0
2000	0.00397	0.00397	0.0121	1.20	0.204
4850	0.00213	0.00213	0.0157	0.345	0.343

图1　氢气与碘蒸气随着反应时间其正逆反应速率数据　　**图2　正逆反应速率变化曲线图**

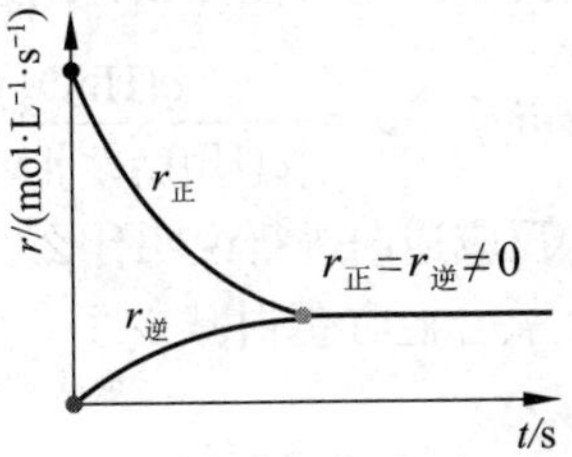

【启发】可以看到，当化学反应达到平衡的时候，正反应速率等于逆反应速率，但不等于零，这说明什么？此时系统的组成会不会随时间而改变？

【引出】化学平衡的基本特征：①动态平衡；②系统的组成不再随时间而变。

【设问】化学反应达到平衡后，这个反应是不是就达到最大限度了？

【继续设问】这个最大限度是多少？我们如何评价这个反应的程度呢？

【引出】研究人员在总结大量的实验结果后发现这样一个规律：对于一般的化学反应，当反应达到平衡时，产物与反应物之间存在着一个比例关系。

【分析】这个比例关系有什么规律呢？

【板书】（1）产物/反应物。

（2）气体：$p/p^{\ominus}$；溶液：$c/c^{\ominus}$；液、固：1。

（3）指数为系数。

通过PPT演示与板书推导，并配合启发式讲授，使学生更好地理解并掌握标准平衡常数的概念及表达式的书写，达到教学目标。

2. 标准平衡常数的应用

【引出】标准平衡常数 $K^{\ominus}$ 中使用的分压和浓度必须是什么时候的量？平衡时刻。但是我们在分析实际问题的时候，往往要用到的是某一任意时刻的量。所以，为了便于分析，我们把任意时刻对应的这个比值称为反应熵，用大写的 J 来表示。

【观察】它跟平衡常数在形式上是一模一样的。区别在哪里？所选取的时刻不同。

【设问】如果测得某一时刻的 $J < K$，我们能获取什么信息？

【板书】$J < K^{\ominus}$，正向进行。

$J = K^{\ominus}$，平衡状态。

$J > K^{\ominus}$，逆向进行。

【引出】 反应熵判据：通过比较标准平衡常数和反应熵大小，就可以预测某一任意时刻反应的方向。这在我们的生产生活以及科学研究中有着非常重要的意义。

【解决导课悬念】 人为什么会产生高原反应？如何预防和缓解？

【讲授】 生命的维持需要什么？呼吸。那么吸入的氧气分子是如何到达全身各处组织细胞的呢？主要依靠血液中的血红蛋白。因为 Hb 能够与氧气结合生成氧合 Hb。

【板书】 $Hb(aq) + O_2(g) \rightleftharpoons HbO_2(aq)$

【讲授】 Hb 结合氧分子，生成血红蛋白，再通过血液循环，输送给全身各处的组织细胞。

【设问】 正常状态下，血液中的这一反应是处于平衡状态的，也就是 $J = K$。但如果人从低海拔走到高海拔处，情况会发生什么变化呢？

【设问】 空气变稀薄了，氧分压降低了。J 会发生什么变化？

【分析】 显然，此时 J 增大，所以 $J>K$，平衡被破坏了。

【设问】 此时反应会往什么方向进行？

【板书推导】 $\uparrow J = \dfrac{c(HbO_2)/c^{\ominus}}{[c(Hb)/c^{\ominus}][p(O_2)/p^{\ominus}]} > K^{\ominus}$，逆向

【设问】 反应逆向进行说明什么？

【讲授】 氧合血红蛋白减少了。所以身体会出现什么状况？组织细胞缺氧，比如头晕、恶心等高原反应。

【引发思考】 我们如何预防和缓解高原反应呢？

【讲授】 减少 J，促使反应正向进行。如何实现呢？增加反应物，需要靠提高氧分压或者增加 Hb。比如说，多休息。目的是什么呢？促进机体产生更多 Hb。当然，最简单直接的就是吸氧，也要尽量减少运动对氧的消耗。

思政元素融入：2019 年，我国科学家发明了一种新型的催化剂，并通过改变化学平衡在低压反应系统上实现了高效的电化学固氮。这一研究成果无疑对科学研究和工业生产都具有非常重要的意义，所以也被发表在国际顶级刊物《德国应用化学》上（图 3），显示了我们在固氮合成研究方面的先进性。

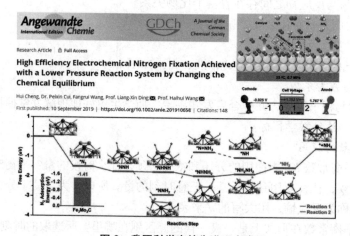

图 3　我国科学家的先进研究成果

通过介绍实际应用及学术前沿，理论联系实际，训练学生分析问题、解决问题的思维能力，培养科学素养。同时结合 PPT 演示与板书推导，并配合启发式讲授，帮助学生化抽象为具体、化难为易，使学生学会运用标准平衡常数与反应熵的关系预测反应方向。引入课程思政案例，了解

我国科学家如何利用标准平衡常数解决工业上电化学固氮的难题，培养学生的爱国情怀和社会责任感。

（三）资源载体

（1）《无机化学》第5版，天津大学无机化学教研室编，高等教育出版社。

（2）慕课：中南大学国家精品课"大学化学"；大连理工大学国家精品课"化学与社会"。

（3）Angewandte Chemie, https://doi.org/10.1002/anie.201910658。

教 学 成 效

通过本案例教学，认识到在教学课堂融入思政元素要注意方式方法，并且要切合实际教学内容和学科专业，以"润物细无声"的方式培养学生的爱国情怀，使其社会责任感和自豪感油然而生。在本案例中，通过展示我国当前的先进研究成果，不仅可以将其与本课程所授课的内容相关联，同时可以让学生在学科素养和价值理念上得到提高。不同于以往单纯知识的讲授，学生更容易被这种科研的先进性吸引，激发其学习兴趣；这种理论知识和实际应用的直观联系也启发学生积极探索和主动思考，引导学生进行科学探究。因此，本课程得到学生的一致好评，学生评价的平均分高达98.50分，也使工科专业的学生对化学科研产生了浓厚的兴趣，有利于他们进一步深入学习其他课程。

溶度积规则及其应用

学院名称	化学学院	课程名称	无机化学 C
主讲教师	赵斌	教师职称	副教授
授课对象	材料科学与工程专业一年级本科生	课程性质	学科基础必修课

课程简介

本课程是学生化学学科基础必修课程。通过本课程的学习,可以使学生掌握无机化学的基本知识,学习四大化学平衡相关的知识,了解物质组成、结构与性质间的关系;掌握重要元素及其化合物的性质及其制备方法;具备综合运用所学的基本理论和知识解决实际问题的能力。

教学目标

(1)了解难溶电解质的沉淀溶解平衡过程,并能结合实例进行描述;了解溶度积常数(溶度积)的含义,写出溶度积的表达式;能运用平衡移动的观点对沉淀的溶解、生成与转化过程进行分析,理解沉淀溶解和转化的本质,并能对相关实验的现象以及生活中的一些相关问题进行解释。

(2)了解难溶电解质沉淀的溶解和转化能否实现及其难易程度是电解质本征性质、反应条件等多种因素共同作用的结果,需要用动态的眼光看待反应过程。

(3)尝试引导学生通过观察实验现象推导可能的反应原理,提高学生的思维能力,巩固知识基础。

(4)通过"沉淀的转化及其应用"相关知识的学习,认识其中蕴涵的透过现象看本质和由特殊到一般的辩证唯物主义原理。

(5)通过对生产、生活中与沉淀溶解平衡有关的某些事例、现象的讨论,使学生体会到化学对于提高人类生活质量、促进社会发展的作用,培养学生的爱国情怀,激发学生学习化学的热情。

思政元素

锂离子电池能量密度高、循环性能好,在各个领域得到了大量的应用。将其进行合理的回收利用不仅可以节约资源,而且能减轻对环境的污染。通过讨论废旧锂离子电池中 Li、Ni、Co、Mn 等金属正极材料的回收方案和原理,让学生树立环保理念和"绿水青山就是金山银山"的理念。

案例实施路径与方法

首先利用图片和视频创设情境,让学生对沉淀的生成和溶解产生直观的认识。通过讨论溶解度与溶度积常数的关系,将中学的知识和大学知识进行衔接,让学生树立和巩固沉淀溶解平衡的观念,了解溶度积常数的概念及意义。其次,引导学生理解溶度积常数 K 和反应熵 J 的概念及其异同。将 K 与 J 的大小关系与沉淀溶解现象对应起来,理解沉淀溶解的过程及原理。随后由此拓展,以含 Ag^+ 系列沉淀的生成与溶解为例子,让学生理解沉淀转化、分步沉淀、沉淀的酸溶解、配位溶解和氧化还原溶解等不同反应过程。再由此归纳总结,建立弱电解质平衡竞争的观念,从理论上分析归纳出沉淀转化、沉淀溶解等基本原理,提出解决沉淀与溶解平衡相关问题的基本思路。让学生认识到沉淀转化、溶解等是动态变化的过程,一个简单的过程可能具有多重平衡、多个影响因素,需要辩证地看待反应变化过程中物质的量的变化和沉淀生成及溶解的关系。引导学生建立辩证唯物主义思想,客观、理性地看待问题、分析问题。

在理论上对沉淀溶解平衡进行了分析后,引导学生利用相关理论知识去理解和解释生产和生活中的一些现象。比如,生活中的化学方面,让学生讨论:① 溶洞形成的具体原理是什么;② 牙膏的主要成分和蛀牙的预防与修复。实验化学方面,通过观察一些实验现象,如 $Mg(OH)_2$ 沉淀的生成与溶解、含 Ag^+ 沉淀的转化等,分析和讨论实验过程中发生了哪些变化,实验条件如何影响实验结果,发挥探究实验在教学中的作用;生产实际方面,讨论废旧锂离子电池中 Li、Ni、Co、Mn 等金属正极材料的回收方案和原理,探讨不同回收路径的设计和回收效率等,了解沉淀的转化在科研和生产中具有的重要的应用价值。

教学过程中要注意理论联系实际。通过师生互动交流,采用启发式教学与案例教学、发散思维与收敛思维有机结合等方式,调动学生的学习积极性和学习热情,提高学生的求知欲和主动参与的积极性,培养学生分析问题、解决问题的能力。

教 学 成 效

在本案例教学过程中,引入了溶洞、蛀牙的预防与修复、含 Ag^+ 沉淀的生成与溶解等例子,利用图片和视频演示来创设教学情景。结合沉淀溶解平衡相关的理论,探讨图片和视频中观察到的现象以及变化产生的条件等,让学生了解到沉淀转化、溶解等过程是动态变化的过程,引导学生建立辩证唯物主义思想,客观、理性地看待问题、分析问题。在引入思政案例时,和学生一起讨论了废旧锂离子电池中 Li、Ni、Co、Mn 等金属正极材料的回收方案和原理,探讨了不同回收路径的设计和回收效率等问题,从而提高学生的学习兴趣和环保意识,让学生树立环保理念和绿水青山就是金山银山的理念。在教学过程时,尽量想办法提高学生的兴趣,让学生在探究的基础上得出结论。这个过程中,尽量调动学生的积极性,使学生在知识、方法、人生观等方面都有所收获。近几年,本课程的学生评教分数都在 95.00 分以上。

常微分方程的应用

学院名称	数学与统计学院	课程名称	常微分方程
主讲教师	邹长武	教师职称	副教授
授课对象	数学类专业二年级本科生	课程性质	学科基础课

课程简介

常微分方程是研究自然科学和社会科学中的事物、物体和现象运动、演化和变化规律的数学理论和方法。常微分方程的理论和方法不仅广泛应用于自然科学，而且越来越多地应用于社会科学的各个领域。本课程主要介绍常微分方程的基础理论和基本方法，包括：一阶常微分方程的初等解法，常微分方程的解的存在唯一性理论，高阶线性微分方程和线性微分方程组理论，高阶常系数线性微分方程和方程组求解方法，非线性常微分方程定性理论。

教学目标

（1）掌握常微分方程的基本应用，能够利用常微分方程解决实际问题，培养学生理论联系实际、分析问题和解决问题的能力。

（2）理解数学建模的基本思想。

（3）挖掘传染病模型背后的思政元素，通过介绍所学知识在科技前沿和实际生活中的应用，培养学生热爱数学、热爱科学的思想，增强学生科技强国的使命感。结合传染病的防治，培养学生热爱祖国、热爱社会主义制度的情怀。

思政元素

通过传染病模型的建模，培养学生热爱数学、热爱科学的思想。并通过国内外对传染病的防治对比，使学生体会到社会主义制度的优越性，培养学生的爱国主义精神。

案例实施路径与方法

（一）导入主题

先简要讨论新冠病毒，再问题式导入主题——传染病模型。

传染病模型：长期以来，建立传染病的数学模型来描述传染病的传播过程一直是各国有关专家关注的课题。人们不能去做传染病传播的试验以获取数据，所以通常主要依据机理分析的方法建立模型。

通过新冠疫情事件引入传染病这个话题，然后引入常微分方程的应用，引出例子。让学生感受到所学知识的实际应用价值，用所学的知识解决实际问题，调动学生学习的积极性。

（二）展开阐述

例 1（SI 模型）假设在疾病传播期内所考察地区的总人数 n 不变，开始时感染人数为 x_0，在时刻 t 的健康人数为 $y(t)$，感染人数为 $x(t)$，则

$$x(t)+y(t)=n$$

设单位时间内一个病人能传染的人数与当时的健康人数成正比，比例系数为 k，则有

$$\frac{\mathrm{d}x(t)}{\mathrm{d}t}=ky(t)x(t), \quad x(0)=x_0$$

即

$$\frac{\mathrm{d}x}{\mathrm{d}t}=kx(n-x), \quad x(0)=x_0$$

（三）深入研讨

在例 1 的基础上，加入病人治愈后会再次感染的要求，变成更复杂情况的建模。

例 2（SIS 模型）对无免疫性传染病，病人治愈后会再次感染，设单位时间治愈率为 μ，则

$$\frac{\mathrm{d}x(t)}{\mathrm{d}t}=ky(t)x(t)-\mu x(t), \quad x(0)=x_0$$

即

$$\frac{\mathrm{d}x}{\mathrm{d}t}=kx(n-x)-\mu x=kx\left(n-\frac{1}{\sigma}-x\right), \quad x(0)=x_0$$

（四）巩固加深

例 3（SIR 模型）对强免疫性传染病，病人治愈后不会再次感染，设在时刻 t 的愈后人数为 $r(t)$，而治愈率为常数 l，即

$$\frac{\mathrm{d}r(t)}{\mathrm{d}t}=lx(t)$$

则

$$x(t)+y(t)+r(t)=n, \quad \frac{\mathrm{d}x(t)}{\mathrm{d}t}=ky(t)x(t)-\frac{\mathrm{d}r(t)}{\mathrm{d}t}$$

消去 $r(t)$，得

$$\begin{cases}\dfrac{\mathrm{d}x}{\mathrm{d}t}=kxy-lx, & x(0)=x_0\\[2mm]\dfrac{\mathrm{d}y}{\mathrm{d}t}=-kxy, & y(0)=y_0=n-x_0\end{cases}$$

（五）总结提高

内容小结：总结本节课几个例子的主要关系。

目标小结：强调数学思想在解决实际问题中的应用，我国在抗击新冠疫情中取得的成就。

（六）课后任务

荐读：有关新冠疫情的新闻和国内外形势。

查阅常微分方程应用的更多例子。

完成作业：习题 2、4、6。

教 学 成 效

本案例引导学生自主思考，分析应用问题的数学本质，并通过几类不同模型的比较，由简至难逐步烘托重点，使学生掌握常微分方程的应用情景，了解数学知识的强大作用，使学生增强爱国、爱科学、爱数学的思想。结合我国的新冠病毒防治成果，使学生体会到社会主义制度的优越性，培养学生的爱国精神。最后让学生课后继续巩固复习，加深对课堂知识的理解。

统计学典型教学案例

线性回归模型

学院名称	经济与管理学院	课程名称	统计学
主讲教师	游万海	教师职称	副教授
授课对象	经济统计学专业二年级本科生	课程性质	学科基础课

课 程 简 介

统计学是一门运用数量分析的基本理论和方法，紧密结合经济社会实践，分析经济社会现象的数量表现、数量关系和数量变化规律的方法论科学。课程首先对统计学的发展历史、统计学研究主要内容，以及统计学的应用领域进行介绍；其次介绍统计数据的类型、统计学的常用术语、统计指标与统计指标体系；再次介绍统计数据展示方法与分布特征描述，包括统计资料的搜集与整理、统计表与统计图、集中趋势的描述、离散程度的描述、分布偏态与峰度的测度等；最后介绍推断统计学的相关内容，包括参数估计、假设检验、方差分析、相关与回归分析等。

教 学 目 标

作为一门方法论课程，统计学以培养学生的统计观念为核心，践行"四基"、发展"四能"，着重培养学生数据分析和数学建模等素养，同时培养学生科学的世界观和方法论，特别是掌握马克思主义认识论，以及运用马克思主义认识论去观察、分析与解决实际问题的能力。结合国内外经济社会发展的新形势、新特点和新趋势，注重新文科教学的战略性、创新性、融合性与发展性特征，以学生统计学素养培养为中心，结合学生实际特征，注重以本学科理论知识和学生实际情况为支点，交叉融合多学科知识教学。

1. 知识拓展

（1）理解直线拟合的思想，掌握最小二乘原理。

（2）掌握一元线性回归模型参数估计。

（3）厘清经济显著和统计显著的内涵与区别。

2. 能力建构

（1）能够运用线性回归相关知识分析我国经济增长等实际情况，培养理论联系实际的能力，提高学生的统计应用意识。

（2）结合实际理解一元线性回归模型的含义和统计结果的意义，理解样本的选取和分析方法的运用等都会对结果产生影响，引导学生理解对统计结果保持批判性态度的必要性和重要性。

（3）能够通过查阅文献资料，综合并评价不同参数估计方法的优劣，培养抽象演绎思维。

3. 价值引领

（1）践行"从实践到理论再到实践"的科学研究方法，提升实事求是的科学素养。

（2）挖掘公式背后的思政元素，培养学生践行"诚信"这个社会主义核心价值观，通过对所学知识与科技前沿的应用增强科技强国的使命感，并且结合知识与所学专业的联系增强专业自豪感，善于发现生活中的知识。

4. 思维训练

引导学生理解一元线性回归模型的本质是一个变量可能受到另一个变量的影响，故而它的值会呈现一定的随机性或波动性，这种波动在大量数据中往往会呈现一定的规律性。对于多元线性回归模型，其本质相同，通过类比学习，有利于培养学生的拓展性思维。

思 政 元 素

（1）通过学习统计学的理论与方法，熟练运用马克思主义认识论去观察、分析、处理、解释实际问题，培养科学精神与科学思维。

（2）通过典型的中国经济案例，阐述如何学以致用，运用统计学方法研究中国现实经济问题，揭示中国经济发展的独特规律和评估各种改革举措与经济政策，树立"道路自信"。

（3）通过解释经济显著与统计显著的内涵与区别，让学生认识到，对线性回归模型实证分析来说，必须使用真实反映客观事实的数据，这是分析的"原材料"，要做到实事求是。

案例实施路径与方法

本课程思想性和应用性强，拟采用情境式教学模式，创设有利于学生学习的环境；通过小组讨论与实践应用，引导学生理解拟合思想，培养学生的自主探究能力与合作交流能力，发展学生的统计观念，提高学生的统计应用意识。为更好地突出重点，突破难点，本课程主要进行了如下设计：

1. 创设情境，提出问题

（1）近年来，互联网经济发展迅速，各大电子商务平台也迅猛发展，网购已成为大部分人生活中不可或缺的一部分，其中一个重要的原因是平台商品价格优势。

（2）思考：商品单价优势是许多人选择网购的一个原因，那么商品单价能对决定是否购买该商品提供什么信息呢？

（3）提出问题：它们之间的相关关系具体是怎样的？

（4）导入课题：一元线性回归模型。

【设计意图】以实际案例导入课程，关注社会，设置悬念，从研究商品单价与商品销售量的相关关系入手，也为后面反思商品单价与商品销售量之间的相关关系埋下伏笔。

2. 统计分析，探究交流

要研究两个变量之间的相关关系，利用统计学知识，我们首先应该做什么呢？

（1）收集数据：借助爬虫工具，从淘宝平台收集 30 种手机商品的单价和月销售量相关数据（图1），通过观察数据，大体上可以发现，随着单价的增加，月销售量减小。

【设计意图】现场从电商平台收集商品单价与月销售量的数据，让学生体验样本的随机性，理解样本的代表性。

图1 手机商品相关数据

（2）描述数据：观察数据，大体上看，随着商品单价的增加，月销售量总体呈现减小的趋势。你会怎样直观表示商品单价与月销售量之间的这种关系呢？

学生在草稿纸中画出散点图。教师展示学生的作图成果，随即分析图形特点。

【设计意图】引导学生利用类比函数认识商品单价与月销售量这两个变量之间的相关关系，并画出散点图直观表示它们之间的相关关系，为数据分析作准备，了解拟合的背景。

（3）分析数据：观察散点图，你有什么发现呢？

所有点看上去都在一条直线附近波动。如果散点图中所有点看上去都在一条直线附近波动，则称变量间线性相关。此时，可以用一条直线来近似刻画它们之间的关系，这样近似的过程称为线性拟合。

（4）深入探究：怎样确定这条直线呢？你是怎么想的？在小组内交流，并画出这条直线。教师展示小组讨论成果，汇报各自想法，分析不同想法的共同点。

【设计意图】设计确定回归直线的小组讨论活动，自主探究、交流讨论，加深对回归含义的感知，并尝试得出确定这条直线的方法。

3.建立模型，理解原理

各小组做法虽然不同，但其实想法是一致的，都是希望所有点和这条直线尽可能接近，也就是整体距离最小，如何用数学的方法刻画呢？

建立模型：如图2所示，假设我们已经得到两个具有线性相关关系的变量的一组数据 (x_1, y_1), (x_2, y_2), …, (x_n, y_n)，所求回归直线方程 $y=\beta_0+\beta_1 x+\varepsilon$，那么如何刻画这些点和直线 $y=\beta_0+\beta_1 x+\varepsilon$ 整体上最接近呢？

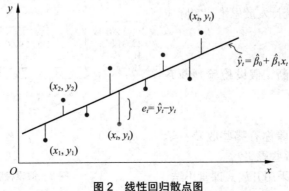

图2 线性回归散点图

A. 用"残差和最小"确定直线位置是一个途径。但很快可以发现计算"残差和"存在相互抵消的问题。

B. 用"残差绝对值和最小"确定直线位置也是一个途径。但绝对值的计算比较麻烦。(绝对值求导比较复杂，不好求解出最小值。)

C. 最小二乘法的原则是以"残差平方和最小"确定直线位置。用最小二乘法除了计算比较方便外，得到的估计量还具有优良特性。

哪一种想法更合适呢？

【设计意图】设置问题串启发学生分析如何刻画一个点到回归直线的远近，从实际意义的角度创造性地定义新的标准来刻画点到直线的远近，进一步理解波动和回归的意义，渗透创新思维的培养，理解数学的应用价值。要求回归方程，就是要确定 β_0、β_1 的值，使 Q 的值最小。

"残差平方和最小"的数学表达：

$$\min Q = \min \sum \hat{\mu}_t^2 = \min \sum (y_t - \hat{y}_t)^2 \\ = \min \sum (y_t - \hat{\beta}_0 - \hat{\beta}_1 x_t)^2$$

求解过程：经过推导，确定回归方程系数的计算公式为

$$\begin{cases} \hat{\beta}_0 = \bar{y} - \hat{\beta}_1 \bar{x} \\ \hat{\beta}_1 = \dfrac{\sum\limits_{i=1}^{n}(x_i - \bar{x})(y_i - \bar{y})}{\sum\limits_{i=1}^{n}(x_i - \bar{x})^2} \end{cases}$$

【设计意图】把握方法背后的数学思想，引导学生课后探讨使目标函数 Q 最小时模型系数的推导过程，课堂上对公式进行翔实分析，充分认识公式的结构，引导学生欣赏数学美。同时，还分析得到回归直线过样本点的中心，了解回归直线的代表性。

4. 结合具体案例，进行分析预测

利用另一平台手机商品单价和月销售量数据比较两个预测样本的特征与实证结果，你有什么发现？

思考：影响月销售量的因素较多，仅仅考虑销售单价是否足够？一般都是通过研究多元变量的影响进行推断的。怎么进行多元回归分析呢？教师让感兴趣的学生课后思考。

【设计意图】统计是根据样本的情况推断总体情况，回归分析是通过模型近似刻画相关变量关系的统计方法。设计分析反思活动，引导学生对统计结果的合理性进行必要的批判与质疑，从数学问题的结论回归到生活实际。呼应本课程引入的真实问题情境，除了商品价格，商品评价人数、该店铺是否为旗舰店、是否有运费险等因素是否会影响月销售量？将线性回归分析的思考延伸到课外，培养学生的统计发散思维和实际应用意识。

5. 深入探讨

讨论：利用统计推断、假设检验判断系数的显著性，如图3所示。

6. 总结提高

回顾与反思：这节课你有哪些收获？学到了哪些知识？体会了哪些思想？

【设计意图】本课程采用开放式课堂小结，

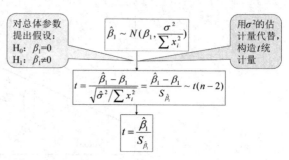

图3　假设检验基本步骤

引导学生回顾学习过程，从知识、方法、思想几个角度进行总结，积累经验，促进学生反思升华、感悟思想、提升素养。

【设计意图】通过教师再总结，把握本课程的主要思路和学习目标，并根据实际案例，以直观有趣的形式概括这课程的主要内容，挖掘统计的育人价值。

7. 预习任务与课后作业

（1）预习任务：预习第十章第二节多元线性回归模型，完成相关资料的预习。

（2）课后作业：① 小组统计活动。以小组为单位，分工协作，自主选取生活中感兴趣的两个相关变量进行研究。② 文献阅读与科研实训选题。

【设计意图】设置小组课题研究活动，引导学生关注生活，自主选择课题研究，能进一步加强合作交流，加强统计应用意识，丰富学生的数学活动经验。

教 学 成 效

（1）本课程教学目标明确且丰富，教学方法灵活多样，注重思政教育和学科前沿知识引入，符合"两性一度"的要求。通过对线性回归模型相关理论知识和具体实践的分析，实现了理论知识和现实案例的有机结合。课堂气氛活跃，互动积极，充分调动了学生的积极性和主动性。

（2）在数字经济时代，几乎所有经济活动都会留下"痕迹"，这些"痕迹"就是人们通常所说的"大数据"。统计学是一门关于数据的方法论科学，线性回归模型则是其中重要的内容，其为挖掘数据信息提供了一种有力的工具。

（3）传统统计学教学较侧重概念的教学，并辅以笔进行手动计算。随着计算机技术的发展，实际中的数据越来越多，数据量也越来越大，传统技术已经不能满足要求。因此，必须把计算机软件应用与编程等技能融合进统计学的教学中，才能让统计学和现实的生活场景相结合。

激光原理典型教学案例

首台激光器的诞生与聚焦激光特性

学院名称	物理与信息工程学院	课程名称	激光原理
主讲教师	张永爱	教师职称	研究员
授课对象	光电信息科学与工程专业三年级本科生	课程性质	学科基础课

课程简介

（1）课程意义：激光原理是专业主干课程，重点向学生传授激光器基本原理和理论，培养学生分析解决激光物理问题的能力，强调对物理概念的深入理解，为今后从事光电信息方向的科研工作打下良好专业基础；通过本课程的教学，使学生了解激光器的发展史、应用前景，以及我国激光在科学发展与技术应用方面存在的机遇、挑战和创新空间。

（2）课程特点：本课程主要阐述激光器的基本原理和理论，要求重点掌握激光器的产生条件，光谐振腔和激光振荡理论，阐明光和物质相互作用的基本物理过程和主要理论分析方法；掌握激光原理的基本知识、激光的特性，了解典型的激光器；掌握模式的概念、共轴球面腔的稳定性条件，以及高斯光束的基本性质与传输规律；掌握谱线加宽的机制和线型函数，速率方程的分析方法，竞争效应，以及激光放大器增益特性；掌握激光振荡特性，激光阈值条件，了解弛豫振荡、线宽极限等概念，掌握激光调制、稳频、调 Q 等技术。

（3）教学方法：建立一套适应于本专业理论知识学习的科学学习方法，掌握激光产生的基本物理过程和理论分析方法，要求学生通过对知识的理解和消化来学习与掌握知识，培养知识的实际运用能力；本课程通过课堂讲解、PPT 幻灯片课件、课堂提问、课堂小测验、课后作业及讲评等教学手段完成教学任务。

教学目标

依据习近平新时代中国特色社会主义思想和科学发展观，践行科学技术现代化和实现中国梦宏伟愿望，紧密围绕我校"双一流"和"211 工程"的办学定位和建设东南强校办学理念，以及"思想正确、知识精湛、思维活跃、能力突出"四位一体的课程理念，通过本课程的学习，学生可以实现以下目标：

（1）指导思想与价值引领。以"思想正确、知识精湛、思维活跃、能力突出"四位一体的课程理念为指导思想，立足本课程与生活实际，培养学生辩证唯物主义世界观、科学思维方法和正确的职业素养，并在课程学习中践行社会主义核心价值观。

（2）知识掌握与能力拓展。要求光电信息科学与工程专业学生掌握激光的工作原理、产生条件、传输特性，以及激光调制、选模、稳频、调 Q 等技术，了解各类激光器的激发过程以及对光电信息技术的重要性，拓展学生认真学好相关专业知识的能力，为今后的发展奠定基础。

（3）思维训练与同步发展。在专业实践工作中，学生全面了解我国激光在科学发展与应用方面存在的机遇、挑战和创新空间，逐渐训练学生刻苦钻研的能力，扩展激光技术和激光器发展历史的知识面，并将激光技术运用在光电信息领域与实际工作生活中，实现个人与社会同步发展和有机统一。

（4）能力构建与培养。通过本课程的学习，使学生掌握激光发展史、激光技术在光电信息领域应用的知识，锻炼学生分析问题和解决问题的能力，拓宽学生的知识领域和综合能力，培养学生具备一定分析和解决光电信息工程技术问题的能力，为后续的工程实践和应用打下基础。

思 政 元 素

近年来，中国激光产业蓬勃发展，激光器已成为加工系统中必不可少的核心组件之一，可广泛应用于材料加工、通信、信息处理、医疗美容、科研、军事等领域。随着新一代信息技术的迅猛发展，激光相关产业将迎来良好的发展机遇。激光，"未来之光"，照亮的绝不仅仅是激光产业的未来，更是照亮了每位青年学子前行的路。为国家战略发展贡献力量，是祖国的号召，也是青年学子的使命担当。

案例实施路径与方法

（一）教学说明

学生课前已经初步了解光的波粒二象性，鉴于本课程知识的重要性，在原来"光"的基础上拓展到"激光"领域，因此，需要从新的角度解读并深入探讨了解激光的发展史、发展趋势、特征和产生条件，聚焦我国首台激光器的诞生与激光特性，以激光照耀梦想为指引，照亮前方未来的方向。

（二）教学理念

落实立德树人根本任务，以学生发展为中心，以问题和科研实例为驱动，实现知识传授、价值塑造和能力培养的多元统一。

（三）总体思路

（1）树立社会主义核心价值观，培养科技能力和报国使命感，增强专业自豪感，实现课程思政与专业知识互溶。

（2）建立"课前提出问题、课堂讨论问题、课后解决问题"的课堂授课与课后讨论的教学模式。

（3）课上课下融会贯通，线上线下相辅相成，引导学生自主学习，师生同频共振。

（4）引入课程思政案例小故事。如美国在1960年研制成功世界上第一台红宝石激光器，揭开了激光科学的序幕。我国科学家在光学之父王大珩、王之江的主持下，1961年9月，国内第一台红宝石激光器研制成功。由此引导学生树立社会主义核心价值观，培养科技能力和报国使命感，增强专业自豪感。

（四）思政元素融入方式

引用"美国在1960年成功研制世界上第一台红宝石激光器，我国科学家在1961年9月研制出国内第一台红宝石激光器"的课程思政小故事,树立学生为国科研的责任感;以及聚焦激光特性,以激光照耀梦想为指引,照亮前方未来的方向。

(五)教学方法与手段

利用在线开放课程资源,引导学生课前复习;使用现代信息技术,综合启发式讲解、传统板书、现代多媒体软件等手段,适时设疑,师生互动交流,理论联系实际,启发式教学与案例教学、发散思维与收敛思维有机结合。

(六)教学内容与教学设计

结合黑体辐射热平衡的例子,采用提问式引出自发辐射和受激吸收是否能达到平衡的问题,不仅让学生回忆前期课堂内容,还能激发学生好奇心,让学生感受到所学知识的实际价值,激起学习新知的欲望。适时设疑,启发学生思考,调动学生学习的积极性。

知识点:黑体辐射的概念、热平衡条件;自发辐射、受激辐射和受激吸收的物理过程以及相互关系;受激辐射大于自发辐射的背景与实际意义;激光产生的物理条件,首台激光器的诞生以及激光与其他光源的特性比较。

重点:自发辐射、受激辐射和受激吸收的物理过程以及自发辐射与受激辐射的区别以及激光的产生条件。

难点:自发辐射、受激辐射和受激吸收之间的相互关系、动态平衡破坏条件以及受激辐射大于自发辐射的背景与实际意义。

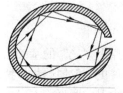

图1 空腔辐射体示意图

具体如下:

(1)引入空腔辐射体(图1),阐述黑体辐射建立动态平衡的条件,从而引出辐射场能密度的概念。

(2)自发辐射跃迁、受激辐射跃迁和受激吸收跃迁的概念,跃迁概率以及能级粒子数减少率;利用自发辐射跃迁和受激辐射跃迁的概念,分析自发辐射和受激辐射的区别(图2)。

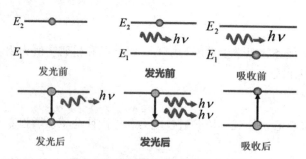

图2 光和物质相互作用的三个过程

(3)自发辐射、受激辐射和受激吸收之间的相互关系以及动态平衡破坏条件。动态平衡:

$$A_{21}n_2\mathrm{d}t + B_{21}\rho_v n_2\mathrm{d}t = B_{12}\rho_v n_1\mathrm{d}t$$

自发辐射光子数　受激辐射光子数　　受激吸收光子数

这个方程表明,在平衡状态下,自发辐射速率和受激辐射速率之和等于受激吸收速率。这意味着,原子或分子在吸收和发射光子之间保持了能量的平衡,从而维持了激光系统的稳定性。

平衡破坏条件:受激辐射远大于自发辐射,才有可能产生激光

$$\frac{q_{激}(t)}{q_{自}(t)} = \frac{h\nu \cdot n_2(t)B_{21}\rho_v}{h\nu \cdot n_2(t)A_{21}} = \frac{B_{21}\rho_v}{A_{21}} = \frac{c^3}{8\pi h\nu^3}\rho_v$$

(4)受激辐射大于自发辐射的背景与实际意义。

由于激发态寿命有限,处于激发态的粒子总会发生自发发射,但自发发射光子对其他粒子则是外来光辐射场,会导致其他粒子的受激发射(及受激吸收),因此,要使受激辐射概率远大于自发辐射概率。满足上述条件后,才可能产生激光。

(5)首台激光器的诞生以及激光与其他光源的特性比较。

a. 通过国际首台激光器的诞生以及我国第一台激光器(图3)的诞生,培养学生为国科研的兴趣与责任感。

激光是"最亮的光",其亮度约为太阳光的100亿倍,被喻为"最快的刀"和"最准的尺"。激光与原子能、半导体、计算机并列为20世纪人类四大科技发明。1960年,美国人梅曼发明了世界上第一台激光器,标志着人类开始进入激光时代。1961年9月,在中国科学家王大珩、王之江的主持下,我国国内第一台红宝石激光器研制成功,比国外激光器具有更高的激发效率,表明我国激光技术当时已达到世界先进水平。

由于当时国内整体的科技水平较低,且与国外缺乏沟通和联系,在研制中国第一台激光器的过程中遇到了非常多的困难,比如没有硬质玻璃和泵浦氙灯光源。为此,研究小组就去上海的中央商场购买硬玻璃盘,敲碎后重新烧结,代替实验中需要的硬质玻璃;此外,我国当时没有氙灯泵浦光源,也不可能从国外直接进口,因此科学家们需要自己动手制作脉冲氙灯。当时国内没有氙气的需求,为了找到氙气,一位采购员走遍半个中国,费了很大力气才在一家灯泡厂的库房里找到了新中国成立前留下来的仅存的几瓶氙气,氙灯制作才得以最后完成。

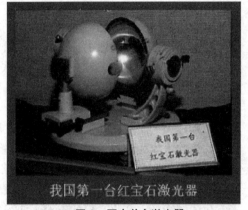

图3 国内首台激光器

为了国家科技的发展,中国科学家不管遇到多少困难,总是充满激情、积极乐观,即使失败也不气馁,他们重新设计、重新实验。因此,本课程将老一辈科学家在国家积贫积弱的情况下艰苦研制中国第一台激光器的奋斗精神融入教学,激发学生的爱国主义精神,培育学生为国争光的社会主义核心价值观,培养学生为国科研的兴趣和责任感,激励学生勤奋学习、不畏艰难、勇攀科学高峰。

b. 聚焦激光特性(图4),引导学生理解激光与普通光源的区别,以激光照耀梦想为指引,照亮前方未来的方向。

图4 激光的特性

原子受激辐射的光名为"激光":原子中的电子吸收能量后从低能级跃迁到高能级,再从高能级回落到低能级时,所释放的能量以光子形式放出。其英文名为 Light Amplification by Stimulated Emission of Radiation,意思是"通过受激辐射光扩大"。激光的英文全名已完全表达了制造激光的主要过程。

激光与普通光源相比有哪些特点呢?首先,我们要知道光是什么。光可以被想象成是由一个个非常小的粒子(光子)组成的,它们具有不同的能量、不同的运动方向,因此组成了各种颜色的普通光。假如这些光子携带的能量相同、运动方向也相同,所有光子排着整齐的队列步调一致地向着一个方向前进,就组成了激光。因此,激光有普通光源不具备的特点——单色性好、方向性好、相干性好、亮度高,使得激光在各领域都有着非常广泛的应用。

(七) 总结提高与课后任务

在小结之前,学生在课堂上完成随堂测验,并借测验题来作小结。

内容小结:了解黑体热辐射热平衡过程,引入光和物质相互作用过程中还存在受激辐射,通过讨论自发辐射、受激辐射与受激吸收三个过程对系统粒子数的关系,建立三者之间的物理关系。

目标小结:学会与理解破坏自发辐射和受激辐射动态平衡的前提条件,即受激辐射大于自发发射,且在光和物质相互作用过程中占主导作用。

课后任务:查阅文献,进一步理解激光与普通光源的区别,了解激光在光电信息领域的应用;课后思考,证明光和物质相互作用的三个过程之间的物理关系。

教 学 成 效

"课上课下融会贯通,线上线下相辅相成"的授课模式让光电信息科学与工程专业三年级本科生收获满满,课程将线上理论学习与线下自主探索有机融合在了一起,课下学生充分准备,课上学生积极展示并且热烈讨论,在每一次课程学习中学到了远大于 90 分钟课堂的知识,也在与学生的思想碰撞中提高了自己。

谈到张永爱研究员讲授的第一章节,光电信息科学与工程专业三年级本科生感悟良多,通过在张老师课上的学习,学生能了解激光发展史、我国激光的研发历程以及激光在光电信息领域的应用,培养大家为国科研的责任感;掌握光与物质相互作用的三个过程、激光产生的基本条件以及激光特性等内容,通过聚焦激光特性,以激光照耀梦想为指引,照亮前方未来的方向。

张永爱研究员不断探索授课模式,致力于将课程建设成一门既注重传授专业知识,又着力培养学生爱国情怀、文化自信的本科生课程,让专业技能与思政教育的结合有深度、有温度、有广度,努力培养担当民族复兴大任的时代新人。

生物化学典型教学案例

"红曲黄酒"里的"糖代谢"

学院名称	生物科学与工程学院	课程名称	生物化学
主讲教师	倪莉	教师职称	教授
授课对象	食品科学与工程专业二年级本科生	课程性质	学科基础课

课 程 简 介

生物化学是应用化学与分子生物学的基本理论和方法研究生命现象的科学,其特点是在分子水平上探讨生命现象的本质。生物化学是在有机化学和生理学的基础上发展起来的,与有机化学、生理学、物理化学、分析化学有着密切的联系,19世纪末20世纪初发展为独立的学科,是生物学中发展最快的一门前沿学科,是细胞生物学、遗传学、微生物学、免疫学、病毒学、进化论和分类学的基础,研究药学、制药工程、食品和营养等学科也离不开生物化学的理论和方法。

本课程主要教授三个板块的内容:
(1)静态生物化学,学习糖、脂肪、蛋白和酶、核酸、激素等生物分子的结构、性质及功能;
(2)动态生物化学,学习糖、脂肪、蛋白质和核酸等生命物质的代谢途径;
(3)细胞信号的转导,包括核酸的复制、转录和翻译,以及基因工程等。

教 学 目 标

掌握国内外生物化学学科发展进程,了解生物化学在食品科学中的重要性,探讨生物化学的热点和前沿内容。通过对构成生命有机体的主要生物大分子(糖、脂、蛋白质、酶、核酸)等的结构、性质和功能的分析,了解常见维生素和激素的结构和功能,熟悉主要维生素和激素的作用机制;熟悉并掌握DNA、RNA和蛋白质的生物合成过程,熟悉转录后加工及翻译后加工过程。能利用本课程解释食品科学和食品工程中所涉及的生物化学基本概念,并进行恰当表述。

熟悉物质代谢之间的相互联系及调节,掌握电子传递链和氧化磷酸化的过程。熟悉并掌握生物大分子(糖、脂、蛋白质和核酸)的重要代谢途径及其相互关系。将知识点灵活应用到食品的营养与健康、工艺设计与生产实践中,识别和判断复杂食品科学与工程问题的关键环节。

思 政 元 素

具有坚定正确的政治方向、良好的思想品德和健全的人格,热爱祖国,热爱人民,拥护中国共产党的领导;具有正确的世界观、人生观、价值观;具有科学精神、人文修养、职业素养、社会责任感和积极向上的人生态度,了解国情、社情、民情,践行社会主义核心价值观。

案例实施路径与方法

以第九章"糖代谢"为例，展示线上线下的教学设计。总体上采用线上方式教授主干知识，以思维导图、作业和测试进行督促；线下以难点梳理、案例分析促进学生对重要知识的理解，并激发学生的学习兴趣和对理论知识的了解。

本章内容与授课组科研课题"红曲黄酒酿造"系列课题具有密切相关性。因此，在课程设计中引入了该案例，如糖酵解途径、红曲色素形成过程的调控与三羧酸循环（TCA 循环）、产乙醇和产酸之间的代谢调控等。通过案例的分析，让学生了解生物化学理论知识与科研、生产之间的关联，激发学生学习的热情和主动性。红曲黄酒是典型的传统食品，红曲是具有多种生物活性的微生物资源，以此为例，培养学生对开发与挖掘传统食品资源、推进传统食品现代化的兴趣和责任感，同时将课堂知识、科研训练、创新实践进行融合，鼓励学生进行科技创新，从点滴间增强学生食品产业自主创新的自信。

（一）线上教学

1. 课程引导

在线上授课之前，通过发布课程引导，激发学生对课程的兴趣，引起学生对课程学习的重视。进入代谢章节之后，内容更多、难度加大，因此，在课程引导中就对学生进行了提示。

2. 线上学习与线上学习的导学

线上教学首先播放授课视频，要求学生在观看视频的同时，做听课笔记，并且采用小组学习的方式搭建知识框架。

根据主要知识点，将章节内容分成 10~15 分钟的 6 个知识点视频，包括：糖的消化、吸收和运转，糖的无氧分解，糖的有氧氧化，磷酸己糖旁路，糖原的代谢，糖异生。

由于线上的授课内容都是必须掌握的一些"干货"，因此，学习效果就格外值得重视。我们采用让学生制作"思维导图"的方式，使其对知识框架有清晰的理解。为督促学生进行线上学习，我们采用助教小组的方式跟进学生的学习情况，如思维导图将由研究生选出优秀作品，向学生展示。

3. 完成作业和参与讨论

为激发学生的学习兴趣，设计了几个讨论话题，话题的选择与人们的生活、健康息息相关。

（1）糖代谢紊乱：讨论糖代谢酶的缺陷症、高血糖及糖尿病、低血糖症的生化机制，如何进行预防和治疗？

（2）剧烈运动后，为什么肌肉容易出现酸疼？

4. 完成线上小测

（二）线下讨论（以线下第一节课为例）

1. 框架回顾

研究生事先收集小组学习后学生制作的思维导图，提前发送给负责讨论的授课老师，经过筛选和修改，教师首先对优秀思维导图进行表扬和展示。

2. 知识点梳理

提出"血糖""乙醇""砷化物"三个关键词，围绕这三个关键词展开知识点回顾梳理和扩展。

（1）首先围绕"血糖"进行讲述，包括血糖的来途和去路以及主要的糖代谢途径。重点讲述糖酵解途径（EMP 途径），并采用动画教学展示 EMP 途径。

（2）提出问题：运动后为什么经常腿发酸？——乳酸的生产。

（3）提出问题：乙醇是怎么产生的？——以酿酒为例。

（4）提出问题：假酒主要的危害是什么？如何解决假酒中毒问题？喝酒与脸红之间有什么关系？——脱氢酶的作用。

（5）由古代故事中的"银针验毒"引发思考：砷化物的毒性从何而来？通过故事来解释EMP途径里会被抑制的环节，以及TCA循环中会被抑制的环节；进一步思考如何解毒。由砷化物中毒的故事，梳理EMP途径和TCA循环中关键酶的作用。

（6）利用慕课堂智慧教学进行小测。

3. 知识扩展

案例深入：以授课老师的研究课题"红曲黄酒的酿造及菌种资源的开发"为例，介绍酿造过程中糖代谢与乙醇、色素和风味物质生成之间的相关性，并介绍各种组学方法在科学研究中的作用。本章内容结合脂类代谢章节红曲色素对胆固醇合成的调节作用知识进行讲解。

教 学 成 效

学生以"红曲酸奶"为题材，参与生命科学竞赛，获得第三届全国大学生生命科学创新创业大赛二等奖、中国食品科学技术学会的学生创新大赛二等奖。

流体力学基础典型教学案例

连接流体力学模型与现实世界的桥梁

学院名称	石油化工学院	课程名称	流体力学基础
主讲教师	孙志新	教师职称	副教授
授课对象	过程装备与控制工程专业二年级本科生	课程性质	学科基础课

课 程 简 介

"流体力学基础"是过程装备与控制工程专业的学科基础课程，主要讲授流体力学的基本概念与原理、流动问题分析与建模的基本方法、典型工程流动问题的特点与求解过程。课程内容涉及流体力学性质、流体静力学、流体动力学等板块，既为过程装备相关专业课程学习奠定流体力学基础，又为工程实际流动问题的分析计算提供方法与工具。

教 学 目 标

通过本课程的学习，使学生达到以下主要目标：
（1）理解工程师在社会发展中肩负的责任，践行社会主义核心价值观和培养科技报国使命感，增强专业自豪感；
（2）理解流动的力学相似及动力相似准则；
（3）掌握相似准则数的选择原则及相似实验的设计；
（4）掌握解决工程问题的基本思路和方法，具备综合应用理论分析法与工程实践分析法解决工程流体力学问题的能力。

思 政 元 素

（1）结合美国塔科马大桥断裂及我国虎门大桥发生抖动的案例，引出桥梁风洞实验中的基本的相似原理，使学生理解工程师在社会发展中肩负的责任，践行社会主义核心价值观，培养科技报国使命感，增强专业自豪感。
（2）在相似准则数的选择中，根据"抓住主要矛盾，解决关键问题"的原则，培养学生的辩证唯物主义思维。

案例实施路径与方法

秉持"立德树人、知识传授、能力培养三位一体"的教育理念，流体力学基础课程与思政教育的融合首先对思政素材进行归类与提炼,然后将其与理论知识相融合,最后通过课堂教学与课后自主学习结合实践课内容对学生进行有效指导和教育。以流体力学基础课程中的"相似原理"内容为例,本章教学内容主要包括流动的力学相似、动力相似准则、流动相似条件三个知识点,针对知识、能力、素质设定了三个层次的教学目标,其中,知识目标是理解流动的力学相似及动力相似准则;能力目标是掌握相似准则数的选择原则及相似实验的设计能力;素质目标是使学生理解工程师在社会发展中肩负的责任,践行社会主义核心价值观和培养科技报国使命感,增强专业自豪感,并培养学生的辩证唯物主义思维。

基于"线上+线下"混合式教学模式,利用在线开放课程资源、现代信息技术,综合启发式讲解、传统板书、现代多媒体软件、慕课堂智慧教学等手段,适时设疑,引导思考、师生互动交流,理论联系实际,启发式教学与案例教学、发散思维与收敛思维有机结合。课前,学生观看美国塔科马大桥断裂及我国虎门大桥发生抖动的相关视频,查阅相关资料,线上完成教师布置的问题。课中,回顾视频主要内容,使学生深刻理解本节内容的重要性,理解工程师在社会发展中肩负的责任。依次讲解流动相似准则数的原理及计算方法,并通过实例指出多个准则数的不兼容问题,引导学生思考如何解决这一问题。结合"抓住主要矛盾,解决关键问题"的辩证唯物主义思维,讲解相似准则数的选取原则,并通过课堂例题加深理解。课后,通过课后习题使学生巩固所学内容,加深对相似准则数选取原则和方法的理解,进一步体会自然辩证法在流体力学中的应用。

教学内容设计如下。

(一)课程导入

首先简要回顾课前相关视频主要内容,再采用疑问式导入本课程主题——相似原理。

播放1940年通车仅4个月的美国塔科马大桥的扭动至坍塌的主要过程。视频中,水泥桥面像面条一样柔软,扭动幅度逐渐增强直至断裂,最终整个桥面全部掉入海水之中(图1)。

随后播放我国虎门大桥的相似扭动现象(图2),并提出问题:大桥发生扭动的原因是什么?如何避免类似事故的发生?

图1 美国塔科马大桥扭动至断裂

图2 虎门大桥晃动新闻

利用重大事故及身边实际案例对学生的强烈震撼力激发学生的学习热情,同时理解工程师在社会发展中肩负的责任,践行社会主义核心价值观和培养科技报国使命感,增强专业自豪感。

(二)展开阐述

1. 流动的力学相似

流动的力学相似是几何相似概念在流体力学中的推广和发展,它指的是两个流场的力学相似,即在流动空间的各对应点上和各对应时刻,表征流动过程的所有物理量各自互成一定比例。

（1）几何相似：几何相似是指模型与原型的全部对应线性长度的比例相等（图3）。
长度比例尺
$$k_l = \frac{l'}{l}$$

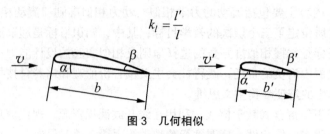

图3　几何相似

（2）运动相似：运动相似是指模型与原型的流场所有对应点上、对应时刻的流速方向相同而流速大小的比例相等，即它们的速度场相似（图4）。
速度比例尺
$$k_v = \frac{v'}{v}$$

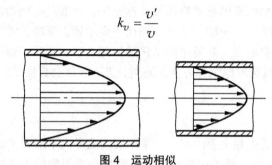

图4　运动相似

（3）动力相似：动力相似是指模型与原型的流场所有对应点作用在流体微团上的各种力彼此方向相同，而它们的大小比例相等，即它们的动力场相似。
密度比例尺
$$k_\rho = \frac{\rho'}{\rho} = \frac{F_i'/(a'V')}{F_i/(aV)} = \frac{k_F}{k_a k_V} = \frac{k_F}{k_l^2 k_V^2}$$

2.动力相似准则

动力相似准则包括重力相似准则、黏滞力相似准则、压力相似准则、非定常性相似准则、弹性力相似准则。

（1）力学相似及相似准则是相似原理的基础，与课堂导入部分呼应：请学生们讨论如何避免课程导入部分视频中由卡门涡街导致的大桥共振扭动问题，引导学生想到可通过进行模型实验的方法避免设计的桥梁出现这一问题。随后引出下一个问题，实验按何种原则进行模型和原型间的变换，从而引出力学相似的内容。由连续设疑，利用学生的好奇心，提高学生的注意力。

（2）几何相似和运动相似的内容相对简单，结合PPT讲解；动力相似稍有难度，结合板书进行密度比例尺的公式推导。

（三）深入研讨

流动相似条件：

（1）相似的流动都属于同一类的流动，它们都应由相同的微分方程组所描述，这是流动相似的第一个条件。

（2）满足相同微分方程组的同类流动有无数个，从这无数同类流动中单一地划分出某一具体流动的条件是它的单值条件，即流动相似的第二个条件。

（3）由单值条件中的物理量所组成的相似准则数相等是流动相似的第三个条件。

通过引入桥梁风洞实验（图5）的实际问题，让学生感受所学知识与日常生活的结合，激发其学习热情与探究欲望。在学生充分思考过后，板书推导解题过程，快慢适中，便于学生的学习与记忆。在推导过程中回顾前面所学内容，并讲解解题思路及公式运用。

图5　桥梁风洞实验

（四）巩固加深

通过相似准则相关例题说明，当定性准则数有两个时，模型中流体运动黏度的选择要受模型尺寸选择的制约，通常很难同时达到要求；定性准则数越多，模型试验的设计越困难，甚至根本无法进行。

通过引导学生回顾自然辩证法中"抓住主要矛盾，解决关键问题"的相关内容，培养学生的辩证唯物主义思维，加深对唯物主义自然辩证法的理解及应用。

最后，及时设疑：如何确定主要定性准则数？为下节课内容的引出布置悬念，让学生对课程充满期待，激发探究欲。

（五）总结提高

回顾总结流场的几何、运动及动力相似内容，并强调几何相似是力学相似的前提条件，动力相似是决定运动相似的主导因素，而运动相似则是几何相似和动力相似的表现。回顾主要的相似准则数及其物理意义。

强调各准则数的意义、应用，及解决实际问题时运用的自然辩证法。

思政教育的引入，既丰富了教学内容和改良了教学方式，也提高了学生的积极性和爱国情怀，可以达到立德树人的目的，潜移默化地向学生传递正向的价值观念。

教　学　成　效

工程流体力学课程内容具有丰富的思政教学案例，通过合理的教学设计完全可以将正确的世界观、人生观和价值观教育引入课堂。教学实践结果表明，在有意识地开展课程思政后，学生对流体力学基础课程的学习兴趣提升明显。思政教育没有冲淡学生的专业知识学习，课程考核结果反映出学生对该门课的核心知识掌握牢固。

化工原理A（上）典型教学案例

换热器与伟大工程科技创新

学院名称	石油化工学院	课程名称	化工原理A（上）
主讲教师	叶长燊	教师职称	教授
授课对象	化学工程与工艺专业二年级本科生	课程性质	学科基础课

课程简介

"化工原理A（上）"是化学工程与工艺专业的一门核心课程，它以化工生产中的物理过程为背景，研究和探讨化工生产中大规模改变物质物理性质的基本规律，应用这些规律解决化工生产中的实际问题。通过课程教学，使学生掌握动量传递和热量传递的基本理论知识；掌握本课程的主要研究方法及主要单元操作的基本原理、工艺计算和典型设备的结构与设计；培养学生具备根据各单元操作在技术上和经济上的特点进行"单元过程和设备"选择的能力、过程计算的能力和设备设计的能力，具备进行单元过程的操作和调节以适应不同生产要求的能力，具备单元过程在操作中发生故障时如何寻找原因并加以解决的能力，具备应用现代化手段进行单元操作辅助计算的能力，具备综合运用所学的基本理论和知识解决工程实际问题的能力，具备通过自学获取新知识的能力。

教学目标

（1）了解换热器的主要类型、结构。
（2）掌握各种类型换热器的特点和应用场合。
（3）基于节能降耗理念，树立正确的强化传热的工程思维，了解新型传热设备，掌握新型传热技术。
（4）通过热管技术在青藏铁路、公路建设中的实际应用案例的学习，掌握热管技术的基本原理及其在解决工程实际问题中的灵活应用方法，初步构建技术创新和工程应用能力，激励科学精神和创新精神。

思政元素

创新精神、民族精神和爱国精神。

案例实施路径与方法

（一）育人理念

理论知识与工程实践并重，基础知识学习与拓展知识学习同步，专业素质与创新精神共育。

（二）实施思路

通过形象化教学，掌握抽象的换热器结构等知识点；通过新型传热技术的传授培养科技创新意识；以节能降耗理念引领新型传热设备和传热技术的学习，培养正确的强化传热的工程思维；通过工程案例的教学，掌握传热过程强化技术的拓展应用，初步培养学生的技术创新和工程应用能力，激励科学精神和创新精神。

（三）思政元素融入方式

以传热强化典型技术之一——热管技术在青藏铁路、公路建设中的应用为工程案例，在热管技术的学习和工程案例的学习中感受热管技术研发和应用过程中的创新精神和青藏铁路精神。

（四）教育教学方法

依托慕课堂等课程资源，理论教学与模型教学相结合，专业学习与思政教育互补，通过多媒体三维动画展示、立体模型教学、列举对比等课堂教学手段，以及线上测试等，实现课前、课中、课后全程教学。

（五）教学活动设计

1.课前预习

教学内容：

了解换热器的主要类型、结构。

教学设计：

主要教学方式、方法：线上教学。

通过线上教学平台，利用换热器的动画视频等对各种类型换热器的基本结构进行初步的了解和学习，为课堂相关内容的学习奠定基础。

设置问题：换热器有哪些类型？都可以采用哪些材质？不同材质的换热器具有哪些特点？各种类型换热器的结构、功能特点是什么？……

2.问题导入

教学内容：

换热器的主要类型、工作原理、结构。

教学设计：

主要教学方式、方法：互动教学、视频演示。

通过课前对换热器视频的学习和思考，针对课前线上问题开展讨论。

3.模型辅助归纳总结

教学内容：

知识点：了解换热器的主要类型、结构；掌握各种类型换热器的特点和应用场合。

具体内容包括：

（1）换热器的分类：按工作原理、用途、传热面结构、材质分类等。

（2）管式换热器（套管换热器、蛇管换热器、喷淋式蛇管换热器）、管壳式换热器（固定管板式换热器、浮头式换热器、U型管式换热器、翅片管式换热器）、板式换热器（平板式换热器、板翅式换热器、夹套式换热器）等换热器的结构、工作原理、特点和应用场合。

教学设计：

主要教学方式、方法：模型教学、对比教学、启发教学、生讲师评、总结归纳。

（1）换热器是实现传热过程的重要设备，针对不同的流体、工艺传热要求，需要采用不同类型、结构的换热器，因此设备的学习与理论学习同等重要。但许多学生并未见过换热器的实物，更没见过换热器的内部结构。所以，在课前观看了解换热器结构视频的基础上，首先以化工原理建设的教学模型实验室为平台，采用课堂展示或模型现场教学的方式，逐一展示各种类型换热器（图1）的结构，利用教学模型透明的特点，介绍换热器的内部结构，使学生能够直观地学习。

图1 换热器教学模型

（2）在了解换热器基本结构之后，利用对比法对各类换热器尤其是结构较为接近的换热器进行分析，如固定管板式换热器与带膨胀节列管换热器、平板式换热器与板翅式换热器等，通过教师讲解了解这些换热器因微小结构差异而具有的典型特征。比如带膨胀节换热器，这个膨胀节具有自由伸缩的作用，而对于固定管板式换热器，若管程和壳程流体温度差别较大，则管程与壳程会产生较大的温差应力，导致管子与管板脱离，这同时也说明带膨胀节换热器适用于管程与壳程流体温差较大的场合。如此引导学生深刻了解各类换热器的结构、特点和使用场合。

对结构差别较大的换热器，如套管换热器与列管换热器、夹套式换热器与平板式换热器等，师生角色互换，引导学生独立进行分析对比，掌握不同换热器间结构区别，更重要的是通过结构差异掌握各种类型换热器的特点和应用场合。

4. 知识拓展、思政教育、启发创新

教学内容：

知识点：了解新型传热设备和传热技术，掌握其强化传热的基本思想。

重点：掌握其强化传热的基本思想。

具体内容包括：新型传热设备与强化传热技术，如缠绕管换热器、热管换热器、超声波强化传热、磁控电导流体强化传热、电水动力学强化传热、纳米流体强化传热等。

教学设计：

主要教学方式、方法：案例教学、启发教学、思政教育、探究教学、生讲师评。

（1）通过对普通换热器结构、特点和适用场合的介绍和学习，回顾之前学习的强化传热的主要原理和方法。设置问题情景：对于上述换热器，如何对结构进行改进，以实现传热强化？以抛砖引玉的方式提出一个方案，如图2所示。一般列管换热器均为直管，根据我们之前的学习知道，流体不稳定流动有利于提高流体湍动程度，从而实现传热强化。因此，弯管的

图2 列管换热器与缠绕管换热器

效果要优于直管。通过分析引出缠绕式换热器，它是目前非常重要的一种新型强化传热设备，由其结构也可以十分明显地看出该换热器的不足之处：结构复杂、管外表面不易清洗、维修困难等。

（2）青藏铁路是我国社会主义现代化建设的一项伟大工程，它是世界上海拔最高、线路最长的高原铁路。沿线高寒缺氧，冻土广布，修筑铁路十分困难；而天气转暖冻土解冻，又使地基松软。青藏铁路沿线夏天融沉、冬天冻胀的冻土区长达550 km，这条铁路被国外学者认为是根本"不可能"修成的铁路。那么如何保证青藏铁路路基长期稳固呢？要实现这一目标，根本的方向是什么？

很明显，就是阻止冻土受热解冻，长期保持冻土状态，既要避免热量向冻土中传递，同时也要将传递入冻土层的热量及时散发出去。如何实现呢？这要利用热管技术。

热管是封闭的钢管，内部装填有液态氨、丙烷等工作介质，在其蒸发段，管芯内的工作液体受热蒸发，并带走热量，蒸气从中心通道流向热管的冷凝段，凝结成液体，同时放出潜热，液体回流到蒸发段，从而将大量的热量从蒸发段传到冷凝段。当蒸发段朝下、冷凝段朝上，即热管垂直放置时，工作液体的回流靠重力即可，此时，传热方向只能由下向上单方向进行传递。其工作原理如图3所示。

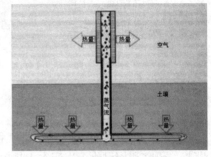

图3 热管工作原理

结合青藏铁路建设需求和热管技术原理，引导学生探究热管技术在青藏铁路建设中如何应用。热管技术刚好和冻土层稳定需求一致。其5 m埋入地下，地面露出2 m。通过热管将地下冻土层的热量带出散发到空气中，而在高温天气下，热管无法进行反向传热过程，也就无法向冻土层传递热量，从而确保冻土层的稳定。

当然，青藏铁路的冻土问题不是仅靠热管技术就能解决的，还采取了多项措施：片石通风路基、片石通风护道、通风管路基、保温板等，以提高冻土路基的稳定性，其中不少冻土工程措施都是国内外首创。至今，青藏铁路在冻土地区的运行速度始终保持在100 km/h，远远超过世界同类铁路40 km/h的平均速度。2013年9月，青藏铁路和胡佛大坝、英吉利海底隧道、悉尼歌剧院等建筑一道，成功入选"全球百年工程"，这充分说明科技创新在国家建设、国民经济发展中的重要作用。使学生在国家重大工程创新技术的学习中，掌握新型传热技术的原理与实际应用。

（3）通过上述引导，打开学生的思路，激励学生独立思考，根据自己所学知识，提出强化传热的新型换热器或传热技术，根据学生反馈情况给予点评，适时介绍若干新型传热技术。

5. 课后任务

完成线上测试，巩固换热器的类型、特点和使用场合及强化传热技术相关知识点。

（六）资源载体

图片动画视频、教学模型、工程案例库。

（七）特色与创新

传热过程强化技术知识的学习、热管技术的工程实际应用及创新精神的培养有机结合。

教 学 成 效

通过热管技术的教学及其在青藏铁路建设中应用的案例教学，明确了传热过程强化技术及科技创新的意义，及其在国家经济建设中发挥的重要作用，同时，也赋予换热器这一枯燥的教学内容以丰富的科学创新精神、民族精神内涵。有助于潜移默化地培养学生的创新精神、民族精神和爱国精神。

化工原理 A（上）典型教学案例

连续性方程与民族自豪感

学院名称	石油化工学院	课程名称	化工原理 A（上）
主讲教师	叶长燊	教师职称	教授
授课对象	化学工程与工艺专业二年级本科生	课程性质	学科基础课

课程简介

"化工原理 A（上）"是化学工程与工艺专业的一门核心课程，它以化工生产中的物理过程为背景，研究和探讨化工生产中大规模改变物质物理性质的基本规律，应用这些规律解决化工生产中的实际问题。通过课程教学，使学生掌握动量传递和热量传递的基本理论知识；掌握本课程的主要研究方法及主要单元操作的基本原理、工艺计算和典型设备的结构与设计；培养学生具备根据各单元操作在技术上和经济上的特点进行"单元过程和设备"选择的能力、过程计算的能力和设备设计的能力，具备进行单元过程的操作和调节以适应不同生产要求的能力，具备单元过程在操作中发生故障时如何寻找原因并加以解决的能力，具备应用现代化手段进行单元操作辅助计算的能力，具备综合运用所学的基本理论和知识解决工程实际问题的能力，具备通过自学获取新知识的能力。

教 学 目 标

（1）理解流体动力学的研究范畴和流体基本概念。
（2）掌握连续性方程的推导和应用条件。
（3）通过都江堰水利工程原理的分析，从理论到工程实践的思维转变中，感受中国悠久的历史文化和中华民族的科技智慧，增强民族自信、文化自信，激发新时代背景下科技强国的远大志向。
（4）具有连续性方程的拓展应用和灵活应用能力。

思 政 元 素

民族自信，文化自信，科技报国。

案例实施路径与方法

（一）育人理念

理论知识与工程实践并重，基础知识学习与拓展知识学习同步，专业自信与民族自信共育。

（二）实施思路

构建"生活案例—理论教学—工程案例"教学模式，强化学生对核心知识点的全面学习和准确掌握；通过课前线上复习、课堂启发教学、课后线上测试，完成基础学习、系统学习和提高学习三阶段渐进学习过程，保障教学目标的实现；结合水利工程都江堰案例学习掌握连续性方程，树立民族自豪感，增强民族自信、文化自信，激发科技报国、科技强国之志。

（三）思政元素融入方式

基于"生活案例—理论教学—工程案例"教学模式，在生活案例和理论教学的基础上，引入都江堰水利工程案例，在其原理的启发学习中，体会先人的科技智慧，开展深度拓展学习。

（四）教育教学方法

依托慕课堂等课程资源，理论教学与模型教学相结合，专业学习与思政教育互补，通过板书推导、多媒体案例展示、启发式讲解、教学主体互换、慕课堂线上测试等教学手段，实现"生活案例—理论教学—工程案例"教学模式。

（五）教学活动设计

1. 课前复习

教学内容：

流体定义，流体连续性、压缩性、流动性等基本特性，气体与液体的区别等。

教学设计：

主要教学方式、方法：线上教学。

这些内容为本节前序教学内容，通过慕课堂在课前利用线上资源进行复习，回顾流体的基本概念，为本节教学活动的开展奠定基础。

2. 导入主题

教学内容：

简要回顾流体基本概念，通过问题导入本节教学主题：流体动力学（流体流动基本概念与连续性方程）。

情景问题：流体静力学研究的是静止流体内部压强的变化规律，但化工生产中更多的流体是流动着的，那么流体如何流动？流动过程遵循什么样的规律？流体流动需要克服多大的阻力？如何保证流体连续稳定地流动？

教学设计：

主要教学方式、方法：问题情景教学、对比教学。

通过问题情景以及静止流体和流动流体的实例对比，激发学生思考，引导学生自主发现静止流体和流动流体的区别，继而学习流动流体的基本概念。

3. 生活案例启发学习

教学内容：

知识点：流体流动基本概念；流体流动物料衡算（连续性方程）的提出。

重点：连续性方程。

具体内容包括：流体流动相关基本概念，包括流量（体积流量、质量流量）、流速（体积流速、质量流速）、稳态流动与非稳态流动。

教学设计：

主要教学方式、方法：生活案例教学、启发教学。

（1）流体流动的基本概念是流体动力学研究的基础，其中最重要的是流量、流速和稳态流动三个概念。通过气体、液体两种流体性质尤其是密度的差异及其影响因素，启发学生对气体、液体流量和流速概念的思考，从中发现不同流体的流量、流速衡量基准的差别，及其影响因素。

以图1所示的两个水槽的放水过程为例，引导学生对两个过程的流量、流速在空间、时间上的差异和变化规律进行对比学习。从而掌握稳态流动的概念，及其在不同生产过程中的应用，明确化工原理课程流体流动主要的研究对象；准确掌握流体流动基本概念。

（2）设问：工业实际管路错综复杂，流体在管道中的流量、流速以及在各个管道中的流量分配如何呢？启发学生思考，提出可以通过物料衡算的手段解决。

（3）案例：通过河流入海口等处常见的地表形貌"三角洲"（图2）这一案例，激发学生对三角洲形成、发展和延伸内在原因的求知欲。

三角洲是一种河口附近常见的地表形貌，它是如何形成、发展的？其原理是什么？它和我们今天要介绍的连续性方程有何内在联系呢？

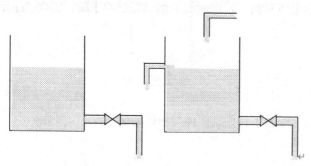

图1　非稳态流动与稳态流动

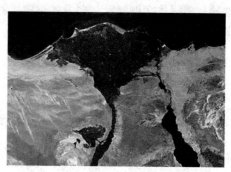

图2　三角洲

4. 理论推导、精准学习

教学内容：

知识点：连续性方程推导；连续性方程的适用条件；连续性方程的应用。

重点：连续性方程推导、适用条件及应用。

连续性方程包括：

（1）简单管路连续性方程

$$m_{s1}=m_{s2}=\cdots=\text{const}$$

（2）简单管路不可压缩流体连续性方程

$$V_{s1}=V_{s2}=\cdots=\text{const}$$

（3）简单圆形管路不可压缩流体连续性方程

$$u_1 d_1^2 = u_2 d_2^2 = \cdots = \text{const}$$

（4）简单圆形等径管路不可压缩流体连续性方程

$$u_1 = u_2 = \cdots = \text{const}$$

教学设计：

主要教学方式、方法：课堂板书教学、课堂小测。

连续性方程推导部分的教学主要以板书推导的方式，建立简单管路"黑匣"模型（图3），采取由简入繁、由一般到特殊的教学策略，首先进行简单管路一般连续性方程的推导，而后分别根据流体的压缩性、管路特点获得对应的连续性方程。从而使学生在推导过程中掌握流体流动的物料衡算方法，同时通过逆向思维方式掌握这些连续性方程的应用前提条件。

在此基础上，通过课堂小试题实时考核学生对简单管路连续性方程的掌握情况，初步熟悉连续性方程的应用。部分典型试题如：

图 3 简单管路

（1）气体管路中气体的流量为 80 m³/h，管径为 50 mm，则流速为多少？（示错题，气体流量与温度、压力有关）

（2）气体在变径串联管路中，不同位置体积流量、质量流量、流速、质量流速的关系如何？（分析题）

由此加深对连续性方程应用的前提条件以及流体流量、流速等物理量定义和基准的理解。

5. 工程案例、思政教育

教学内容：

知识点：连续性方程的工程应用。

通过连续性方程相关知识的学习，进一步解释三角洲的形成、发展和延伸过程。在此基础上，引入都江堰水利工程案例，进一步深入掌握连续性方程的精髓，同时通过了解这一伟大水利工程树立民族自豪感。

教学设计：

主要教学方式、方法：工程案例教学、思政教育、探究教学。

（1）回顾之前启发教学生活案例"三角洲"的形成等问题，其本质是：流道截面变大，流速下降，河水中夹带的泥沙发生沉降。

（2）在释疑解惑的基础上趁热打铁，进一步引入工程案例——都江堰水利工程。

都江堰位于四川省成都市都江堰市，是蜀郡太守李冰父子在前人鳖灵开凿的基础上组织修建的大型水利工程，由分水鱼嘴、飞沙堰、宝瓶口等部分组成，如图 4 所示。

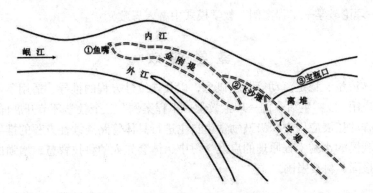

图 4 都江堰工程示意图

以鱼嘴为例，给出鱼嘴结构，让学生根据所学知识进行自主探究，寻找答案。它起到第一级分水排沙作用，将岷江分为内、外二江，由于鱼嘴的作用，在洪季和枯季分别起到"鱼嘴分四六"的作用，结合图 5 讲授，可知它实际上就是连续性方程的典型工程应用。从而进一步理解连续性方程的应用。

（3）都江堰工程两千多年来一直发挥着防洪灌溉的作用。它是全世界迄今为止年代最久、唯

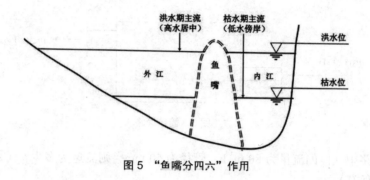

图5 "鱼嘴分四六"作用

一留存、仍在一直使用、以无坝引水为特征的宏大水利工程。在工程案例的学习中潜移默化地让学生感受到中国古代劳动人民的勤劳、勇敢和智慧,和如今神舟飞船、空间站计划、探月工程、奋斗者号等伟大工程一样,激励学生增强民族自豪感,培养科技强国的远大志向。

6. 角色互换、拓展学习

教学内容:

知识点、重点及难点:连续性方程的拓展应用。

教学设计:

主要教学方式、方法:课堂板书教学、师生角色互换。

上述连续性方程是针对简单管路推导得到的,那么对于复杂管路,如分支管路、汇合管路、并联管路等,连续性方程又有何区别?对此拓展学习,则学生与教师进行角色互换,由学生板书独立进行连续性方程的推导,并分析其对可压缩流体、不可压缩流体,在等径、非等径管路中的区别。以此自主掌握复杂管路的连续性方程的推导、适用条件和应用,达到深入拓展学习的目的。

(六)资源载体

生活案例库、工程案例库。

(七)特色与创新

"生活案例—理论教学—工程案例"教学模式中融入思政元素。

教 学 成 效

围绕流动流体流量、稳定流动等基本概念,以及连续性方程的推导、适用条件及其在各种常见类型管路中的应用,以"生活案例—理论教学—工程案例"三个教学环节开展详细全面的讲解,同时在连续性方程的拓展应用中积极鼓励学生自主进行具体管路连续性方程的推导和学习,并在都江堰这一利国利民的水利工程原理的启发学习中,体会先人的科技智慧,增强民族自信、文化自信,激发科技报国、科技强国之志。

金属学及热处理典型教学案例

力学笃行　百炼成钢

学院名称	机械工程及自动化学院	课程名称	金属学及热处理
主讲教师	卢月美	教师职称	副教授
授课对象	材料成形及控制工程专业二年级本科生	课程性质	学科基础课

课 程 简 介

"金属学及热处理"是面向材料成形与控制工程专业二年级本科生开设的一门学科基础课程。金属材料是国民经济和人们日常生活中必不可少的基础材料，是国防工业和科技发展的重要战略物资。而要利用好金属材料，对其成形及控制性能的学习是极其重要且基础的。这门课程将重点放在与金属材料科学有关的基本现象、基本概念、基本规律和基本方法上，以便为合理选择使用金属材料和制定热加工工艺规程、获得优质零构件打好必要的理论基础，并为从事金属与合金的研究提供理论依据和线索。

金属学及热处理课程内容含有金属学、热处理原理和工艺两大模块，比较全面系统地介绍金属与合金的晶体结构、金属与合金的相图与结晶、塑性变形与再结晶、固态金属相变的基本原理、强化材料的基本工艺方法；课程着重阐述金属与合金的化学成分、结构、组织与性能之间的内在联系以及在各种条件下的变化规律。本课程是一门理论性和实践性很强的课程，对工程实践能力和创新意识的培养以及后续课程的学习等起到较为关键的作用。

教 学 目 标

（1）价值引领：具有浓厚的家国情怀和良好的社会责任感，形成力学笃行、精益求精的作风，具有革故鼎新、终身学习的意识，成为有理想、有本领、有担当的科技强国新人。

（2）知识拓展：比较全面、系统地获得金属与合金的理论知识，掌握金属与合金的化学成分、热加工工艺、组织结构与性能之间的关系及其变化规律。

（3）思维训练：养成"微观组织定性能，成形过程探规律"的专业思维方法和"透过现象看本质"的批判思维、系统思维的思想方式。

（4）能力建构：针对金属材料强化的复杂工程问题，能够基于金属材料强化原理，分析合金化、结晶、塑性变形、热处理等工艺路径，采用金相组织观察、性能测试、热处理等测试及实验方法，具有选择研究路线、设计正确实验方案的能力。

思 政 元 素

追求真理、严谨求实、探究创新的科学精神，工匠精神，爱国情怀。

案例实施路径与方法

（一）育人理念

授之以欲，激发理想和信念；授之以渔，传授方法和技能；授之以宇，开阔视野增加智慧；授之以愉，注重快乐和体验。

（二）实施思路

将课程作为专业人才课程思政建设的基本载体，抓住教师队伍"主力军"、课程建设"主战场"、课堂教学"主渠道"；协调统一各教学要素，从整合教学内容、混合线上线下、综合过程考核、联合课内课外等方面进行教学实践，创建以学生为中心的教学模式，把育人与育才相结合，将思政元素融入专业课程中，润物无声，解决好思政课与专业课"两张皮"的问题，让思政教育更有温度、更有高度、更接地气。

（三）思政元素融入方式

教学大纲+课程思政、课堂教学+课程思政、实践训练+课程思政、自主学习+课程思政。

（四）教育教学方法

运用导学式、沉浸式、体验式和平台式"四式"教学方法，实现专业课程的知识传授、能力培养与价值引领相结合。

（五）教学活动设计及资源载体

1. 找准思政融入点，导学式课程思政

首先，挖掘新时代课程的内涵，修订课程教学大纲，在课程原有的素质目标中融入思政元素，并发布蕴含思政目标的教学目标，让学生明确本课程的教学目标从重分数、重技能转变为智育、德育并重。其次，在第一次绪论课中就让学生知晓在专业知识的考核中将增加思政方面的考核，注重平时思政的融入和积累。

2. 抓实"第一课堂"主渠道，沉浸式课程思政

采用案例法、讨论法、翻转课堂等教学方法，将求真（引导学生批判质疑和思维严密）、求新（激发学生创新意识和原创能力）、求深（鼓励学生深入思考和发现问题）等思政元素全过程、自然地融入课堂教学中。例如在课堂教学中教师可根据教学内容设计与思政有关的问题或案例，让学生分组讨论，引导学生挖掘其蕴含的思政内容，并通过PPT汇报锻炼学生的沟通交流能力。

3. 结合"第二课堂"，体验式课程思政

以课程综合性实验、专业技能竞赛及大学生创新创业大赛等为载体，积极推进"第二课堂"的建设，对学生进行追求真理、严谨求实、探究创新的科学精神教育，行为规范、客观公正、责任担当的工程伦理教育及动手能力、团队合作、工匠精神的实践能力教育，促进学生形成正确的国家观、人生观和职业观。

4. 混合线上线下，平台式课程思政

通过线上线下混合教学模式，拓展思政教育的视野和资源，使各种教育方式、各种学习资源相互配合。例如在课后发布蕴含思政教育的教学资源（拓展阅读、百度百科链接、微课视频、练

习题等），供学生自主学习，进行能力拓展，有助于学生树立专业自信，培养爱国情怀，同时可使学生形成自主学习和终身学习的意识，具有不断学习和适应发展的能力。

（六）特色与创新

课程通过精选案例，用"心"教育，把"四大教育"（科学精神教育、工程伦理教育、实践能力教育、自主学习教育）的思政元素融合在课程教学中，运用导学式、沉浸式、体验式和平台式"四式"教学方法，激发理想和信念，传授方法和技能，开阔视野增加智慧，注重快乐和体验，百炼成钢。

教 学 成 效

课程逐步形成了以学生为中心的教学模式，促进了学生知识内化、能力提升、情感升华的全面成长。首先是提升了学生解决问题、科学研究、合作与交流及自主发展等多方面能力；其次是增强了学生的学习兴趣、专业自信及自学能力，学生考研率不断增加，就业率名列学校前茅；近几年课程学生评教均在 98.00 分以上；2018 级专业的学生从高招录取中"零人填报一志愿"逆袭为升学率学院第一的学霸班。

通过本课程教学，课程教学团队获得了课程思政的一些教学经验：一是要提高教师课程思政能力，打造以德立身、以德立学、以德施教优秀教学团队，并通过集体备课、以老带新等方式，提升教师课程思政的意识和能力；二是要持续优化课程思政内容供给，深入挖掘课程中的育人元素，及时将学术研究、科技发展前沿成果引入课程，形成课程思政案例库，将思政内容与专业教学有机结合起来；三是要强化课程思政教学效果评价，建立课程思政类题库，在教学方法和成绩考核方面推行小组研讨、全过程考核等方式，评价学生学习过程的学习态度、创新意识、解决问题能力等。

在今后教学中，教师要进一步提升思想认识，提高自身修养，夯实教学基本功，因材施教、用心备课、付出真心，通过专业课程与思政课程同向同行，构建课程全过程育人格局，建立价值引导和知识传授与能力培养相融合、显性教育和隐性教育相融合的课程思政体系，种好责任田、守好一段渠，落实立德树人根本任务。

工程制图 B 典型教学案例

建筑平面图

学院名称	土木工程学院	课程名称	工程制图 B
主讲教师	许莉	教师职称	教授
授课对象	土木工程专业二年级本科生	课程性质	学科基础课

课程简介

　　本课程主要面向对象为土木工程专业房屋建筑学方向的学生，是一门理论与实践相结合的课程。本课程内容包括制图基础知识和基本技能、房屋建筑图、道路工程图、桥隧涵工程图、结构施工图、标高投影六大部分，主要研究投影法绘制工程图样、解决空间几何问题的理论和方法及研究工程图样图示的基本原理和作图方法，培养阅读绘制工程图样基本能力，是工程技术人员必须掌握的一项基本技能。通过本课程的学习，培养学生空间想象能力及空间分析能力，使学生掌握与工程制图有关的国家行业标准规定的图样画法，培养学生绘制和阅读工程图样的基本能力。同时，本课程可为后续专业课程、课程设计、毕业设计以及从事工程技术工作奠定基础。本课程通过思政案例与专业知识互浸，注重提升学生的综合素质，培养学生的创新能力、工匠意识，使其激发专业兴趣，树立远大理想，厚植爱国情怀。

教学目标

　　（1）通过对古代历史建筑平面图的识读，感受古人的智慧和中华文化的博大精深，增强学生的爱国主义情怀和文化自信，以精益求精的"工匠精神"为切入点，引出敬业、求真、务实等职业精神，以此激发和感染学生。
　　（2）了解建筑平面图的形成和作用。
　　（3）掌握建筑平面图的图示内容、图示方法和特点。
　　（4）培养学生绘图和读图能力，使学生熟悉有关平面图绘制的规范和标准，各种规定画法、简化画法的内容及其应用。

思政元素

　　通过展示中国优秀的历史文化遗产——兆域图以及观看记录片《辉煌中国》第一集《圆梦工程》片段，增强学生的民族责任感和工匠意识，感受中华文化的博大精深，坚定文化自信，厚植爱国情怀。

案例实施路径与方法

（一）导入主题
教学内容：
先简要回顾线上学习情况，总结学生线上问题反馈，通过展示历史文物照片导入主题——建筑平面图。

教学设计：
兆域图，是1983年10月在河北省平山县中山国古墓中发现的一块铜板地图（图1），图文用金银镶嵌，铜板背面中部有一对铺首，正面为中山王、后陵园的平面设计图。陵园包括三座大墓、两座中墓的名称、大小，以及四座宫室、内宫垣、中宫垣的尺寸、距离。从中可以看出，当时已经用文字在工程图上标注，并设置了1：500的比例，在已发现有比例的铜板建筑图中是世界上最早的。由此引出平面图在工程应用中的意义和重要性，让学生明白所学知识的实际价值，激起学习新知的欲望，感受中华文化的历史悠久，博大精深。

图1 兆域图

（二）展开阐述
教学内容：

1. 平面图的形成

以三维动画演示平面图的形成过程，如图2所示。

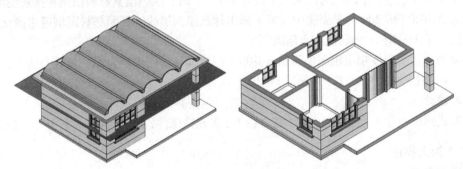

图2 三维动画演示图

假想用一水平剖切平面沿窗台上方在门窗洞口处将房屋剖开后，对剖切面以下部分进行投影所得的水平投影图称为建筑平面图。建筑平面图表示出建筑物平面形状、大小和房间功能布局及相互关系等，是施工图中的基本图样之一。

2. 平面图的图示内容、图示方法

1）图示内容

（1）承重和非承重墙、柱（壁柱），定位轴线、分轴线及编号。

（2）房屋名称或编号，房间的特殊要求（如防爆防火、洁净度等）。

（3）门、窗的位置及编号，门的开启方向。

（4）楼梯、电梯、台阶、走廊、坡道、管道井、阳台、雨篷、散水、明沟、雨水管等的位置及尺寸。

（5）地下室、地沟、孔洞、进风口、管线竖井的位置尺寸及标高。

（6）卫生器具、水池、工作台、黑板、橱柜、隔断等设备的布置。

（7）外轮廓总尺寸、轴线间尺寸、门窗洞口尺寸、墙身厚度、柱宽、柱深及与轴线关系尺寸。

（8）室内外地面、楼面、阳台、卫生间、厨房等的标高，底层地面标高为 ±0.000。

（9）剖面图剖切符号及编号（一般只注在底层平面图中）、详图索引符号、指北针等。

（10）屋面平面图应画出楼电梯间、水箱间、天窗、分水线、变形缝、屋面坡度、排水方向、女儿墙、檐沟、落水口等屋面构件及设施。

2）图示方法（图3）

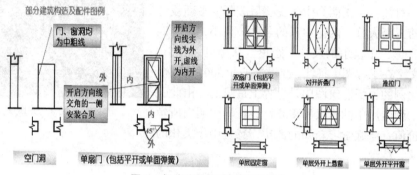

图3 部分建筑构造及配件图例

（1）图线：建筑平面图中被剖切到的墙、柱断面用粗实线画出，没被剖切到的可见轮廓线用中粗实线画出。尺寸线、标高符号用细实线画出，轴线用细点画线画出。

（2）图例及代号：平面图的比例大于或等于 1∶50 时，应画出其材料图例和抹灰层的面层线。在比例为 1∶100~1∶200 的平面图中一般不画出抹灰层面层线，断面材料图例可用简化画法，如砖墙涂红（手工画图）、钢筋混凝土涂黑等。

平面图中门窗应按规定用图例绘制，并写上门窗编号。门代号为 M，窗代号为 C，代号后写上编号，如 M1、M2、C1、C2……

教学设计：

启发式问题引导、工程图例讲解、结合板书、多媒体课件、师生问答、讲评互动、交流讨论等。

（三）深入研讨

教学内容：

1. 图示方法中图线的具体用法与要求

（1）粗实线 b：被剖切到的主要建筑构造（包括构配件）如承重墙、柱的断面轮廓线及剖切符号。

（2）中实线 $0.5b$：被剖切到的次要建筑构造（包括构配件）的轮廓线（如墙身、台阶、散水、门扇开启线）、建筑构配件的轮廓线及尺寸起止斜短线。

（3）中虚线 $0.5b$：建筑构配件不可见轮廓线。

（4）细实线 $0.25b$：其余可见轮廓线及图例、尺寸标注等线。较简单的图样可用粗实线 b 和细实线 $0.25b$ 两种线宽。

2. 图示方法中定位轴线和编号（图4）的具体用法与要求

分数形式表示附加轴线编号，分子为附加轴线编号，分母为前一轴线编号。1 或 A 轴前的附加轴线分母为 01 或 0A，拉丁字母 I、O 及 Z 不宜用做轴线编号，以免和数字 1、0 和 2 混淆。

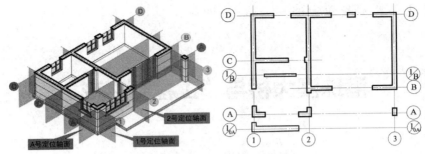

图 4　平面图中的定位轴线和编号

3. 图示方法中尺寸标注的具体用法与要求

在建筑平面图中，一般在图形左方及下方标注三道尺寸。

第一道尺寸：表示外轮廓的总尺寸即房屋两端外墙面的总长、总宽尺寸。

第二道尺寸：表示轴线间的距离，说明开间及进深尺寸。

第三道尺寸：表示细部位置及大小，如门窗洞宽度、位置，墙、柱的大小、位置等，应从轴线注起。

除三道尺寸外，还应单独注出其他局部构配件尺寸，如台阶、明沟、散水、室内门窗洞及室内设备等。

教学设计：

启发式问题引导、工程图例讲解，结合板书、多媒体课件，师生问答，讲评互动，交流讨论等。

（四）升华启发

在课程结尾，通过播放纪录片《辉煌中国》第一集《圆梦工程》片段，让学生了解中国路、中国桥、中国港以及中国高铁等方面的伟大发展，增强学生的民族自豪感，厚植爱国热情。并以此纪录片为"引子"，激发学生对自己专业的了解与兴趣，进而认识到制图课程在整个专业体系中的重要基础作用。

教 学 成 效

本课程采用"课前需求驱动、课堂问题驱动、课后实践驱动"的教学模式，让学生掌握工程制图中房屋建筑平面图的基本概念和基础知识以及有关国家标准的一般规定及图样画法。从整体上看，内容的设置层层递进，从而达成完整授课的设计过程，但所涉及知识点较多，难度较高。

通过讲述历史事件、观看纪录片及师生互动的方式，将专业知识与思政融合，以工匠精神要求学生要用严谨的态度对待工程制图。同时在课前及课后让学生收集与本课程相关的思政案例，并在教学中让学生主动分享收集的案例及表达自己的想法来增强学生的积极性，使学生在收集和分享过程中潜移默化地将价值观、爱国主义、人文素养等内化于心，外化于行。

本堂课的教学基本实现了预定的教学计划，学生也达到了识读平面图的基本要求，但教学过程和教学策略方面依然有需要提升的地方，通过反思总结，相信在下一轮的教学过程中将会达到更好的效果。

结构力学（上）典型教学案例

港珠澳大桥与"工程师之戒"

学院名称	土木工程学院	课程名称	结构力学（上）
主讲教师	祁皑/郑玉芳/吕艳平	教师职称	教授/教授/副教授
授课对象	土木工程专业二年级本科生	课程性质	学科基础课

课程简介

"结构力学（上）"是土木工程专业的一门重要的学科基础课。本课程主要介绍杆件结构的几何组成规律，静定结构、超静定结构内力和位移计算的基本理论、基本方法，各类结构的受力特性，影响线，结构的动力计算等。掌握本学科的知识，能解决一般结构的力学计算问题，同时为学习后续课程及进行结构设计和科学研究打好力学基础。

教学目标

通过结构力学（上）绪论一节的学习，使学生领会结构力学的研究对象和任务，理解结构的定义和分类，了解对结构进行简化的方法；掌握杆件结构的分类、荷载的分类，节点和支座的变形和受力特性。并通过思政案例拓宽学生的知识面，让学生认识到理论知识在工程实践中的价值与应用，引起学生对课程的兴趣及重视。

思政元素

通过思政实例使学生增强专业自豪感，还能由所学知识与科技前沿的应用增强科技强国的使命感，在土木工程实践中理解并遵守工程职业道德和规范，履行工程师的责任。

案例实施路径与方法

以结构力学（上）绪论一节的教学为例。

教学设计总体思路：时空两个维度、师生两个主体、教学两条主线。

实施上，课前、课中、课后融会贯通，线上线下相辅相成，激发学生自主学习，师生同频共振。课前，学生观看教学视频，查阅相关资料，线上完成教师布置的问题。教师根据线上完成情况及时调整教学策略。课中，结合工程实际提出问题，引发学生思考，并联系实际工程案例进行讲解，融入思政教育。课后，学生继续巩固复习，寻找身边的实际简单结构，运用简化原则对杆件、节点、支座等进行简化练习。

教学案例具体设计如下。

（一）导入主题

教学内容：先简要回顾线上学习情况，再问题式导入主题——结构定义、作用，如何保证结构的安全。

问题：你了解哪些土木结构，这些结构可以划分到哪种结构类型中？

教学设计：采用精美的动画和多媒体生动演示知名的建筑物、桥梁等，让学生感受到所学知识的实际价值，从而产生好奇心，激起学习新知的欲望。适时设疑，启发学生思考，调动学生学习的积极性。

（二）展开阐述

结合工程实例讲解结构类型，达到使学生理解结构力学实际意义的教学目标。

杆件结构：由多个杆件组成的可以承载的结构体系，如图1、图2、图3所示的桥梁、建筑等。

图1　卢浦大桥

图2　金茂大厦

图3　东方明珠电视塔

薄壁结构：构件厚度远小于长、宽尺度的结构体系。平面即为薄板结构，如图4所示；曲面即为薄壳结构，如图5所示。

实体结构：三个方向的尺度大约为同一量级的结构体系，如图6所示的堤坝结构。

图4　薄板结构

图5　薄壳结构

图6　堤坝结构

采用对比分析的方法讲解结构力学的研究内容（表1）与研究方法。

表1　力学课研究内容对比

学科	研究对象	研究任务
理论力学	质点、刚体	物体机械运动的一般规律
材料力学	单根杆件	变形体的强度、刚度和稳定性。
结构力学	杆件结构	（1）分析杆件结构的组成规律和合理形式；
弹性力学	板壳、实体结构	（2）结构内力和变形的计算方法，以便进行结构强度和刚度的验算；
		（3）结构的稳定性及动力荷载作用下的结构反应

研究方法：在小变形、材料满足胡克定律的假设下综合考虑静力平衡、几何连续及物理关系三个方面的条件，建立各种计算方法。

基本解法："平衡—几何"解法。

结合实例讲解结构的简化原则、简化要点，以及结构的分类，让学生感受本课程的价值，激发其学习热情与探究欲望。

1. 结构的简化原则、简化要点

简化原则：反映实际结构的主要力学性能，尽量简单，便于计算。

简化要点：

（1）结构体系的简化：空间结构尽量简化为平面结构，如可将厂房空间框架（图7（a））简化为平面框架（图7（b））。

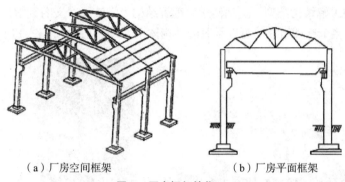

(a) 厂房空间框架　　　　　　　(b) 厂房平面框架

图 7　厂房框架简化 1

（2）杆件的简化：以轴线代替杆件，可分为直杆、折杆和曲杆等。

（3）杆件间连接的简化——节点（表2）。

表 2　常见节点类型

节点	简图	机动特征	受力特征
铰节点		各杆可相对转动，不能相对移动	一般各杆端无弯矩
刚节点		各杆不能相对转动，也不能相对移动	一般各杆端有弯矩
组合节点		刚性联结的主要承受弯矩，铰接的主要承受轴力

（4）结构与基础连接的简化——支座（表3）。

表 3　常见支座类型

支座	简图	机动特征	受力特征
滚轴支座		沿支杆不能移动，可转动	1个反力 F_y
铰支座		可转动，不能移动	2个反力 F_x、F_y
固定支座		不能转动，不能移动	2个反力 F_x、F_y 1个反力偶 M
定向支座		不能转动，垂直支杆方向可移动	1个反力 F_x 1个反力偶 M

结合实例讲解：把前述厂房平面框架（图8（a））的上部体系简化为桁架（图8（b）），下部体系简化为排架（图8（c））。

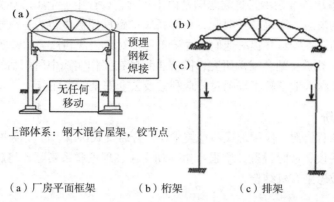

（a）厂房平面框架　　（b）桁架　　（c）排架

图8　厂房框架简化2

2. 杆件结构的分类

1）按几何特征分类

（1）梁（beam）：多跨静定梁、连续梁；
（2）拱（arch）：三铰拱、两铰拱、无铰拱；
（3）桁架（truss）；
（4）刚架（frame）；
（5）组合结构（composite structure）。

2）按杆件和荷载的空间位置分类

（1）平面结构；
（2）空间结构。

3）按计算特性分类

（1）静定结构；
（2）超静定结构。

上述各类结构均辅以实例进行讲解。

（三）思政教育

1. 港珠澳大桥

港珠澳大桥是一座连接香港、珠海和澳门的桥隧工程，于2009年12月15日动工建设，2018年2月6日完成主体工程验收，同年10月24日上午9时开通运营。截至2018年10月，港珠澳大桥是世界上里程最长、沉管隧道最长、寿命最长、钢结构最大、施工难度最大、技术含量最高、科学专利和投资金额最多的跨海大桥；大桥工程的技术及设备规模创造了多项世界纪录。通过该工程实例增强学生的专业自豪感，还能由所学知识与科技前沿的应用增强其科技强国的使命感。

2. 工程师之戒

工程师之戒（图9）是一枚仅仅授予北美顶尖几所大学工程系毕业生的戒指。这枚戒指被誉为"世界上最昂贵的戒指"，却又被称为"耻辱之戒"，因其起源于加拿大魁北克大桥的悲剧。1900年，魁北克大桥开始修建，横贯圣劳伦斯河。为了建造当时世界上最长的桥梁，原本可能成为

图9　工程师之戒

不朽杰作的桥梁被工程师在设计时将主跨的净距由 487.7 m 忘乎所以的增长到了 548.6 m。1907 年 8 月 29 日下午 5 时 32 分，在桥梁即将竣工之际，发生了垮塌，造成桥上的 86 名工人中 75 人丧生、11 人受伤。事故调查显示，这起悲剧是由工程师在设计中一个小的计算失误造成的。惨痛的教训引起了人们的反思，于是自彼时起，垮塌桥梁的钢筋便被重铸为一枚枚戒指颁发给即将成为工程师的毕业生们，以警示并提醒他们，谨记工程师对于公众和社会的责任与义务。

通过这样的融合教学，结合案例研究，围绕工程师在工作实践中所面临的道德问题和选择展开讨论，使学生比较深入地了解工程师对公众利益及公众安全的责任。

（四）特色与创新

依托在线开放课程资源，使用现代信息技术，综合启发式讲解、传统板书、现代多媒体软件、慕课堂智慧教学等手段，适时设疑，增强师生互动交流、理论联系实际，将启发式教学与案例教学、发散思维与收敛思维有机结合。

教 学 成 效

通过本课程教学实践，使学生充分了解结构力学研究的内容与要求，并深刻认识到本门课程在工程实践中的应用及重要性，激发了学生的学习兴趣和学习积极性，同时也获得了同事的认可。

本课程教学实践也使我们深刻认识到课程建设的重要性，专业课程的思政教育，必须结合课程特点进行教学设计，更新教学内容，创新教学形态，改进教学方法，积极引入现代信息技术，充分调动学生的学习积极性、主动性、创造性。只有把课程建设好了，课程思政才能落到实处，同时，课程思政建设又是推动专业课程建设的积极因素，要通过课程思政建设，促进专业课程建设质量提升。因此，要在专业课教学中把知识传授、能力培养与价值引领紧密结合，不断总结提炼课程思政的教学元素，梳理开发课程思政的丰富教学资源。专业课程的思政建设任重而道远！

工程制图 B 典型教学案例

楼 梯 详 图

学院名称	土木工程学院	课程名称	工程制图 B
主讲教师	许莉	教师职称	教授
授课对象	土木工程管理专业一年级本科生	课程性质	学科基础课

课程简介

  本课程主要面向对象为土木工程专业房屋建筑学方向的学生，是一门理论与实践相结合的课程。课程内容包括制图基础知识和基本技能、房屋建筑图、道路工程图、桥隧涵工程图、结构施工图、标高投影六大部分，主要研究投影法绘制工程图样、解决空间几何问题的理论和方法及研究工程图样图示的基本原理和作图方法，培养学生阅读及绘制工程图样的基本能力，是工程技术人员必须掌握的一项基本技能。通过本课程的学习，培养学生空间想象能力及空间分析能力，使学生掌握与工程制图有关的国家行业标准的规定图样画法，培养学生绘制和阅读工程图样的基本能力。同时，本课程可为后续专业课程、课程设计、毕业设计以及从事工程技术工作奠定基础。本课程通过思政案例与专业知识互浸，注重提升学生的综合素质，培养学生的创新能力、工匠意识，激发专业兴趣，树立远大理想，厚植爱国情怀。

教学目标

  （1）通过了解建筑大师梁思成与佛光寺的故事，激发学生的工匠精神与爱国情怀，同时以精益求精的"工匠精神"为切入点，引出敬业、求真务实等职业精神，增强学生的社会责任感与职业道德素养。
  （2）了解楼梯的组成和类型、结构形式等。
  （3）掌握楼梯平面图的绘制方法及标注要求。
  （4）掌握楼梯剖面图的绘制方法及标注要求。

思 政 元 素

  通过讲述思政小故事及观看纪录片《超级工程Ⅱ》之《中国桥》片断，增强学生的民族责任感和工匠意识，感受中国的不断发展与日益强大，坚定文化自信，厚植爱国情怀。

案例实施路径与方法

（一）导入主题

教学内容：

先简要回顾线上学习情况，总结学生线上问题反馈，通过讲述思政小故事导入主题——楼梯详图。

教学设计：

1937年6月，年轻的建筑师梁思成、林徽因和中国营造学社的成员们前往山西五台山寻找一座名不见经传的寺庙。因为在此之前，有日本建筑学者断言"中国大地已没有唐代以前的木构建筑，要想目睹唐代的木构建筑，只能到日本的京都和奈良去"，为此他们不畏艰辛，在交通不便的年代以驴骡代车轮数次奔走于太行山间。幸运的是，他们不但找到了这个隐秘在五台山台外的唐代寺庙，还在它东面的台地上发现了一座唐代木结构建筑——佛光寺东大殿（图1），梁思成兴奋地将其称为"中国第一国宝"，甚至后来有人称其为"中国木构建筑的活标本"。

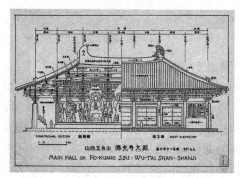

图1　佛光寺东大殿纵断面与正立面图

思政融入：

（1）佛光寺是后世认识和研究唐代建筑极为珍贵的实物资料。它传递的是中国人独特的营造观念，它们所代表的是中国人对建筑艺术的探索精神、工匠精神，这种精神历尽磨难，越发坚韧。

（2）向建筑大师梁思成学习，以实际行动践行匠心精神，注重严谨求实的科学研究，传承和弘扬优秀传统文化，要坚定文化自信，推动社会主义文化繁荣兴盛。

（二）展开阐述

教学内容：

1. 楼梯详图

楼梯是多层房屋中上下垂直交通的主要设施，要求行走方便安全、人流疏散畅通、坚固耐久。楼梯由梯段、平台、栏杆扶手组成。详图（图2）中主要表示出楼梯类型、结构形式，各部分尺寸、装修做法及梯段栏杆（栏板）的材料与做法。楼梯详图分为建筑详图与结构详图，一般分别绘制并编入"建施"和"结施"中，对比较简单的楼梯可将建筑详图和结构详图合并，编入"建施"或"结施"中。楼梯详图一般由平面图、剖面图及节点详图组成，是施工放样的主要依据。

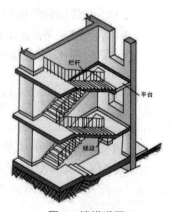

图2　楼梯详图

2. 楼梯平面图

假想用一个水平平面在楼梯每层的向上第一梯段的任一位置剖

切后，对剖切面以下部分进行投影而产生的正投影图就是楼梯平面图（图3）。

（1）一般每一层楼都应画一楼梯平面图。三层以上的房屋，若中间各层的楼梯位置及其梯段数、踏步数和大小都相同，通常只画出底层、中间层和顶层三个平面图即可。

（2）除顶层外，楼梯平面图的剖切位置通常为从该层上行第一梯段（休息平台下）的任一位置处。

（3）被折断的梯段用30°的折断线折断，并用长箭头加注"上 X 级"或"下 X 级"，级数为两层间的总步级数。

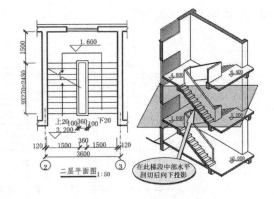

图3　楼梯平面图

（4）应标注楼梯间的定位轴线、楼地面、平台面的标高及有关的尺寸（如楼梯间的开间和进深尺寸、平台尺寸和细部尺寸），注意梯段长度尺寸应注成：踏面数×踏面宽＝梯段水平投影长。

（5）在底层平面图中注明楼梯剖面图的剖切位置。

3. 楼梯剖面图

假想用一铅垂面将各层楼梯的梯段及门窗洞将楼梯剖开，向另一梯段作正投影图即得楼梯剖面图（图4）。

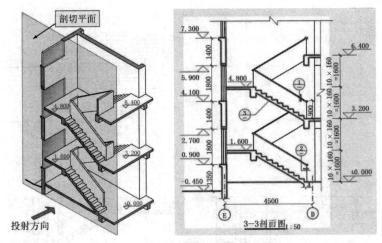

图4　楼梯剖面图

楼梯剖面图应表示出楼梯结构形式，画出楼地面、休息平台、门窗洞、梁以及栏杆、扶手等细部，并注明尺寸和标高。梯段高度方向尺寸注法与平面图梯段长度注法相同，不同之处是高度尺寸注的踏步级数比踏面数大1。屋面与房屋屋面做法一般相同，可不画出。

（三）深入研讨

教学内容：

1. 楼梯平面图的绘制步骤（图5）

（1）根据楼梯间的开间、进深和楼层的高度，确定平台的深度 b、梯段的长度 L、梯段的宽度 a、梯井的宽度 k、踏级数 n、踏面宽 m。其中梯段长度 L＝踏面宽(m)×踏面数(n-1)。

（2）根据 L、n 可采用等分两平行线间距的方法求得各踏步线，并画出墙身厚度和门窗洞口。

（3）画出材料图例、栏杆、箭头、折断线。按要求加深图线，注写剖切符号、标高、尺寸、图名、比例及文字说明等。

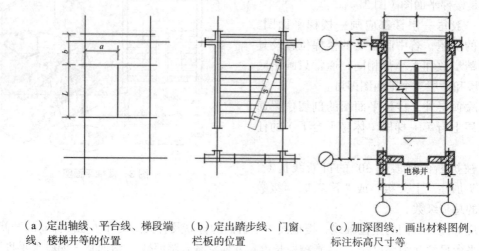

（a）定出轴线、平台线、梯段端线、楼梯井等的位置　　（b）定出踏步线、门窗、栏板的位置　　（c）加深图线，画出材料图例，标注标高尺寸等

图5　楼梯平面图的绘制步骤

2. 楼梯剖面图的绘制步骤（图6）

先定出墙、楼地面、平台位置，再用等分两平行线间距的方法求出踏步位置。应注意尺寸比例与平面图中一致，栏板坡度与梯段坡度相同。

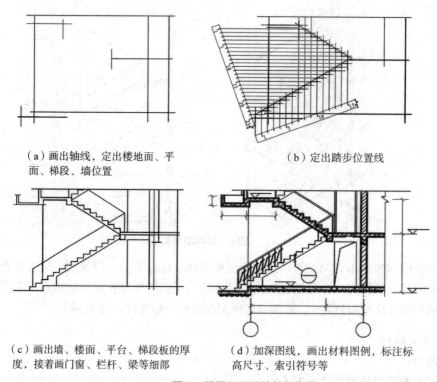

（a）画出轴线，定出楼地面、平面、梯段、墙位置　　（b）定出踏步位置线

（c）画出墙、楼面、平台、梯段板的厚度，接着画门窗、栏杆、梁等细部　　（d）加深图线，画出材料图例，标注标高尺寸、索引符号等

图6　楼梯剖面图的绘制步骤

（四）升华启发

在课程结尾，通过播放纪录片《超级工程Ⅱ》之《中国桥》片段，让学生了解中国在大国建设方面的伟大发展，感受土木工程师用他们的智慧与汗水不断刷新人类基建能力的"天花板"，

增强学生的民族自豪感,厚植爱国热情。并以此纪录片为"引子",激发学生对自己专业的了解与兴趣,在未来能够为祖国的建设贡献自己的一份力量。

教 学 成 效

本课程以"启发式教学"为抓手,采用"课前需求驱动—课堂问题驱动—课后实践驱动"的任务驱动式教学模式,将知识教育同价值观教育结合起来,使专业课程与思政课程同向同行,形成协同效应。通过案例分析、观看纪录片等引导学生在认识和分析党和国家大政方针政策时的思想正确性、政治敏锐性、理论前沿性;通过动画演示、师生互动等让学生层层递进地掌握工程制图中楼梯详图的绘制以及有关国家标准规定。在整个教学环节中,学生能够在专业学习过程中潜移默化地将价值观、爱国主义、人文素养等内化于心、外化于行,提高学生的综合素质。

工程力学（下）典型教学案例

几何组成分析

学院名称	土木工程学院	课程名称	工程力学（下）
主讲教师	王素裹	教师职称	副教授
授课对象	智能建造专业二年级本科生	课程性质	学科基础课

课程简介

"工程力学（下）"是智能建造专业一门重要的专业基础课，对应于土木工程专业的结构力学（上）和结构力学（下）的课程内容。本课程主要介绍杆件结构的几何组成规律，静定结构、超静定结构内力和位移计算的基本理论、基本方法，各类结构的受力特性，影响线，结构的动力计算等。掌握本课程的知识能解决一般结构的力学计算问题，同时又为学习后续课程及进行结构设计和科学研究打好力学基础。本课程为学生将来从事现代土木工程的智能设计、施工、生产和运行维护相关工作提供必要的基础专业知识，结合课程思政教育，使学生具备坚韧的科学精神和服务国家发展战略的情怀。

教学目标

1. 知识目标

（1）明确几何组成分析、自由度、刚片、几何不变体系、几何可变体系等概念，掌握并应用平面无多余约束几何不变体系的基本组成规律，进行几何组成分析。

（2）结合实际工程结构，对上述理论知识点进行知识拓展，通过贴合实际结构的体系进行思维拓展，让学生通过结合学习的相关理论知识来分析具体问题，明确应该建立什么样的体系更有利于工程应用和保证结构安全，从而让学生慢慢架构起将抽象的力学概念与具象的实际结构相对应、相结合的能力。

2. 思政目标

结合实际案例，介绍我国与国际上先进的成果，在教课的过程中以积极的心态传播正能量，通过实际案例潜移默化地树立学生对专业的正确认识，从而树立起正确的人生观与价值观。由所学知识与科技前沿的应用结合，使学生增强科技强国的使命感，在工程实践中理解并遵守工程职业道德和规范，履行责任。

思 政 元 素

以建立学生完善的知识体系为目标导向，注重理论知识的学习与夯实，并将理论知识与工程应用相结合，提高学生的学习兴趣和主动学习的积极性，培养学生的科学创新思维和社会责任感。

深化职业理想和职业道德教育。教育并引导学生深刻理解现代土木工程行业的职业精神和职业规范。通过思政教育，增强学生的职业责任感，培养其遵纪守法、爱岗敬业、无私奉献、诚实守信、公道办事、开拓创新的职业品格和行为习惯，使学生具备团队合作意识与集体主义精神，帮助学生树立正确的世界观、人生观与价值观。

案例实施路径与方法

结合现代化的教学手段，依托在线开放课程资源，使用现代信息技术，综合启发式讲解、传统板书、现代多媒体软件、线上慕课堂智慧教学等手段，理论联系实际，将启发式教学与案例教学、发散思维与收敛思维有机结合。并结合所学知识点适时设疑，加强讨论，促进学生之间和师生之间的互动交流，帮助学生树立职业理想、社会责任感和科技强国的使命感。

（一）导入主题

教学内容：

先简要回顾先修课程工程力学（上）中需要用到的基本知识，唤醒学生对之前学期所学知识的记忆；再进行实际结构与对应理论知识的结合，问题式导入主题——对实际结构如何选取正确的计算简图，并对得到的计算简图进行几何组成分析。

提出问题：

（1）教室中对应的梁、柱相连的节点位置反映到计算简图中应该是什么样的节点？

（2）针对分析得到的计算简图应该如何进行几何组成规律的应用来正确判断该结构体系的几何组成？

教学设计：

通过采用动画和多媒体生动演示等，让学生能将书本知识与实际应用对应起来，适时设疑，启发学生思考，从而产生分析问题、解决问题的好奇心，激起学习新知识的欲望。通过设置针对性的随堂练习、课后练习等，考察学生对重点难点的掌握情况，采用选择、判断、讨论等多种形式，调动学生学习的积极性。

（二）展开阐述

教学内容：

（1）对几何不变体系、几何可变体系、刚片等重要概念的理解。

（2）对几何组成规律的理解与应用。

明确重点与难点：

重点：充分理解几何组成规律，并能将这些规律应用于几何组成分析。

难点：① 对虚铰的判断；② 二元体的判断；③ 对瞬变体系、常变体系的判断。

教学设计：

结合工程实例讲解计算简图的得出，使学生理解力学如何与实际结构结合。

（1）结构体系的简化，如图1所示。

（2）杆件的简化：杆件用杆轴表示，如图2所示即为用杆轴表示平面结构实现杆件的简化。

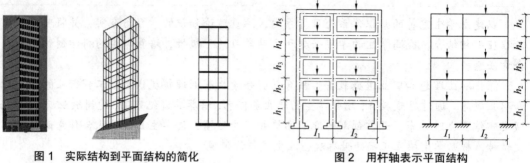

图 1　实际结构到平面结构的简化　　　　　　图 2　用杆轴表示平面结构

完成实际结构与力学知识点对应的讲解后，采用震害图片进行举例以加深学生对知识点的理解，并引发思考：

（1）地震使刚节点变成铰节点后（图3），在受力上发生了什么变化？对结构产生了什么不利影响？对社会产生了什么不利影响？

图 3　地震使刚节点变成了铰节点

（2）作为工程师应该如何进行设计，以便于更好地保证结构的安全性、减少生命财产的损失？

采用对比分析和针对性练习的方法讲解对重点概念的理解与几何组成规律的应用。

（1）通过提问和设置小游戏（如"找不同"）的方式让学生明确计算简图与实际结构的对应关系，并导入下一环节知识点的讲解。

举例如下：

图4中的两个计算简图有什么不同？它们对应的实际结构是怎样的？有何不同？对以上问题进行讨论和讲解后，开展下一步的几何组成规律应用和几何组成判断的讲解。

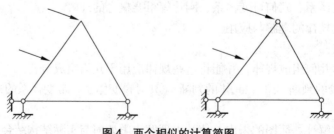

图 4　两个相似的计算简图

（2）通过随堂练习的方式巩固概念和提示学生在初学阶段不容易发现的易错之处。

举例如下：

判断题：下图（图5）中，在三角形 ACD 视为刚片的情况下，三角形 ABC 也同时可以视为刚片。

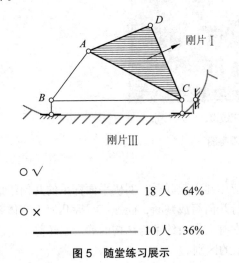

在学生作答后给出题目解析：

正确答案：错

题目解析：关键是杆 AC，由于该杆已经在刚片Ⅰ（即三角形 ADC）中，因此空白处实际只有杆 AB 和 BC，已经构不成三角形 ABC 了。因此，三角形 ABC 不能同时视为刚片。

根据学生的做题情况和正确率统计（本题正确率为35.7%），进行针对性的讲解，帮助学生进行知识点的透彻学习和理解。

图5 随堂练习展示

（三）深入探讨

教学内容：

先简要回顾课堂和线上慕课的学习情况，再结合与本次课程知识对应的重点、难点设置随堂练习和课后练习，结合学生所做习题情况，如正确率等进行针对性的讲解。

知识点： 几何组成规律的应用。

明确重点：

刚片的判断、二元体的判断、几何组成的判断。

教学设计：

结合实例讲解几何组成规律，并结合工程实际，便于学生将实际工程与书本知识对应起来，让学生感受本课程的价值，激发其学习热情。

（四）巩固加深

教学内容：

应用二元体规律及与地基的约束情况，对需要分析的结构体系进行合理的简化，便于更加准确、迅速地作出几何组成分析判断。

举例如下：

二元体规律和去掉地基约束的综合应用如图6所示。

思政融入：

向学生展示建筑结构在实际地震中的震害情况（图7），解释为何设计出来的结构在地震中发生了破坏、是什么原因导致了破坏。并结合计算简图的得出和几何组成的判断，帮助学生将理论与实际相结合，引导学生明确如何设置结构的构件及连接才能保证结构的安全性，从而保证人民的生命财产安全。在潜移默化中，实现对学生的科学创新思维和社会责任感的培养。并以此为契机进一步展开思政教育：就像新冠病毒感染反复期间，治病救人是广大医护人员

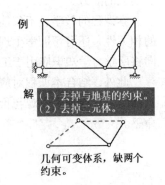

图6 二元体规律和地基约束情况综合应用举例

的职责一样，在生产建设中，为人民设计、建造出安全可靠的建筑结构是学生将来作为结构工程师、结构施工者的职责，而当下学好专业知识、练好基本功就是为将来成为合格和优秀的结构工程师、结构施工者奠定知识基础，从而培养学生的社会责任感与专业使命感。

混凝土破碎，梁端刚接变铰接。受力不利。

图 7　实际震害图

（五）总结

帮助学生将抽象的理论知识与实际结构的工程应用建立起联系，明确平面杆系的几何组成分析要点，让学生能熟练应用对应的几何组成规律进行几何组成判断，能熟练掌握几何不变体系的特征和几何可变体系的特征，并能对几何不变体系中有无多余约束与结构的静定、超静定情况相对应，能明确几何可变体系中的瞬变体系和常变体系的区别。

（六）课后任务

（1）寻找身边的实际简单结构，运用简化原则对这些结构体系进行正确简化、得出计算简图，并运用几何组成规律对其进行几何组成分析判断练习。

（2）结合慕课视频对相关知识点进行巩固复习，并完成线上小测。

教 学 成 效

力学相比于其他一些课程，具有抽象和知识体系较为复杂的特征，各章节之间的知识相互穿插，需要学生对前面所学的知识做到融会贯通。本案例为"工程力学（下）"中第一章内容，具有树立学生对力学的学习信心、调动学生学习积极性的作用。通过上述教学环节的设置，将力学的抽象知识与工程实际中的具象结构对应起来，如通过"找不同"等具有游戏性的环节设置激发学生的学习兴趣，通过随堂练习巩固重难点，通过知识点与实际结构和震害图的分析拓展学生解决问题的能力。

本课程的教学，不仅能帮助学生建立起对本课程的学习兴趣，明确本课程与其他专业课之间的相关性，还可帮助学生理解本课程所学的力学知识的应用范围，实现单方面接受的被动式学习向将所学力学知识应用于工程实际的主动式学习转变。

此外，结合本课程对应的知识内容进行思维拓展和由此导出的相关思政教育，帮助学生树立正确的世界观、人生观与价值观，培养其作为现代土木工程师的社会责任感和科技强国的专业使命感。

普通地质学典型教学案例

地震的监测与预警

学院名称	紫金地质与矿业学院	课程名称	普通地质学
主讲教师	林木森	教师职称	讲师
授课对象	资源勘查工程专业一年级本科生	课程性质	学科基础课

课程简介

"普通地质学"是地矿类专业入门的基础课程,是一门了解地球和进入地球科学殿堂的启蒙课,是培养学生地学兴趣,为今后从事地学研究打基础的一门课程。课程从地质学的微观研究对象元素到显观对象矿物和岩石再到全球构造,从地球外部圈层到地球内部圈层,从内动力学到外动力学,再到新近的环境地质、地质灾害等理论知识,彼此各具特色,又环环相扣,构成一套逻辑严密的完整知识体系。通过本课程的学习,培养学生的爱国情怀和爱岗敬业、勇于奉献、不畏困难、勇于探索的精神,培养学生节能、环保及安全的意识,热爱地质矿产事业的精神,以及科学的思维能力和综合分析研究能力,为后续课程的学习打下坚实的基础。

教学目标

(1) 知识拓展:掌握地质学基础知识,了解地球的物质组成、结构构造与演化规律。

(2) 能力建构:具备应用地质学基础知识分析具体地质现象、评价不同地质现象的思维和能力。

(3) 价值引领:具备科学精神、家国情怀,树立正确的人生观和价值观。

思 政 元 素

民族自豪感,家国情怀,文化自信。

案例实施路径与方法

(一)教学理念

坚持"以学生为中心、学用一体、应用导向"的教学思想,秉持高阶性、创新性、挑战度的标准,并融入思政育人理念。课程以地震波的传播方式为教学主线展开,采取启发式教学,以问题和地震实例驱动,教与学互动,提高学生在课堂中的主动参与意识。

(二)实施思路

教材中仅对地震的相关原理有所阐述,对地震监测和预警方面的应用知识涉及较少。缺乏思政育人元素和学科前沿知识。授课过程中,不仅引用实例对原理进行分析阐述,还注重知识应用和学科发展,阐述了地震监测与预警的相关内容。

授课过程中,围绕地震监测与预警等概念和机理进行演绎讲解,通过数学计算等方法,引导学生建立地震波应用在监测预警方面的理解与记忆。课后,学生继续巩固复习,加深理解。

(三)教学手段

(1)多媒体幻灯片是主要授课工具,结合图片、动画,以及自身肢体语言的表达,便于理解,形象记忆。

(2)板书内容是对教学重点内容的概括以及重点、难点的解析,并有数学推导过程。

(3)讲授过程中适时设疑,加强互动交流,理论联系实际,启发式教学与案例教学有机结合。

(4)配合教具(单摆球)的使用,讲解现代地震仪的工作原理。

(四)教学活动设计

17.4 地震的监测与预警

现代地震分布基本上在新生代以来的地壳活动带上。地球上每年发生 500 多万次地震(9.5 次 /min),7 级以上破坏性地震每年发生 20 次左右。

我国地处环太平洋地震带和欧亚地震带两大地震带之间,是多地震的国家之一。我国也是世界上研究地震最早的国家,夏商时期就有了历史地震记录。公元 132 年,东汉的张衡发明了地动仪,于公元 138 年在洛阳监测到了千里之外的陇西大地震。

问题互动:张衡的地动仪是如何监测到千里之外的陇西大地震的?

17.4.1 地震的监测

1. 地震监测的基本原理

地震波——地震能量的释放形式(图1)。

速度:P 波 >S 波 > 面波

破坏性:P 波 <S 波 < 面波

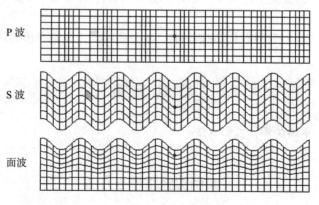

图 1 地震波的类型

地动仪——地震波的感应者。

思政融入:通过对张衡地动仪的介绍,激发学生的民族自豪感与文化自信。

东汉张衡（公元132年）发明候风地动仪（图2）。该地动仪有八个方位，每个方位上均有口含龙珠的龙头，在每条龙头的下方都有一只蟾蜍与其对应。任何一方如有地震发生，该方向龙口所含龙珠即落入蟾蜍口中，由此便可测出发生地震的方向。相较于意大利人路吉·帕米里在1856年制造的西方第一台地震仪，张衡的候风地动仪足足早了1700多年。

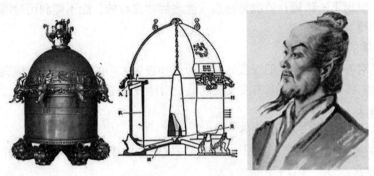

图2　张衡的地动仪（现代复原图）

问题互动：张衡的地动仪存在哪些特点？——只能验震，不能记录。

利用图片、教具、板书等手段说明现代地震仪的工作原理，以实例来说明地震监测的应用，加深理解。

现代地震仪——地震波的记录者，是通过地震计、数据采集器、数据记录器等协同工作来记录地震的。

如图3所示为地震计记录的地震图，根据P波和S波的速度差及时间差确定震中距（S）：

$$\begin{cases} V_P T_P = V_S \\ T_P - T_S = T \\ S = V_P T_P \end{cases}$$

其中 V_P=6 km/s，V_S=3.5 km/s；T 为 P 波和 S 波的时间差，可以通过地震仪测出。根据以上方程组就可以得出震中距（S）。

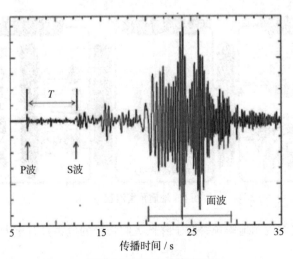

图3　地震计记录的地震图

现代地震仪的特点：既能验震，又能记录。

2. 地震监测的应用

根据三点法原则，确定震源位置。**动画演示三点法震源定位**。

思政融入：引入汶川地震中众志成城、抗震救灾的故事，激发学生自强不息、团结拼搏、无私奉献的民族情感，使其为中华民族而自豪。

问题互动、引出下一话题：监测是地震发生之后才进行的，能不能利用地震发生的原理更早地发出预报或者预警呢？

17.4.2 地震的预报与预警

地震预报是对尚未发生地震的发震时间、地点和震级大小的科学预测；地震预警是在地震已经发生后，迅速向破坏性地震波尚未波及的区域发出地震避险警报。

1. 地震的预报

（1）中长期预报取得了较大的进展。

（2）短临预报成功率相对较低。从1975年我国第一次成功预报海城地震开始到现在，仅成功地预报了20多次。

思政融入：通过讲解人类首次成功预报地震——1975年辽宁海城7.3级地震，激发学生的民族自豪感与文化自信。

1975年2月4日，10时30分，发出明确临震预报。19时36分，7.3级地震发生，因地震而死亡的只有1300人。如果没有预报，估计至少死亡十几万人。

2. 地震的预警

时间差——地震预警的基础。

地震预警原理——时间差。

地震预警就是利用P波比S波传播速度快，以及电磁波（其传播速度约为 3×10^8 m/s）远比地震波传播速度快的原理来实现的。

大地震发生后，预警中心通过震中附近的地震仪捕捉到纵波，利用地震波信息快速计算出地震参数（时间、地点、震级大小）、影响程度和预警时间，并抢在具有更大破坏性的横波到达之前，对可能遭受破坏和影响的地区发出地震警报，为人们逃生避险和行业紧急处置预留时间（图4）。

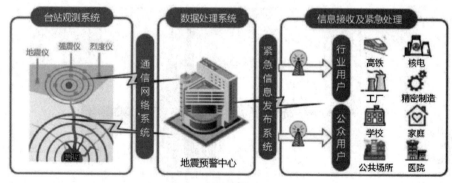

图4 地震预警流程

通过汶川地震的实例说明地震预警对于降低大震带来的危害具有重大意义，加深学生对于地震预警的认识（图5）。

以2008年汶川特大地震为例，在地震发生之后，以现有台网密度，我们能在震后10 s内第一次估计出地震发生的位置和大小，此时S波以震中为中心，传播了约33 km，此区域S波已经到达，无地震预警时间，我们称之为"预警盲区"。而盲区外的可能破坏地区能在S波到达前，甚至在 P 波到达前数秒获知地震波即将到来的信息，如地震烈度为 11 度的北川在 S 波到来前有接近 20 s 的时间，地震烈度为 10 度的青川县时间可达 1 min，而地震烈度为 6 度的西安获取的预警时间甚至接近 3 min。而其他地区，如武汉、北京、上海等有震感地区，可在感受到震感数分钟前得到地震信息，这将减少地震带来的恐慌。

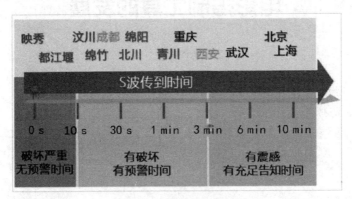

图 5　汶川地震预警的意义

学科前沿：我国地震预警现状。

地震预报是一个世界性的难题，地震预警系统的建立成为一种有效的减灾手段。2018 年，我国正式启动"国家地震烈度速报与预警工程"，四川、云南、河北等作为"先行先试"省份，已建立了地震预警系统全链条。

授课过程中多运用图片、动画、教具、板书等手段来说明原理，以实例来说明地震监测与预警的应用，加深理解。

教 学 成 效

（1）教学目标明确，教学要求适当，切合学生实际，体现因材施教原则。整体教学内容符合"两性一度"的要求，对于重点和难点内容多举实例，联系学生已有的知识进行分析和推理，利用形象、生动的比喻把学生难于理解的知识通俗化。

（2）注重思政教育。在张衡地动仪和地震预报内容中，激发学生的民族自豪感。在汶川抗震救灾内容中，激发学生的爱国热情。

视听语言典型教学案例

电影摄制工具的发展

学院名称	物理与信息工程学院	课程名称	视听语言
主讲教师	陈烁	教师职称	副教授
授课对象	数字媒体技术专业二年级本科生	课程性质	学科基础课

课 程 简 介

电影是世界上最具影响力的艺术样式之一，在其百余年的发展历史中，不仅依赖影像技术的发展不断刷新人们的视听感受、丰富着人们对叙事的永恒追求，同时还承载着用影像记录社会、展现时代风采的重要使命。"视听语言"课程的教学是从影视行业专业人才培养的角度出发，从新媒体多元发展、影像表达趋向日常化的时代语境入手，帮助学生正确认知影像信息、评述视听文化，同时基于相关专业知识的学习，习得影像艺术创造的基本实践技能。在课程教学过程中，教师团队基于本课程学生知识储备的实际情况，发挥混合式课程的类型优势，力图达成电影理论专业性与通识性之间的平衡。相关教学内容以电影类型、电影批评、电影流派的形式与风格、电影工业产业的发展与特点等基础知识为主，同时配套一系列旨在培养实践技能的随堂练习，其内容涉及视听语言构成元素、轴线原则、镜头的剪裁、蒙太奇的连贯叙事架构、情绪与节奏把控等相关知识点。

在本课程中，主要围绕"电影摄制工具的发展"展开，教学过程中结合动态影像、历史资料，重点围绕视听画面的基本单位、视觉成像的物理原理、"活动照片"的制作原理以及"电影视镜"的历史发展事实等展开，旨在引导学生深入领会如何以发展的眼光看待电影技术的研发对电影产业发展的深刻影响，从而加深学生对影视技术和中国电影产业发展的相关认知。

教 学 目 标

本课程结合福州大学"创业型国际知名高水平大学"的办学定位和数字媒体技术专业培养适应现代媒体行业发展需求的影视创作骨干人才的培养要求，将课程建设重点设定在帮助学生提升影视艺术审美素养，引导学生搭建合理、有效的影视创作能力上。在本课程中，结合学生的现有认知水平，在价值引领、知识拓展、思维训练、能力建构四个维度上力求达到以下目标。

（1）价值引领：通过比照中外电影产业的发展状况，培养学生扎根祖国大地、以服务社会为己任的责任感，将科技兴国、艺术报国的信念融在课程案例中，利用动手训练，将爱党爱国、爱岗敬业、诚实守信等思政元素融入创作主题。

（2）知识拓展：利用抖音等社交平台，引导学生在课本知识点的基础上拓展了解国内影视行业发展现状，帮助学生关注热点应用与最新前沿技术，把握时代潮流，增长知识。

（3）思维训练：依托国家级赛事优秀平台，引导学生结合赛道主题动手制作活动照片，帮助学生打开思路，勇敢创想，在作品制作的过程中充分发挥其创造力。

（4）能力建构：在掌握影视语言的基本概念和术语的基础上，利用动手创作和圆桌讨论，锻炼学生的集体观念和协调合作能力，增强学生的沟通协调能力。

思 政 元 素

（1）通过国内外行业的比较分析，使学生将国家发展和个人命运紧密关联，激励学生以行动实现艺术报国。

（2）利用红色经典影视作品中的红色记忆、红色故事和红色精神，结合视听语言的分析，帮助学生在影像思维建构的过程中深化政治认同、家国情怀、社会主义核心价值观等方面的认知，夯实正确三观。

（3）使用抖音等社交平台，借助平台上的积极案例和反面案例，将国家时政、国际时事、好人好事、品德修养等思政元素融入新媒介平台的使用，引导学生明辨是非，主动为正能量点赞，为能创作弘扬积极正向价值观的作品而骄傲。

案例实施路径与方法

（一）育人理念

在课程教学中，以道德教育的价值目标为导向，突出线上线下混合式课程的类型特色，立足数字媒体技术专业工学学科的背景特点，结合影视创作的专业视角，在教学已有的协同生态模式下，从学生视角出发，将学生的认知能力和诉求作为课程建设中心，通过将思政元素具体细化的方式对本课程的内容和资源进行整合升级，力求将一个个思政任务架构到整体教学设计中，使学生在进行课程专业学习的同时提升自我。

（二）实施思路

本课程的实施主要以课堂教学为主、圆桌探讨和实践创作为辅，一方面采用"引导—聆听—沟通—指导（实训）—反馈"的教学互动机制，利用线上线下资源提升学习效率，利用问题和案例驱动学生积极主动探寻真理；另一方面遵循OBE（成果导向教育）理念，以成果产出为导向，在课堂上设计简单易行的实操环节，点燃学生的学习激情，使课程气氛更加活跃。

（三）思政元素融入方式

结合本课程中视听媒介科技发展史的相关知识点，以案例分析、比较论证的方式，在吸收和借鉴西方理论成果合理内核的基础上融入民族情感，打破过往电影史教学中几乎均以西方价值体系为底层逻辑的知识偏见，拓宽思域，将讲好中国故事、展现中国智慧，向世界展现可信、可爱、可敬的中国形象为己任。比如在中外对比、行业现状梳理等教学活动中，自然融入"艺术报国""艺术为民"以及对党、对国、对民族的认同等思政元素，由此实现对学生思想认识、思维方式、价值取向等深层次素养进行濡染和塑造的目的。

（四）教育教学方法

在线上线下混合式教学中，本课程依托中国大学慕课平台的自建慕课，引导学生利用在线资源拓宽专业视野,并利用慕课堂进行部分线下课程内容的课前预复习。比如在课前,教师先针对线上学习情况在课程中阐释重点、难点,继而结合线下教学计划,利用慕课堂等工具设定议题,组织生生讨论、生问生答等,促进学生辩证思考。在课后,教师结合教学进度在 SPOC 上布置相关应用练习,帮助学生将理论应用于实际,提高其发现问题、剖析问题以及解决问题的能力。

(五)教学活动设计

思政内容在教学活动中的设计,重点体现本课程中的以下三个环节。

(1)关于如何有前瞻性地探讨电影技术发展的讨论。

纵观电影的发展史,尤其是电影发展初期,电影技术起到了极其重要的作用,可以说没有科学技术的飞速发展就没有电影的今天。因此,引导学生全面、深入地探讨电影技术是本课程的一大重点。

探讨问题本身并不难,但如何将学习的理论知识融入其中,如何配套实训让学生不感到所讨论之事遥不可及、陈旧无聊,则需要教师更多地引导。因此,本课程将利用抖音、猫饼等社交平台,即借助当下的新媒介——"新瓶装老酒",让学生们感受视听新技术的多元呈现方式对信息内容传播的影响,帮助学生开拓思路,继而启发他们结合自己所处的媒介环境回溯电影发展之初,审视我国电影行业发展现状,思考互联网对电影发展的影响并探讨如何看待技术赋权下社交媒体上的"审丑"现象。

(2)关于如何制作"活动照片"的实践创作。

"活动照片"一词来自电影史上一个关于美国摄影师穆布里奇的经典故事。从内容上来讲故事本身很好理解,但故事中介绍的利用特殊拍摄技巧和播放方式使照片由静止变为活动的方法却是一个难点。该难点也是视听画面摄制技巧的一个组成部分:定格动画的摄制。

因此,课程中将参考国家级赛事赛道相关内容,预设积极向上的思政主题,指导学生利用手机应用程序摄制或以手绘的方式学习制作"活动照片",让学生能同时从理论和实践中体悟技术发展史,并将相关技术运用于创作。

(3)关于如何策划手机短视频新闻的讨论。

手机短视频新闻是当前信息通信的主要呈现形式,当前诸多手机应用程序可以实现新闻的制播一体。该部分作为本次课堂高阶性提升的重要一环,需要学生综合运用各种专业知识完成实操,因此难度较大,但也极具挑战性和趣味性。

为了让学生更快地理解实操作业要求并迅速找到完成作业的方法,教师将利用抖音等社交平台向学生推送、介绍、剖析新华社等主流媒体短视频新闻的制作模式,通过这种方式,学生可以学习规范的短视频新闻制作范式,也会在这一过程中自然而然地增长见识,了解国际时政和党的治国方针,从而树立正确三观。

(六)资源载体

中国大学 MOOC(慕课)平台上的国家精品课资源、自制课程讲解视频、慕课堂,以及抖音等社交平台。

(七)特色与创新

本课程的特色是积极践行课程思政建设,落实立德树人根本任务,自建一系列红色影视案例资源并提出如何利用社交工具贯穿课上课下、打造积极健康并能长期发挥思政教育影响力的方式方法。

本课程的教学改革创新点:一是教育理念的创新,即在课程中将知识教学与美育、思政教育有机融合,将红色文化、中华优秀传统文化等德育工作融入课程建设中;二是教学方式的创新,即紧密结合当代年轻人的媒介成长环境，充分运用抖音等社交平台，积极引导学生关注国际重大实事，辨析网络环境下的真伪对错，鼓励学生摄制活泼多元、健康向上的短视频作品，用他们熟悉的"语言"教学，激发他们持续创作的热情。

教 学 成 效

（1）课程思政教学经验：在开展课程思政建设前，首先应对课程思政的概念有正确认识，明确"课程思政不仅是对思政课程的简单补充，更是让显性的思政内容在其他课程中得到深入的感知与隐性的贯彻"。其次，教师应该基于本课程专业知识的教学体系和学科特性，遵循"思政""专业"相长原则，对应式地挖掘思政元素。既要做到自己心中有数，也要让学生喜闻乐见。最后，学生对一些社交平台、社交工具有先天亲切感，教师可从它们入手，让思政教学更贴近学生生活，保证思政教学效果更持久。

（2）学生评教和反馈：在上一轮的教学中，学生对本门课的评分为98.99（满分100分），表明学生对课程教学方式的认同度很高。在产出成果方面，一些学生在教师的指导下积极参加以家乡文化、迎奥运等为主题开展的省级赛事，其课程作业荣获一、二、三等奖项数项。总体上，学生们学习兴趣高涨，课程氛围良好。

（3）同行评价：本课程是我校打造的首批"金课"，表明本课程思政建设思路正确，有一定示范性。上一轮教学中，院督导组给本课程评级"优⁻"，反映本课程课堂效果较好。

（4）示范效应：在我校开展的物信学院"教师有道"研讨活动中，本课程作为优秀案例向院、校领导和专家同行进行汇报，得到充分肯定。

设计与艺术

学院名称	厦门工艺美术学院	课程名称	设计学概论
主讲教师	刘柳	教师职称	副教授
授课对象	设计学专业三年级本科生	课程性质	学科基础课

课程简介

设计学是20世纪以来产生的新兴学科。由于设计与特定的物质生产和科学技术的关系，使得设计学本身具有自然科学的客观性特征，而设计同时也与政治、文化、艺术之间有着密不可分的关联。"设计学概论"是针对我院设计专业本科三年级开设的一门专业理论必修课，其目的是使学生在了解设计的内涵与外延以及设计学的研究对象、研究范畴、研究方法与研究现状的基础上，能够有目的、有意识地整理中国传统设计思想和实践，完整地学习西方现代设计源流和现状，从理论的高度逐步理解、建构完整的知识体系，为后续的学习与实践打下坚实的基础。

教 学 目 标

（1）将多学科交叉的知识体系融入教学：本课程与考古学、美学、历史学、社会学等诸多学科相互联系、相互渗透，通过多样化、形象化、规范化的教学，对设计概论的本源论、方法论、主体论、本体论、欣赏观、价值观、艺术观等进行深入、细致、广泛的研究。

（2）知识目标：通过对设计的内涵、形态、界面、文化、创新、表达等基本问题及其发展态势的研究，掌握设计概论的系统理论知识；通过对设计艺术学的社会背景、历史条件、特殊环境等相关因素的教学，探讨设计艺术的原理和形式；通过对设计艺术表现形式、表现方法、内容主题、特征、表现效果等方面的探讨，探索设计的本质。

（3）课程思政目标：通过重点课程案例的讲授及课堂讨论，帮助学生树立正确的价值观与设计观。

思 政 元 素

本课程思政注重艺术及设计的发展历史及其在经济社会发展中的重要作用。在信息时代，各类信息迅速传播，各类新兴元素不断涌现，艺术及设计的发展日新月异。习近平总书记指出，人类文化发展史表明，凡是名著、名曲、名画，无一例外都深刻地表现了当时的社会生活和人民群众的真实情感。美术、艺术、科学、技术相辅相成、相互促进、相得益彰。要发

> 挥美术在服务经济社会发展中的重要作用，把更多美术元素、艺术元素应用到城乡规划建设中，把美术成果更好地服务于人民群众的高品质生活需求。要增强文化自信，以美为媒，加强国际文化交流。
>
> 通过对设计与艺术的发展历史的追溯，总结其发展过程中的一般规律，经过深思慎取、反复推敲，创作带有历史记忆及时代温度的设计作品，助力经济社会发展，增强文化自信。

案例实施路径与方法

（一）导入主题

（1）回顾上节课学习内容：西方设计思潮及中国古代设计思想的发展历程，并列举有代表性的设计案例。

（2）介绍设计的艺术渊源，通过中国古代"六艺"，西方古典时期"自由七艺"等案例，包括早期岩画及湿壁画等，追溯早期设计与艺术的具体体现。

（3）课堂提问：有哪些印象深刻的早期设计与艺术的案例，请列举它们的艺术与设计特征。

（二）展开阐述

（1）设计的艺术指向：康德认为美可划分为自由美和依存美，美视对象的目的而定，而目的既可能是显性的也可能是隐性的。从原始社会开始，作为物质生产第一步的设计，从未停止过对艺术的追求。自现代运动以来，现代设计与现代艺术之间的界限日趋模糊，新艺术形式的出现常常成为新设计观念的诱因，而新设计观念也极易成为新艺术形式产生的契机。从原始时期的装饰纹样到当今的社会科技促进人的需求，设计的艺术指向在不同时期有不同的表现形式。

（2）设计中的艺术手法：包括重复、交替、协调、渐变、对比、主导、统一和平衡。在设计中不同艺术手法的应用可以提高设计的水平与品位。

（3）艺术对设计的影响：各个时代设计与艺术的审美趣味是趋向一致的，在同一时代背景下，艺术批评与设计批评所使用的概念和术语常常惊人的相似。设计师关注艺术，投入艺术研究，也可以推动设计进步。

（4）不同设计类型的艺术特征：介绍工业设计、广告设计及室内设计的艺术特征及美学问题的解决方案，并关注对艺术设计的制约因素。

（三）课堂讨论

中国原始艺术中的设计表现：从石器时代开始的诸类石器已经有了设计的体现，到了彩陶盛行时期，不同年代、不同地域甚至是同一文化的不同类型的彩陶可显示出不同的艺术与设计特征。例如仰韶、马家窑、屈家岭、大汶口等文化类型出土的陶器，其器物材质、形貌及纹样均因其独特之处令当代艺术家为之倾倒。作为原始设计追求艺术的成功典范，请讨论此类设计的艺术特征渊源、其文化特征及与周边地区的交流互动因素。

（四）思政元素融入方式

纵观设计与艺术的发展历史，总结其演变及流传的一般规律。通过对优秀作品的案例学习，思考如何将其蕴含的信息进行有机提取，创作带有历史记忆及时代温度的设计作品，助力经济社会发展，增强文化自信。

（五）教学手段

（1）多媒体演示：对设计与艺术的理解与讨论依附于相应的实物载体，在课程教学中需要引入大量的图片案例，故多媒体演示结合讲述的方式将能更好地提升教学效果。例如在课堂讨论环节会以大量图片形式列举仰韶、马家窑、屈家岭、大汶口文化出土的彩陶，引导学生观察其形制与纹样并进行相应讨论。

（2）针对课程案例较多、知识点繁琐的特点，制作思维导图，用于课程结束后的串讲总结及下次课程的导课环节演示，辅助学生构建相应的知识体系。

教 学 成 效

设计学概论的课程目标是使学生在掌握艺术基本理论及专业设计技法的基础上，明晰设计学的基本概念与系统理论，把握设计发展状况。通过本案例的教学，取得的成效如下：

（1）课程思政：吸收优秀的传统文化设计理念，经过深思慎取、反复推敲，创作带有历史记忆及时代温度的设计作品，在助力经济社会发展、增强文化自信的同时，也可通过国际文化交流等渠道，助力中华优秀传统文化的传播。

（2）学生反馈：在课程开始之初与学生的交流中，已了解到学生对于艺术/设计的历史，尤其是一些精美绝伦的艺术/设计作品的关注，并在既往的创作中深受启发。在相应案例介绍过程中，获得诸多来自学生的良好互动反馈。已有学生依据课堂案例分享——"唐代银香囊的平衡设计巧思"开展了手持咖啡杯"摇晃不洒"的设计，在完成功能性设计的同时弘扬了中华优秀传统文化。

价值观与社会主义核心价值观

学院名称	经济与管理学院	课程名称	组织行为学
主讲教师	李广培	教师职称	教授
授课对象	工商管理专业、市场营销专业二年级本科生	课程性质	学科基础课

课程简介

"组织行为学"是工商管理类的学科基础课程,本课程不仅从行为科学的视角提供了"包容性"生产关系的微观实现路径,也为从宏观上把握人文管理、社会发展与治理实践提供佐证与借鉴,对学生在正确的价值观引领下认识和解决未来以"人"为中心的管理课题能力的培养起到重要的基础性作用。通过本门课程的学习,工商管理类学生可以秉持正确的价值取向,系统建立分析组织情境中员工行为的框架,能够从个体、群体和组织三个层次上理解并掌握组织行为学的基本理论,并能运用所学的理论知识和相关技术去解决未来管理实践中遇到的员工管理方面的问题。

教学目标

(1)价值引领:理解个人价值观、组织价值观、社会整体(国家)价值观的密切关系,完整和准确掌握社会主义核心价值观的内涵和体系结构,从国家战略角度理解社会主义核心价值观的时代必然性,引导学生树立正确的价值观取向。

(2)知识拓展:掌握价值观的理论要义(包括价值观概念,价值观体系、类型,价值观与个体其他心理要素以及与行为的关系等),理解价值观对个体性行为影响的基础性、战略性的恒定器作用。

(3)思维训练:着眼未来职业经理人的培养定位,培养学生理解并建立组织价值观管理的理念,以及在国家、社会、企业多层面协同开展价值观管理的思维方式。

(4)能力建构:初步掌握价值观测量工具的开发与运用的科学方法。

思政元素

社会主义核心价值观。

案例实施路径与方法

（一）思政育人理念

大处着眼，小处着手；举重若轻，润物无声；循序渐进，水到渠成。

（二）实施思路

实施思路如图 1 所示。

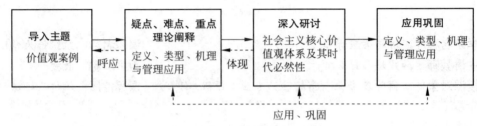

图 1　实施思路

（三）资源载体与教育教学方法

线上（国家精品在线课程、网络文献资料）线下（马工程教材、课程组历年资料积累）思政资源混合应用，翻转式学习、问题导向式自学、启发讲授、理论推演、案例讨论、实操（设计）训练相结合，多媒体教育技术与传统板书相结合。

（四）教学活动设计

1. 教学导入

（1）课前植入。课前预习组织学生观看《金婚》31 集前 18 分钟并思考"老太太的自信从何而来"这一段极具中国式情感生活色彩的片段，即便是尚未有婚姻生活经历的大学生，仍可以博得共鸣。大字不识一个的农村老太太寥寥数语，便解开了城市知识型儿媳心头之"梗"，"我的儿我知道"，老太太思想工作的威力究竟在哪里、其自信从何而来？一定会激起学生的好奇心，并产生进一步思考、探讨老太太洞悉人性机理、预测行为走向的欲望。

（2）课中导入、启发思考、导入小结。由课前预习的《金婚》31 集剧情说起，辨析老太太由于深知已过不惑之年的儿子灵魂深处难以更改的关于"心里最放不下"的"人性元素"，因而"自信"地给儿媳吃定心丸："走得再远，还是要回家的。"适时引出概念——价值观，并由导入案例蕴涵的该人性因素影响和预测行为的特征，进一步阐释"价值观"的定义。价值观是什么？价值观是心理科学的一个重要概念，是个体对客观事物重要不重要、重要到什么程度的看法，本质上是一个比较的选择，是人们的偏好。

2. 基本理论疑点、难点、重点展开与阐释

针对课前预习与视频自学内容，引导学生就价值观含义及类型、价值观为何重要（影响行为机理）、如何在管理中落地应用等产生或提出有价值的疑问，详略有别，展开关键性、精准性的理论节点阐述、讨论、释疑。具体实施如下：

（1）为何重要。为什么作为预测"人"的行为走向的组织行为学，要把"价值观"作为首先考察的因素？这是学生们心中必然的疑问。为此，我们引导学生借用数学思维，板书绘制出"价值观-行为走势"图，表明价值观在诸多影响行为的心理因素中扮演基础性、战略性的角色，根植于人们的内心，很稳定，这就解释和呼应了预习植入的案例"老太太的自信从何而来"。

（2）影响机理。进一步追问：以上简图是从心理学一般层面揭示的价值观影响机理（重要性），那么从管理语境（效用）上看，又如何显示或评估呢？针对这一疑问，我们详细推演"价

值观-内在动机、承诺度-生产率、满意度、流失率"之间的作用机理，这也是本课程的难点之一。

（3）管理运用。这是解决理论知识落地的大问题，先后引入"清华大学教授'今夜无眠'""名校毕业生为逃离国企三年杳无音讯""阿里因卷入电商欺诈系列丑闻漩涡而对核心高管大换血""长江文艺集团与《中国报告文学》期刊总编经营价值取向相左引发重大危机"四个小案例，组织小规模讨论，并总结点评，阐明招聘时对求职者职业价值观（即职业锚）的评估以及在职员工对企业文化即企业主流价值的认同至关重要，指出实现"基于价值观的雇佣"和企业"价值观强化与塑造"的有效路径。

3. 深入研讨

从个体价值观、企业（组织）价值观过渡到国家层面倡导的价值观体系，客观上存在一个思维上的跳跃。为此，其一，在前面阐释价值观含义、类型时，强调价值观体系不仅有多元性，且有层次性，即个体、社会组织和国家；其二，课前预习中布置学生查阅社会主义核心价值观典型小故事和江苏响水天嘉宜"3·21"特大爆炸案等资料，并在课中阐释中予以呼应和延伸分析、讨论，以体会社会主导的价值观及其贯彻情况其实离每一个人的生活很近、影响很直接。具体实施如下：

1）三维层面的解读

（1）释疑。首先，要解决学生心中的困惑：个体的价值观、组织的价值观（组织文化）的重要性显而易见，但为什么一定要有全民共享的核心价值观？为什么这并非只是新时代某种漂亮的形式或符号？课中，我们的释疑逻辑是：我们国家不是14亿人口的散乱的简单组合，它如同一个人、一个组织一样，有自己清晰的愿景、目标，达成这些愿景、目标极其不容易，需要在所有人的内心有一个与之相适应的强大的心理与行为的恒定器，也就是必须有广泛的价值共识和共同的价值追求，这样才可以对内寻求凝聚国民共识，对外致力于提升文化软实力和国家影响力。

（2）解读。理解和掌握社会主义核心价值观的体系、内涵与实践形式是本课程的重点。课中将12个社会主义核心价值观分成三个层面，即国家层面——富强、民主、文明、和谐，社会层面——自由、平等、公正、法治，个人层面——爱国、敬业、诚信、友善。从两个方面进行解读：其一，结合中国当下情势，阐释12个核心价值观各自的内涵、侧重点与实践形式，以及它们彼此的区别与联系；其二，国家、社会、个人三个层面的核心价值观体系之间的联系与区分。

（3）案例分析。讲述孔子与弟子论诚信、粮食、军队的取舍故事，表明诚信在中华传统美德与价值取向中的重要地位。

（4）头脑风暴。在解读的基础上，课中组织学生重点围绕当事企业经营层的发展价值取向，现场讨论课前预习题"响水天嘉宜'3·21'特大爆炸案"，并作点评总结，以更好地理解如何处理好社会主义核心价值观在经济社会发展实践中的落地，以及多元价值取向在区域发展中的主次、排序和取舍的复杂问题。

2）核心价值观与时代使命、愿景的内在关联

要讲清楚新时代社会主义核心价值观为什么是这24个字，即社会主义核心价值观的时代必然性，是本课程的难点。课中我们将从两方面阐释。其一，传统文化的基因传承与社会主义社会的性质使然，将引导学生参与发言来论证。其二，更重要的是现阶段的历史必然性，有两点：第一个是使命，即现阶段我们党及其领导的各族人民实现中华民族伟大复兴的中国梦的历史使命，目前已经写进了《中华人民共和国宪法》和《中国共产党章程》中；第二个是愿景，即党的十九大将历史使命进一步明确为建成经济、政治、文化、人民、生活、社会、生态方面基本实现现代化的社会主义现代化强国的宏伟愿景。课中我们将从内涵的逻辑牵连上和现实的迫切性上，在国家、社会和公民个人层面打牢与之密切相关并能足以支撑历史使命和宏大愿景的价值观角度，解

释"富强、民主、文明、和谐、自由、平等、公正、法治、爱国、敬业、诚信、友善"这12个词为何是社会主义价值观体系的核心基石。

（五）特色与创新

在思政元素的取舍及教学嵌入点上，强调思政精髓须入情入理、润物无声、水到渠成，方能入脑入心。为此，本教学案例尤其注重"思政逻辑"与"理论逻辑"二者的自然融合，以"思政逻辑"印证"理论逻辑"，以"理论逻辑"支撑"思政逻辑"，注重凸显经典理论的时代性与中国特色，在教学中突出中国特色与新时代发展主旋律，善于从专业角度解读学生耳熟能详的思政热点，帮助学生理解国家改革、发展和社会治理重大举措、时事热点背后蕴含的价值观要义。

教 学 成 效

在组织行为学"价值观"章节的多轮教学探索中，我们深刻体会到，将价值观的知识运用到对社会主义核心价值观的阐释中，通过学理的阐释、案例的穿插运用，对学生延伸至对核心价值观的重大意义及其影响机理的理解有很好的帮助，二者有效地融合一体，可以赋予基础理论课程鲜活的时代性，对社会主义核心价值观的宣贯而言，也是增加了一个融入专业教育的主渠道、主阵地。从课中、课后的参与、交流来看，学生对引入社会主义核心价值观的教学体系的改革和教学方式的多样性也持积极的肯定和欢迎态度。本教学案例已于2021年12月成功上线新华网课程思政示范案例课。

供应链视角下乳制品质量安全问题的成因

学院名称	经济与管理学院	课程名称	商品学
主讲教师	梁红艳	教师职称	副教授
授课对象	物流管理、物流工程专业二年级本科生	课程性质	学科基础课

课程简介

"商品学"是物流管理与物流工程专业的一门学科基础课,是一门建立在经济科学和现代管理理论基础上的课程,具有综合性、前沿性、实践性等特点。课程以商品使用价值理论为基础,以商品质量与商品品种为中心,从技术、经济、管理和环境等多角度,系统阐述商品学的研究对象与内容、商品分类与编码、商品质量与质量管理、商品标准、商品质量认证与监督管理等内容。课程于2021年入选省级一流本科课程。

课程采用项目式教学方法,设计课堂教学、项目研究、著作阅读、文献阅读等多项教学活动。通过课程学习,学生将掌握商品的概念与分类、商品价值与使用价值的内涵,以及商品分类与编码、商品质量与质量管理、商品标准、商品质量认证与监督管理的基础知识、理论和方法,能够综合运用所学基础知识、理论和方法为商品品种结构、商品质量管理、商品标准制定、商品质量认证与监督管理等领域的实际问题提供解决方案。课程贯彻"价值塑造、能力培养、知识传授"三位一体的教学育人理念,强调培养学生的自主研究性学习能力、终身学习能力、"精益求精"的工匠精神和良好的科研素养,增强学生的职业道德感、社会责任感与使命感。

教学目标

(1)价值引领:增强职业道德素养与经世济民的家国情怀;具有想象力、批判性思维与创造性思维、合作精神,提高科学素养。

(2)知识拓展:掌握乳制品供应链的概念与运作模式;掌握"企业+奶站+奶农""企业+养殖小区+奶农""企业+牧场"这三种生鲜乳供应模式的特点;掌握"奶牛养殖—投资、生鲜乳生产—检测、乳制品加工—销售"等环节供应链主体间行为关系不协调影响乳制品质量安全问题的机理。

(3)思维训练:形成全局视野和系统思维,培养供应链思维。

(4)能力建构:具备"观察现象—提出问题—分析问题—解决问题"的综合能力;能够利用供应链管理理论综合分析乳制品质量安全问题的成因;能够通过查阅文献资料,分析乳制品质量安全问题的解决措施。

思 政 元 素

职业素养，实事求是，家国情怀，社会责任感，合作精神，科学素养。

案例实施路径与方法

（一）育人理念

格致诚正、经世济民、勤学修德、追求卓越。

（二）实施思路

（1）依据：立足物流与供应链学科背景，依据学科专业原理、行业发展实践、学术研究成果等，挖掘其中所蕴含的思政元素。

（2）结合：结合社会热点问题、重大事件，挖掘有利于培养和训练学生科学思维方法和思维能力的内容开展教学。

（3）融入：融入课堂教学，采用多种教学方法，通过创设问题情境、摆数据、讲事实，培养学生分析问题、解决问题的能力，让学生在解决问题的过程中，认识问题背后所蕴含的理论思维和价值判断。

（三）思政元素融入方式

（1）职业素养：在理论分析生鲜乳供应模式的过程中，剖析三聚氰胺事件背后的原因，引导学生加强职业道德规范、提升职业素养。

（2）实事求是：通过比较分析中国与乳业发达国家的历史沿革，探讨乳制品供应链核心企业的不同类型。在立足国情的比较分析中，引导学生树立"一切从实际出发、实事求是"的思想。

（3）经世济民的家国情怀：从供应链成员间的关系角度探究乳制品质量安全问题的原因，在此过程中强调奶农在乳制品供应链中的弱势地位，引导学生切实关心和保护奶农的利益与权益，坚守经世济民的家国情怀。

（4）社会责任感与使命感：课堂授课环节引入我国典型乳企案例，课后围绕"中国与奶业发达国家的乳制品供应链运作模式差异"布置作业，由此增强学生的家国情怀、社会责任感与使命感。

（5）合作精神：在理论讲解过程中，引导学生领悟供应链的全局性、协调性与系统性的思想精髓，培养开放合作精神。

（6）科学素养：通过学理性阐释、引入学术文献等途径，帮助学生树立科学发展理念，提升科学素养。

（四）教育教学方法

主要采用案例教学法、问题教学法、启发式教学法、探究式教学法、讨论式教学法、比较教学法等。

（1）采用案例教学法与图解法，引导学生对乳制品供应链中的主体、活动和过程形成结构化认识，理解乳制品供应链的概念与运作模式。

（2）采用图示法与比较分析法，引导学生比较三种不同生鲜乳供应模式的主要区别，并结合三聚氰胺事件案例帮助深化理解。

（3）将复杂的乳制品供应链分解为几个环节，结合图表设置问题链，采用探究式与讨论式方法引导学生从供应链管理视角逐层探究乳制品质量安全问题背后的原因。

（五）教学活动设计

1. 案例导入

导入三聚氰胺事件与假冒"雅培""贝因美"品牌的婴幼儿乳粉案件。提问：乳制品是如何生产出来的？在乳制品质量安全问题背后，除了监管因素，还有什么因素会影响乳制品供应链上企业的行为？

2. 理论分析：乳制品供应链的概念与运作模式

（1）乳制品供应链的概念。围绕以下问题展开：乳制品供应链的结构是怎样的？乳制品供应链涉及哪些主体、活动和过程？乳制品供应链核心企业是哪个主体？

（2）乳制品供应链运作模式。围绕以下问题展开：生鲜乳供应、乳制品加工、流通与消费四个阶段中，各阶段分别具有哪些模式？哪个阶段是决定乳制品供应链运作模式的关键环节？

（3）生鲜乳供应模式。解释三种主要供应模式的特点，引导学生分析其中的主要区别，并思考哪种模式更有利于提高生鲜乳制品质量安全水平。

3. 理论分析：乳制品质量安全问题的成因

围绕奶牛养殖、原奶生产检测、乳品加工这三个环节，重点根据供应链成员间的关系讨论出现乳制品质量安全问题的原因。

（1）奶牛养殖—投资环节。展示我国奶牛养殖规模变化情况、我国大规模奶牛养殖情况的变化、全球主要国家平均奶牛养殖规模情况，从中提炼我国奶牛养殖环节的主要特征。围绕"养殖户为何仍选择小规模散养模式、乳企为何不愿投资建设大规模牧场"等问题展开，绘图呈现奶牛养殖—投资环节生鲜乳质量安全问题的成因。

（2）生鲜乳生产—检测环节。围绕以下问题展开：我国生鲜乳检测模式有哪些？我国生鲜乳检测模式导致乳企与养殖户间的关系存在什么特征？在信息不对称情形下，乳企和奶农分别会有怎样的行为？在分析的基础上，绘图呈现生鲜乳生产—检测环节生鲜乳质量安全问题的成因。

（3）乳制品加工—销售环节。围绕以下问题展开：根据商品提供者与消费者之间的信息不对称程度，商品可以划分为几种类型？乳制品属于哪种类型？在信息不对称情形下，乳企和消费者分别会有怎样的行为？在分析的基础上，绘图呈现乳制品加工—销售环节生鲜乳质量安全问题的成因。

4. 总结与提高

总结本课程主要内容，并提出新问题：如何设计"利益共享、风险共担"的契约联结机制？如何设计信息传递机制？

（六）资源载体

（1）教学案例：三聚氰胺事件、假冒"雅培""贝因美"品牌的婴幼儿乳粉案件，伊利、蒙牛、光明等乳企的供应链创新与实践案例。

（2）数据资料：中国不同奶牛养殖规模占比情况、我国大规模奶牛养殖情况的变化、全球主要国家平均奶牛养殖规模情况。

（3）教学资源（企业榜单）：全球乳业 20 强企业排行榜。

（4）学术文献：企业自建牧场模式能否真正降低乳制品安全风险，基于质量安全的乳制品供应链主体行为协调研究，*Testing at the Source: Analytics-Enabled Risk-Based Sampling of Food Supply Chains in China*。

（5）作业：比较分析中国与新西兰、澳大利亚、美国、荷兰等奶业发达国家在乳制品供应链运作模式上的差异;分析双循环新发展格局下我国乳业双循环发展面临的痛点与难点。

(七)特色与创新

(1)深入开展科教融合与产教融合。聚焦中国经济发展实践与国家战略,从生产实践和科研成果中提炼教学素材,构建了基础性与前沿性有机融合的课程内容体系,提升了课程的深度、难度与广度。

(2)问题导向的教学模式。通过设置问题链主导教学,采取教师主导与学生讨论并重的教学模式。

(3)多措并举的教学方法。引入案例教学法、问题教学法、启发式教学法、探究式教学法、讨论式教学法、比较教学法等多种方法。

教 学 成 效

1. 课程思政教学体会与反思

(1)课程思政要以专业知识传授为内核,以学科学术体系为基,以立德树人为要。要落实课程思政的"育人"之义,需要以知识传授为内核,以能力培养为路径,并最终彰显价值塑造之意蕴,且三者贵在"一体"。三者如果脱节,将无法实现立德树人目标,同时也会影响课堂教学效果。

(2)促进学科学术体系构建与专业课思政建设的有效统一。课程育人作用的发挥要以专业建设为依托,并需要学科建设的强力支撑,关键要做好学科知识体系构建与课程思政建设的有效统一。

2. 相关评价

本课程深受学生喜爱,历届学生对课程评价结果均为"优秀",认为课程体现了理论性、思想性与实践性的有机融合。根据课程考核及调查结果,学习本课程后,学生查阅文献资料解决问题的能力、书面表达和口头表达能力、PPT制作规范性等都得到提升,得到后续课程任课教师的好评。学生的自主研究性学习能力得到提高,发表了多篇学术论文,获得了多项国家级大学生创新创业训练计划项目,在各类学科竞赛中获得了特等奖、一等奖的好成绩。

本课程多年接受学校新进教师观摩,得到一致好评;学校督导对课程的教学效果和示范作用给予高度评价。

同行专家认为"课程教学内容与课程思政深度融合,实现了知识、能力、素质的有机融合和协同提升"。

物流产业的创新与创业典型教学案例

供应链韧性

学院名称	经济与管理学院	课程名称	物流产业的创新与创业
主讲教师	王健	教师职称	教授
授课对象	物流管理、物流工程专业三年级本科生	课程性质	专业必修课

课程简介

"物流产业的创新与创业"是福州大学"十大跨学科创新创业课程"之一,是物流管理与物流工程专业的专业必修课,是一门建立在物流与供应链管理理论、创新与创业管理理论基础上的"专创融合"特色课程,主要研究物流与供应链创新发展过程及其规律,具有理论的综合性、内容的丰富性和较强的实践性等特点。课程于2019年入选省级一流本科课程,2023年入选第二批国家级一流本科课程。

课程讲授内容分为创新管理、创业管理、中国物流业发展历程与前沿、供应链创新与应用四个专题,主要包括创新的概念与内涵、创新的类型、创新模式及其演进规律、国家创新系统与企业家精神、创新生命周期与创新战略、开放式创新与自主创新、创业类型与过程、中国物流业发展历程与前沿、物流业新技术新业态新模式、供应链创新理论与实践等主题。课程采用项目式教学方法,由课堂教学、项目研究、著作阅读、文献阅读等教学活动组成。通过课程学习,学生将掌握创新与创业基本理论与方法,智慧物流的构成要素、技术与创新模式,供应链韧性的内涵与建设路径,数字供应链的架构、要素、技术与创新模式等内容,能够运用创新理论与方法综合分析物流与供应链领域的复杂问题。课程坚持以"知识严谨、思维缜密、情感温暖"为标准,贯彻"价值塑造、能力培养、知识传授"三位一体的教学育人理念,强调培养学生的探索精神、创新意识和家国情怀,增强学生的职业使命感与社会责任感。

教学目标

(1)价值引领:增强爱国情怀、职业使命感与社会责任感;培养"风险-韧性"思维,提高科学应对困难和挑战的能力与信心,增强心理韧性;领悟供应链战略联盟的重要作用,培养开放合作共赢的精神;树立科学发展理念,提升科学素养。

(2)知识拓展:理解韧性的定义与特征,掌握供应链韧性的概念与内涵;掌握供应链韧性测度指标;掌握战略层面、规划设计层面、运营管理层面供应链韧性提升策略。

(3)思维训练:养成关注供应链各环节之间联系的思考习惯,养成注重供应链各要素之间联系的整体性思维方式,形成全局视野和系统思维,培养供应链思维;培养逆向思维。

(4)能力建构:具备"提出问题—分析问题—解决问题"的能力;具备抽象能力,能够运用数学抽象思维分析供应链韧性演进过程及测度指标；能够利用供应链韧性理论，综合分析企业供应链中断风险与缓解策略。

思 政 元 素

创新精神，科学素养，家国情怀，职业使命感与社会责任感。

案例实施路径与方法

（一）育人理念

胸怀祖国、放眼世界、勤学修德、追求卓越。

（二）实施思路

立足学科背景，挖掘课程中的思政元素，开展课程思政教育。

（1）依据课程所归属或服务的学科和专业进行挖掘。立足物流与供应链学科背景，结合学科专业原理、行业发展实践、学术研究成果等，挖掘其中所蕴含的思政元素。

（2）结合国际国内时事进行挖掘。关注中美贸易战、新冠病毒感染等国际国内时事、社会热点问题、重大事件，挖掘有利于培养和训练学生科学思维方法和思维能力的内容进行教学。

（3）融入课堂教学。采用多种教学方法，通过创设问题情境培养学生分析问题、解决问题的能力，让学生在解决问题的过程中认识问题和知识背后所蕴含的理论思维、方法论和价值判断。

（三）思政元素融入方式

（1）供应链韧性的概念与内涵：通过理论阐释供应链韧性系统，使学生深刻理解系统受到冲击后的必经阶段以及高韧性系统的特征，引导学生在面对冲击后能理性认识心理变化，增强心理韧性。

（2）供应链韧性测度指标：通过学理性阐释、引入学术文献等途径，帮助学生树立科学发展理念，提升科学素养。

（3）供应链韧性提升策略：通过案例，引导学生领悟供应链战略联盟的重要作用，培养学生开放合作共赢的精神。通过国内外企业供应链管理水平的对比，增强学生的家国情怀、职业使命感与社会责任感。

（4）课后作业：布置作业"芯片供应危机与汽车供应链韧性提升策略研究"，增强学生的家国情怀、职业使命感与社会责任感。

（四）教育教学方法

主要采用案例教学法、问题教学法、启发式教学法、探究式教学法、讨论式教学法、比较教学法等。

（1）韧性的定义与特征。采用图解法，逐层剖析韧性理论；通过动态图示与比较分析法，讲解韧性系统的主要特征。

（2）供应链韧性的概念与内涵。采用图解法与比较分析法，设置问题链，引导学生对供应链韧性的认知观从"结果"向"过程"转变。

（3）供应链韧性的测度指标。采用图示法，设置问题链，引导学生分析单一测度指标、综合测度指标，并启发学生从逆向损失角度构建测度指标。

（4）供应链韧性的提升策略。采用案例教学法与比较分析法，引导学生思考并提炼案例中蕴含的供应链韧性提升策略。

（五）教学活动设计

1. 第一阶段：导入主题

【教师导入案例】"新冠疫情下汽车供应链危机""疫情给不同国家或地区带来的全球供应链中断比例"。

【教师引导学生思考】疫情冲击下，企业供应链受到哪些影响？

2. 第二阶段：展开阐述（供应链韧性的概念与内涵）

【教师讲解】在讲解韧性理论的基础上，引导学生通过二维坐标图展示供应链受到冲击之后性能的变化。

【教师提问，学生思考，教师总结】引入学术界对供应链韧性的定义，引导学生比较分析观点差异；在学生讨论的基础上进行总结。

【教师提问，学生思考，教师讲解】鼓励学生从物流与供应链专业的角度思考：受到冲击之后，供应链性能是否会立即下降？在讨论的基础上，完善供应链韧性演进图。

【教师提问，学生小组讨论，教师总结】供应链受到冲击之后，可能会恢复到哪几种状态？在讨论的基础上，绘图展开分析。

3. 第三阶段：深入研讨（供应链韧性的测度指标）

【教师引导】引导学生基于供应链韧性演进阶段，从准备阶段、抵御阶段、恢复阶段逐一分析供应链韧性测度指标。

【教师提问，学生思考，教师讲解】解释不同阶段供应链韧性对应的能力的含义。通过图示对比，引导学生观察、比较，并尝试分析吸收能力、适应能力、恢复能力刻画指标的表达式。

【教师提问，学生思考，教师讲解】引导学生从系统的角度设计综合测度指标，培养系统思维。在讨论的基础上，构建综合测度指标。

【教师引导学生研读文献】引入文献，师生共同讨论文献研究背景、研究问题、思路及创新点。

【教师提问，学生思考，教师讲解】如何从逆向的角度进行思考？在讨论的基础上，构建供应链韧性损失面积的测度指标。

4. 第四阶段：深入研讨（供应链韧性提升策略）

【教师提问，学生思考】引入3个案例，分别介绍案例背景与企业决策思路，引导学生分组讨论案例中蕴含的经验启示。

【教师总结、拓展】从战略、规划设计、运营管理层面总结供应链韧性提升策略。进一步，从"全球12个最佳供应链企业""全球供应链25强榜单"与我国供应链体系建设政策等方面进行拓展。

5. 第五阶段：总结提高

【教师绘制思维导图进行总结】总结本课程的知识体系，引导学生注重训练数理思维、系统思维与逆向思维。

【布置作业】查阅资料，运用供应链韧性理论，分析代表性汽车芯片生产企业、汽车企业面临的主要风险及其韧性提升路径。

（六）资源载体

（1）学科专业理论：基于过程观的供应链韧性理论。

（2）学术文献：面向突发事件的电网韧性能力评价及构建方法，*Managing Supply Chain*

Resilience in the Era of VUCA。

（3）教学案例：芯片危机下诺基亚与爱立信的胜败抉择、爱信精机火灾导致丰田公司刹车配件断供案例。

（4）教学资源（企业榜单）：全球12个最佳供应链企业、全球供应链25强榜单。

（5）作业：芯片危机下中国汽车供应链断供风险及应对策略。

（七）特色与创新

（1）注重科研反哺教学。教师聚焦中国经济发展实践，并将韧性理论、供应链韧性测度指标、供应链韧性提升策略等科研成果带进课堂。

（2）问题导向的教学模式。课程通过设置问题链主导教学，采取教师主导与学生讨论并重的教学模式。

（3）多措并举的教学方法。根据教学内容，引入案例教学法、问题教学法、启发式教学法、探究式教学法、讨论式教学法、比较教学法等多种方法。

教 学 成 效

1. 课程思政教学体会与反思

（1）坚持课程思政以知识传授为内核。要落实课程思政的"育人"之义，需要以知识传授为内核，以能力培养为路径，并最终彰显价值塑造之意蕴，且三者贵在"一体"。如果在课堂中生硬植入思政元素，就会出现思政元素与学科专业知识脱节的情况，无法实现立德树人目标，同时也会影响课堂教学效果。

（2）促进学科学术体系构建与专业课思政建设的有效统一。物流类专业课程思政建设，关键要达到中国物流学科知识体系构建与专业课课程思政建设的有效统一，要用中国物流学科知识体系成果赋能专业课课程思政，将科研成果融入教学并转化为教学成果，增强学生的"四个自信"。

2. 相关评价

本课程深受学生喜爱，历届学生对课程评价结果均为"优秀"，认为课程体现了知识性、理论性、趣味性与思想性的有机融合。根据课程考核及调查结果，本课程增强了学生的爱国情怀和担当意识，提升了学生的专业素养、学科思维能力与职业理想，提高了学生的创新精神和科研素养。

学校督导对课程的教学效果和示范作用给予高度评价。

同行专家认为"课程教学内容与课程思政深度融合，实现了知识、能力、素质的有机融合和协同提升"，"课程构建了'专创思'三线融合体系，在'专创思融合'课程建设上具有良好的示范推广价值"。

农村农产品物流与供应链网络最大流问题

学院名称	经济与管理学院	课程名称	运筹学
主讲教师	阳成虎	教师职称	教授
授课对象	物流管理、物流工程专业二年级本科生	课程性质	学科基础必修课

课程简介

"运筹学"是采用系统化的方法，通过建立数学模型，寻求解决方案，支持并达成最佳决策的学科。课程以"优化问题—数学建模—算法求解—实际应用"为主线，有机地融入现代教学方法与手段，采用启发式、研究性教学与探索型学习相结合的教学方式，主要讲授包括线性规划与单纯形法、线性规划对偶理论与灵敏度分析、整数规划、图与网络分析等专题的运筹学问题建模思想及其求解方法。

课程以立德树人、培养学生解决工程复杂问题的综合能力和高级运筹思维为核心。基于运筹学课程教学目标和学习定位，从课程思政、运筹方法、数理工具、运筹思想、应用背景等方面进行了教学内容的整合和凝练；在对实际问题模型化的过程中，融入了辩证唯物主义的基本原理和计算程序流程化的解题思路，以揭示运筹技术深刻的理论内涵；对于一些难于理解和掌握的内容，采用了直观的、学生易于接受和理解的几何描述、辩证思维或经济知识等多种方式进行解释。与此同时，注重课程思政和物流管理、物流工程等领域的实践活动相结合，搭建起本课程与相关专业课程之间的"桥梁"，以便为全面人才的培养和后续专业课程的学习打下良好的基础。

教学目标

（1）知识拓展与思维训练：通过运筹学课程的思想、理论、方法的学习，使学生能够分析并解决物流与供应链中的优化问题，从多维度推衍运筹优化的逻辑内涵，以批判思维建构各类优化问题的数学模型，给出优化决策或统筹配置方案。

（2）能力建构：通过课程拓展资源（各类案例分析、往届校内学生课外研讨精选）的学习与讨论，能够发展学生发现问题、抽象问题、分析及解决问题的理性思维与综合能力，开拓创新能力和创业精神，提升深度学习与自主学习能力以及培养团队协作精神。

（3）价值引领：通过课程内容与教学方式中课程思政元素的挖掘和典型案例的分析与讨论，能够使学生具有正确的世界观、人生观和追求卓越、刻苦务实的精神；具有科学精神，立足学科与行业领域，成为了解世情国情党情民情、践行社会主义核心价值观的社会主义接班人。

思 政 元 素

根植课程特点，提炼思政元素，让课程教学与思政教育同向同行，找准专业知识与思政内涵的契合点，使思政理念无痕地贯穿课程的教学体系、教学内容和教学方法。同时，让价值塑造与知识传授同频共振，将思政元素融入课程的"基本原理—分析方法—工程应用"，潜移默化地将爱国情怀、乡村振兴、扶贫助农、职业道德等思政教育浸润教学全过程，实现育智与育德的有机融合。

家国情怀：在乡村产业振兴大背景下，阐述了物流供应链管理在物流网络中的应用，展现了我国从改革开放到全面小康所经历的艰苦历程，增强学生的民族自信和强国有我的家国情怀。

乡村振兴：插入乡村振兴热点新闻的分享，利用运筹学专业知识，深入研究农村农产品滞销问题，通过自我感悟的方式，使学生明白作为交通强国建设者所肩负的责任与使命。

扶贫助农：强调农村农产品物流网络建设对脱贫攻坚的重要作用，鼓励学生利用建模思想和专业知识，解决农村产业的实际问题，深刻体会扶贫助农对社会主义现代化建设的重要性。

案例实施路径与方法

（一）案例背景

为响应国家扶农助农、乡村振兴的号召，各地政府逐步建设农产品物流网络，构建了以市场调节为主、政府调节为辅的农产品流通体制。近年来，全国各地经常出现农产品销售困难、农民增收延缓等情况，充分说明我国农业发展瓶颈已转移至流通领域中。将分散的农产品汇集到市场，分销给终端消费者，需要构建一套功能完善、结构合理的农产品物流与供应链网络。

（二）探究性思考

农产品物流与供应链网络不通畅，并非是因为农产品供给不足，而是农产品销售渠道单一、运输能力受限等综合因素使网络容量存在瓶颈，进而导致农产品滞销。网络最大流问题是确定网络所能承受的最大流量以及如何达到最大流量的经典运筹学方法。如何用网络最大流模型刻画并解决农产品滞销问题，值得学生深入思考。在运用网络最大流模型进行优化时思考以下四个问题：

（1）农产品物流与供应链网络中如何表示网络最大流中的流量？

（2）农产品物流与供应链网络中如何表示网络最大流中的容量？

（3）如何判断农产品物流与供应链网络的瓶颈？

（4）如何提出农产品物流与供应链网络可行的改进方案？

（三）案例内容

以富川脐橙为例，作为中国国家地理标志性产品，它是广西贺州市富川瑶族自治县的特产，在省内十分畅销。为助力乡村振兴，巩固脱贫攻坚成果，贺州市政府准备对外销的富川脐橙物流与供应链网络进行优化，提高瑶乡地区富川脐橙的整体销量。现欲把瑶乡富阳镇、古城镇、莲山镇3个区域生产的富川脐橙运往广东省、湖南省、江西省、福建省4个省份的水果市场，产地的供应量分别为20万t、20万t和100万t，市场的需求量分别为20万t、20万t、60万t和20万t，产地与销地之间的线路上的容量如表1所示（容量为零表示两点之间无直接的线路可通）。确定现有网络的容量是否能满足市场的需求。若不能，应如何进行改进？

表 1　产销情况表　　　　　　　　　　　　　　　　单位：万 t

产地＼销地	B_1	B_2	B_3	B_4	供应量
A_1	30	10	0	40	20
A_2	0	0	10	50	20
A_3	20	10	40	5	100
需求量	20	20	60	20	—

（四）案例解析

用点 A_1、A_2、A_3 分别表示富阳镇、古城镇、莲山镇的富川脐橙仓库；点 B_1、B_2、B_3、B_4 分别表示广东省、湖南省、江西省、福建省的水果市场；若仓库与市场之间有线路可通，则在对应点间连一条弧，弧的容量就是线路的容量。

增设起始发货点 S，S 分别连接 A_1、A_2、A_3 形成 3 条运输路线，每条路线的容量代表 S 到 A_i（i=1，2，3）的供应量；增设统一收货点 T，分别连接 B_1、B_2、B_3、B_4 与 T 形成 4 条运输路线，每条路线的容量代表 B_j（j=1，2，3，4）到 T 的需求量，得到如下网络（图1）。

问题转化成求 S 到 T 的最大流问题。

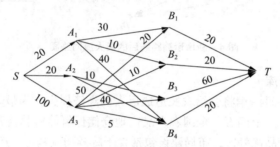

图 1　网络结构图

使用最大流标号法多轮迭代后，最大流网络如图 2 所示。

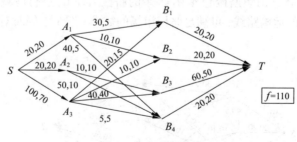

图 2　最大流网络图

由于最大流量 f 为 110，而市场的总需求量为 120，所以现有富川脐橙的物流和供应链网络的容量不能满足市场的需求。

方案一：扩增线路容量

由图 2 可知，江西省水果市场 B_3 富川脐橙的需求不能满足，而莲山镇的富川脐橙仓库 A_3 的供应量尚有余量，将弧（A_3，B_3）容量增至 50，可满足脐橙市场的需求（图3）。

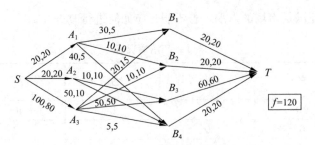

图 3　扩增线路容量后的最大流网络图

方案二：新增运输路线

由于莲山镇的脐橙仓库 A_3 到广东省水果市场 B_1 还有 5 个单位运输能力，故将 A_3 到 B_1 的流量扩增到 20，并且通过农村电商"直播带货"的方式，帮助富阳镇脐橙仓库 A_1 发展出新的销售渠道，新增 A_1 到 B_3 的线路，容量至少为 5 个单位，可进一步满足脐橙市场的需求（图 4）。

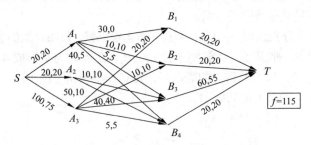

图 4　新增运输路线后的最大流网络图

方案三：建设冷藏仓库

水果具有易腐性，一旦滞销将会给农民造成巨大的经济损失。为最大程度降低农户的损失，2022 年农业农村部出台《"十四五"全国农产品产地仓储保鲜冷链物流建设规划》，明确在生鲜农产品主产区和特色农产品优势区，布局建设包括骨干冷链物流基地、产地冷链集配中心和产地仓储保鲜设施在内的三级产地冷链物流网络。依据中央政策精神，贺州市政府可在瑶乡当地投资建设脐橙冷库，用于存储多余的脐橙，打通富川脐橙供应链"最先一公里"。假设在物流网络图新增一个虚拟仓库 C_1，将莲山镇脐橙仓库 A_3 多余的脐橙运往 C_1 进行冷藏保鲜，从 C_1 新增一条通往江西省水果市场 B_3 的运输路线，可满足脐橙市场的需求（图 5）。同时对多余的脐橙进行冷藏，延长销售季节。

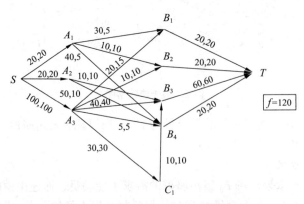

图 5　建设冷藏仓库后的最大流网络图

（五）教学创新

（1）教学方法多样化：对教学方式进行探索与改革，采用多元化的教学方法，加深学生对专业内容的熟悉程度，提高学生课程参与度与活跃度。

（2）思政元素专业化：将知识点与思政元素深度融合，充分发掘农村物流供应链行业及运营管理工作中的思政元素，将热点时政"乡村振兴"融入教学实践案例，在培养学生专业实践能力的同时，让学生牢牢把握服务社会主义建设的主方向。

教 学 成 效

本课程讲解网络最大流问题，在教学过程中把乡村振兴的实际案例与传统教学内容相融合，通过转变教学方式使学生对于专业基础知识有了较深刻的理解，相较单一课程教学有明显改进。引入真实扶贫案例，一方面激发学生的学习兴趣，调动学生主动学习的积极性，使其自主探索能力显著提升；另一方面，在不同教学环节嵌入相关思政教学，加强了学生的职业认同感，培养学生对时政的关注度，专业与思政相辅相成的教学方式取得良好效果。通过言传身教，融情入理，熏陶学生的科学精神与思政素养，启发学生的辩证思维，厚植学生的家国情怀。

基础写作典型教学案例

诗歌形象中的感情优势

学院名称	人文社会科学学院	课程名称	基础写作
主讲教师	上官文坤	教师职称	校聘副教授
授课对象	汉语言文学专业一年级本科生	课程性质	学科基础课

课程简介

"基础写作"课程坚持以提高大学生写作能力为宗旨,针对"互联网+"时代大学生写作的现状,同时结合大学写作教学的困难与挑战,有针对性地解决大学生学习写作中的实际问题,写作理论的阐释追求准确、简明、精到,避免过多的缠绕和旁逸斜出;根据"在实践中提高能力"的原则,精心设计训练程序和训练项目,促进"知"与"行"结合,将知识转化为能力,促进写作水平的提高,突出基础写作的基础性作用。

本课程教学内容侧重以新鲜生动、活泼典型的生活与文学例证,分析讲解写作能力的培养训练规律与技巧,研究写作过程中遇到的现实矛盾和解决方法。重在培养学生思辨能力、表达能力、实践能力和创新能力。有效地利用"互联网+"时代优势引导学生积极书写中国形象和中国故事,帮助学生树立正确的世界观、人生观和价值观,提升学生的文化品位和文化自信。

教学目标

(1)价值引领:践行优秀传统文化是当代青年的既定目标,培育正确的世界观、人生观、价值观是当代大学生的责任和使命。以文化自信的战略理念来指导课程建设,培养学生的文化自信心和民族自豪感。

(2)知识拓展:通过对诗歌、散文和小说等基础文体知识的学习,具备较高的文学作品阅读能力和分析能力,增强学生热爱中华优秀文学作品的感情,提高学生对基础文体美感的表现力和鉴赏力,提高学生的理想境界与文化品位。

(3)思维训练:目标是将知识转化为能力,关键是在写作思维及实践中融入课程思政元素,满怀"中国心"书写"中国故事",做到知行合一。增加基础写作课程的趣味性与实践性,引导学生树立正确的世界观、人生观、价值观。

(4)能力建构:基础写作的课堂模式偏向理论灌输式,如何让学生在课堂上由被动变主动,是当下文学写作课程面临的困惑和挑战。利用传授基础写作理论的教学方式,引导学生进行写作实践的自觉尝试。

思 政 元 素

政治认同：政治抒情诗直露地表达诗人的政治信仰，甚至以标语口号来替代感情的抒发。诗歌的主题是对政治认同的感情和行动的宣扬，大量运用比兴象征、托物言志等艺术手法。

家国情怀：中国人的家国情怀自古以来便以诗歌形式深深扎根在每一个中国人的内心深处。舍身为国，胸怀社稷，无论何时身处何地都心念祖国。这种家国情怀和思想境界，恰如范仲淹的"先天下之忧而忧，后天下之乐而乐"。

文化素养：诗歌鉴赏素养是个人对古代、现代诗歌的阅读和鉴赏能力的综合表现，重点包括对诗歌作品的认识、感受与欣赏等。诗歌鉴赏素养就是一种发现美、鉴赏美的过程，在此过程中具备审美鉴赏能力，从而激发创造能力。具备这种创造能力，便会在一定程度上提升自身的文化修养。

宪法法治意识：挖掘和推广文艺作品中的法律意识。多数中国人都是从戏曲、小说、诗歌等文学艺术作品中间接地获知法律知识和逐步形成法律思维的。文学艺术以情为本，法律以理性为本，但理性必须通过感性的文艺作品走进千家万户。

道德修养：传统道德观念指导着诗歌创作，诗歌作品体现传统道德价值。注重道德修养，以担荷政治责任，是诗人群体的共性。"舍生取义"在古代诗歌中表现为三个方面：赤胆忠心的爱国情操，扬善惩恶的社会正义感，重义轻利的义利观。

社会主义核心价值观：传播中华优秀诗词文化是弘扬和践行社会主义价值观的重要内容。作为诗人要勇立潮头，义不容辞地担当起历史重任，讴歌真、善、美，鞭挞假、恶、丑，弘扬主旋律，以饱满的热情积极践行社会主义核心价值观。

案例实施路径与方法

（一）育人理念

坚持以学生的发展为中心，坚持具有高阶性、创新性、挑战度（"两性一度"）的目标导向。

（二）实施思路

教学目标提升高阶性，教学内容和教学方法突出创新性，考核设计增加挑战度。时空两个维度、师生两个主体、教学两条主线。实施上，课前、课中、课后融会贯通，线上线下相辅相成。融合"最近发展区"理论，激发学生自主学习，师生同频共振。

（三）思政元素融入方式

引入体现家国情怀和文化素养的课程思政案例，通过对诗歌案例的分析和讲解，激发学生践行社会主义核心价值观，传承和发扬中华优秀传统文化，增强文化自觉和文化自信。

（四）教育教学方法

依托在线开放课程资源，使用现代信息技术，综合启发式讲解、传统板书、现代多媒体软件、慕课堂智慧教学等手段，适时设疑，师生互动交流，理论联系实际，启发式教学与案例教学、发散思维与收敛思维有机结合。

（五）教学活动设计

教学内容：诗歌形象中的感情优势。
知识点：生活特征的普遍化和类型化。

重点：自我感情的主动化、强化和深化。
难点：古典的、浪漫的、象征的三种意象符号。
案例——同样写春天，李白和辛弃疾的不同。
李白：寒雪梅中尽，春从柳上归。
辛弃疾：城中桃李愁风雨，春在溪头荠菜花。

同样是春天的概括特征，在李白的笔下，"寒雪梅中尽，春从柳上归。"生活的特征是概括的，感情的特征是特殊的，由于选择了一个非常独特的假定性契合点形成了一个新的结构使双方都升华了，当然更主要的是感情优化了，尖端化了。好像残雪只有在梅花中才融化，而发绿的也只有柳条似的，好像在梅花以外，雪不再融化，而除了柳条，植物都没有返青似的。但是，读者却欣然领悟了这种假定性的"片面"选择，谁也不会把它误解为盲目的选择。因为春天最早开花的是梅花，最早发芽的是柳条，让雪花在梅花中消融，让春天从柳条上归来，对于客体生活特征来说是一种选择，同时又是一种假定，对于诗人的感情来说是在假定性中的强化；对于假定性契合点的探求来说，是一种发现，对于意象符号创造来说，是一种更新，只有意象符号更新了，感情特征才真正地被强化到了占主导优势地位。诗人探求这种境界，是为了自我感情特征和意象符号的同步更新。在诗中，意象符号只要用到第二次就老化了。老化就是弱化，只有更新才能强化，因而诗人力求不断变换自我特征和客体特征的假定性契合点。同样是写春天，辛弃疾就和李白不一样："城中桃李愁风雨，春在溪头荠菜花。"春深了，桃李花开始在风雨中凋零，荠菜花却安静地开着。这是类的特征，这是春天的普遍现象，但是把美好感情集中在农村朴素的荠菜花上，而不是城市色彩艳丽的桃李花上，这是假定性契合点的发现，辛弃疾那热爱农村生活的特殊感情被强化了。关键在于找到新的意象符号，农村春天朴素的美比之城市艳丽的美更经得起风雨的考验，把这样特殊的感情寄托在向来为抒写春天的诗歌所忽略的荠菜花上，这种勇敢的假定使读者的心理产生了一种新的惊异。诗人对生活特征的提炼和对自我感情特征的强化是离不开对假定性契合点的更新的。诗人的个性，诗人的创造，还有诗人的感情特征，往往就从更新的假定性契合点上发出强光来。

（六）资源载体

课前学生预习教材，课上教师讲解案例，课后学生温习在线课程资源。理论传授与创作实践相结合。在掌握写作理论知识的基础上，同时关心具体的写作实践成果。

（七）特色与创新

对于思政案例的解读，一般采取导入主题、展开阐述、深入研讨、巩固加深、总结提高等五个步骤。在"文化自信"的时代旗帜下，检讨写作理论和实践中内蕴的优秀传统文化，改变现有的"重理论阐释，轻创作实践"的教学模式，将文学写作教学从精深细碎的理论教学走向生动有趣的创作实践。

既重理论素养，又重能力提升，是文学教育中理论与实践相结合的最佳典范。改变现有理论解释的教学模式，以文化为指归，增强课堂的学习气氛。变革传授知识的教学目标，以培育健全人格为目标，注重学生的道德养成。改变文学创作"空中楼阁"的课程建设，密切联系时代的呼唤，服务好社会的需求。

教 学 成 效

（1）经验反思：加强理论知识和写作实践的双向互动和互相印证。积极激发学生的创作热情，用感性的文学语言书写中国形象，在写作过程中产生知识共鸣、情感共鸣、价值共鸣，不断塑造学生健康向上的学习态度和理想信念，坚定中国特色社会主义道路自信、理论自信、制度自信、文化自信。

（2）考核评价：在教学全过程中，任课教师设计课程内容和平时作业，记录学生的完成情况。结合线上学习和测验，任课教师对授课内容及时进行微调。

本课程采用"评学"机制，要求学生课后进行写作实践，便于教师跟踪把控。课程结束后，主要分析本学期教学相关数据，包括课程目标达成评价、当前学生作业完成情况、学生对课程反馈的调查问卷。问卷内容主要涵盖教学内容、教学方式、作业设置，特别注重写作能力提升/欠缺的调查反馈，并以此为据，促进后续教学质量的提升。

（3）示范效应：本思政课题的实施，有益于提高课堂的抬头率与学生创作的积极性，有利于学生树立正确的世界观、人生观、价值观。本案例不仅在本校汉语言文学的专业教育中得到了应用和实施，也在同类院校的基础写作课程建设中起到了一定的典范作用。

土木工程材料典型教学案例

水泥混凝土单元的思政设计及教学融入

学院名称	土木工程学院	课程名称	土木工程材料
主讲教师	黄利频	教师职称	副教授
授课对象	工程管理专业、土木工程专业二年级本科生	课程性质	学科基础课

课程简介

土木工程材料是一切土木工程的物质基础，建设类工程技术人员必须了解和掌握土木工程材料的性质、用途、使用以及检测和质量控制方法。通过课程学习，使未来的建筑工程师掌握必备的土木工程材料基本知识及实验技能，熟悉常用材料的性能，能针对不同工程合理选用材料，并能与后续专业课程紧密配合，理解材料与土木工程设计、施工的相互关系，为专业课程学习及今后的研究工作打下基础。

教学目标

（1）掌握常用土木工程材料的基本性质、用途和使用方法，以及检测和质量控制方法，了解土木工程材料的制备、结构与性能的关系，为学习后续专业课程，理解材料与土木工程设计、施工的相互关系打好基础。

（2）掌握常用土木工程材料的检验和质量控制方法，具有一定的实验操作能力。初步具备针对不同工程合理选用材料的能力。

（3）具备实事求是的工作作风，理解土木工程材料的研发和应用要满足节能、生态环保、安全高效、耐久性的土木工程可持续发展要求，了解工程师应担负的责任，具备工程思维和创新意识。

思政元素

结合土木工程材料课程的教学内容、课程特点、思维方法和价值理念，以加深学生的课程学习效果、塑造价值为目的，重点选择了以下四个思政核心元素：家国情怀、工程师职业素养和社会责任感、环境保护和可持续发展理念、创新精神。由此确定本课程的具体思政目标：

（1）围绕坚持和发展中国特色社会主义、实现中华民族伟大复兴这一主线，把爱国主义教育、职业自豪感贯穿课程教学始终，教育学生努力学习，用自己所学报效祖国，投身国家建设。

（2）围绕课程教学，着重培养学生具备未来工程师的职业素养、责任意识、安全意识、遵守行业标准和规范的意识。

（3）让学生认识到土木工程材料向环境保护和可持续方向发展的重要性和紧迫性，使绿色、可持续发展理念深刻融入学生心里。

（4）让学生感知土木工程材料学科的发展给工程建设带来的巨大变革，理解土木工程材料学科研究的重要性，引导学生扩展思维，热爱研究，树立终身学习理念，具备工程思维和创新意识。

案例实施路径与方法

在明确思政目标的基础上，深入挖掘思政元素，进行思政教育与知识、能力、素质全面融合的思政设计。具体做法是，以学生学习成果导向教育（OBE）理念为依据，通过课堂讲授、案例学习、开展线上线下混合式教学强化过程学习、改革实验课程内容等方式，将思政与知识能力双重目标分解细化到具体的教学内容中，做到明确实施途径和方式，"润物无声"地将思想教育融入课程教学各个环节。

水泥混凝土是本课程最重要的章节之一，教学内容包括混凝土的组成材料、普通混凝土的主要技术性质、普通混凝土的质量控制、普通混凝土的配合比设计、其他品种混凝土等各小节。具体思政教育实施路径与方法如下：

1. 家国情怀培养的教学设计

结合相应知识点，将授课内容与工程实际紧密联系，让学生了解我国水泥混凝土生产现状，在三峡水利工程、港珠澳大桥（图1）等超级工程以及众多大型基础设施建设中取得的巨大成就，感知土木工程领域材料的飞速发展，学习背后蕴含的与混凝土材料研究相关的科技元素。讲述吴中伟院士、孙伟院士等行业前辈在水泥基材料基础研究、高强高性能混凝土的研究和工程应用中勇于探索的事迹，弘扬他们的艰苦创业精神和爱国情怀。同时，教育学生不仅要有爱国热情，更要体现在报效祖国的具体实践中，用爱国主义情怀激发学生学习专业知识的热情。

图1　超级工程港珠澳大桥

2. 工程师职业素养和社会责任感培养的教学设计

1）采用线上线下混合式教学，夯实理论知识

在福大课程中心建设课程平台，将课堂面授与线上学习相结合。加强过程考核，把课堂考勤、随堂小测、作业、单元测验等纳入期末成绩评定。学生平时学习时间投入加大，学习效果普遍提高，教师也能及时掌握学生学习情况并给予帮扶，帮助学生达成课程目标。

2）未来工程师责任意识、安全意识的培养

在混凝土和易性、强度、耐久性、变形性能等知识单元，结合工程实际开展讲解，使授课内容与实际不脱节，引导学生灵活运用混凝土基础理论知识分析和解决工程实际问题。强化混凝土工程安全的重要性教育，提高学生的质量意识、安全意识。例如，在讲解混凝土细骨料性能时，和学生分析了国内一些工程采用海砂建楼造成危楼丛生的现象；在讲解混凝土强度的影响因素时，列举了江西丰城发电厂三期扩建工程发生冷却塔施工平台坍塌造成73人死亡的特别重大事故；在讲解混凝土耐久性时，列举了我国在工程建设早期因不重视混凝土工程耐久性设计所引发的各种触目惊心的结构破坏（图2）。通过这些案例，让学生认识到质量是工程管理中的核心，是作为未来的工程师身上所担负的责任，教育学生要忠于职守，求真务实，用科学严谨的态度对待工作。

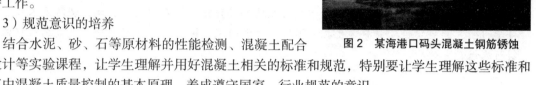

图2　某海港口码头混凝土钢筋锈蚀

3）规范意识的培养

结合水泥、砂、石等原材料的性能检测、混凝土配合比设计等实验课程，让学生理解并用好混凝土相关的标准和规范，特别要让学生理解这些标准和规范中混凝土质量控制的基本原理，养成遵守国家、行业规范的意识。

3. 环境保护和可持续发展理念培养的教学设计

土木工程材料行业要向环境保护、可持续方向发展，这一理念的教育一直贯穿于本课程始终。在混凝土的组成材料知识单元，增加了机制砂、再生骨料、再生混凝土等内容；在讲解混凝土矿物掺合料时，强调使用工业废料配制混凝土的重要意义，并适当引入当今水泥基材料研究成果来讲解矿物掺合料对混凝土性能的改善作用，使学生认识到，不断研发新型可持续发展的土木工程材料是一项意义重大且紧迫的任务，作为未来的工程师必须清楚地认识到这一点，要在今后的科研和工作中积极研发、使用新型建筑材料，为土木工程材料的可持续发展贡献出一份力量。

4. 创新能力培养的教学设计

结合相关工程案例讲解知识点，引导学生积极思考，如在讲解混凝土温度变形时，列举上海金茂大厦主楼基础超深高强大体积混凝土裂缝控制实例，详细介绍科研人员为解决大体积混凝土水化热问题，从原材料选用、优化混凝土配合比及施工技术组织等方面进行的技术攻关；以混凝土耐久性为主题，要求学生课后开展文献检索，了解港珠澳大桥、杭州湾跨海大桥等工程在提高混凝土耐久性方面采取的措施，引导学生应用掌握的知识来分析和解决问题，让学生切身感受到土木工程材料在工程建设中发挥的巨大作用。推荐适合本科生学习的行业期刊，鼓励学生课后查阅文献，了解混凝土材料的工程运用和最新的研究进展；向学生介绍自己的科研工作，充分利用教师的科研成果丰富教学。此外，改革土木工程材料实验课程，开展高性能混凝土配合比设计与试验，使学生加深对设计原理的理解，提高分析能力。

教　学　成　效

以立德树人为中心任务，将弘扬社会主义核心价值观、工程思维和创新意识的教育融入人才培养过程中是每一位教师的职责。开展土木工程材料课程思政教学改革后，进一步激发了学生的学习动力和专业志趣，使其加深了对本专业的认知，学生对土木工程材料学习的兴趣提升，学习积极性和课堂参与度提高，课程也一直深受学生欢迎，每年的学生评教成绩均在90.00分以上。

作为指导老师，本人指导了三项以土木工程材料为研究课题的本科生科研训练计划项目（SRTP），内容涉及钢筋混凝土结构工程耐久性失效的调查研究、自密实混凝土力学性能试验研究、大掺量矿物掺合料再生混凝土碳化性能试验研究等。在此基础上，指导本科生以第一作者发表论文一篇。指导学生参加了三届全国大学生混凝土材料设计大赛（图3），学生团队获得了一次二等奖、二次三等

图3　参加全国大学生混凝土设计大赛

奖的优异成绩。学生在分析问题、解决问题的过程中创新能力有所显现。

　　此外，通过课程思政的实施，本人也更加清楚地意识到教师肩负的使命和社会责任，只有不断提高自身素质，夯实专业知识和教学水平，才能不断提高教师思政建设的能力，担负好教书育人的光荣使命。

材料科学前沿与商业应用典型教学案例

探索稀土永磁产业创新发展之路——以中科三环为例

学院名称	材料科学与工程学院	课程名称	材料科学前沿与商业应用
主讲教师	于岩、王晨	教师职称	教授
授课对象	材料科学与工程专业一年级本科生	课程性质	学科必修课

课程简介

本课程顺应当前材料学科交叉和产业跨界的趋势,立足于帮助学生了解和认识国际前沿学术发展、最新研究成果和实践经验,培养学生的批判性和创造性思维,激发创新创业灵感,注重创新创业有关知识、能力、素质的有机融合,理论和实践统一,组建专业交叉的教师团队,培养学生的创意创新意识、创新思维、创新方法、创新技能,以及创业思维、方法和能力。为培养学生对材料学科研究的兴趣、树立志向、坚定信心打下基础,并为其将来开展科研训练活动与写作毕业论文提供知识储备。引导学生理论联系实际,培养学生"理性、批判、敬业、创新"的精神。

教学目标

(1)引导学生理论联系实际,培养学生"理性、批判、敬业、创新"的精神。

(2)了解材料专业的特点、基本定义,熟悉不同材料的制备过程、性能特点和应用领域,并能用科学的语言进行描述。

(3)通过文献和资料研究,了解材料领域的研究成果与最新进展、设计思路、工程应用及创新成果,分析他人解决复杂工程问题的思路。

(4)认识材料专业对于社会发展的重要性,能够从社会、健康、安全、法律以及文化的角度评价材料企业和行业产生的影响。

(5)熟悉材料产业和材料企业的相关管理原理与经济决策方法,了解其在多学科环境中的应用。

(6)学习材料专业科学和工程研究的方法与思想,具备知识的消化吸收、自我学习能力以及终身学习的意识。

思政元素

在课堂讲授中,一方面通过讲述师昌绪、王震西等材料科学家如何突破国外技术封锁,提高我国材料领域研究水平并将其实际应用的事迹,激励学生锐意进取的科学精神;另一方面通过介绍我国新材料的发展现状及其在国家、社会、经济发展中的重要作用，启发学生学以致用、理论联系实际。

案例实施路径与方法

（一）案例设计总体思路

（1）课程思政与专业知识教授有机融合，寓价值观引导于知识传授之中，培养学生的专业自豪感，形成科技报国的价值理念。

（2）构建"课堂问题和案例驱动、课后主动自学"的教学模式。

（3）采用"引导—提问—案例—归纳—自学"的教学策略。

（二）导入教学主题

先启发学生从寻找身边的永磁材料开始，导入主题——永磁材料的种类和应用。结合学生找到的身边触手可及的永磁材料，采用精美的动画和多媒体生动演示，引出永磁材料的定义，让学生感受到所学知识的实际价值，从而产生好奇心，激起学习新知的欲望。适时设疑，启发学生思考，调动学生学习的积极性。

（三）结合教学内容的深入研讨

（1）我国的稀土永磁材料行业现状：中国拥有丰富的稀土资源，目前已经成为全球最大的稀土永磁材料生产基地和出口基地，稀土永磁产业在全球具有较强的竞争力。

（2）我国的稀土永磁材料企业和科研院所：中科三环、厦门钨业、宁波韵升等企业，中科院、钢研院、浙江大学、北京工业大学等科研院所。代表性人物有王震西院士、李卫院士、沈保根院士、都有为院士等。

（3）稀土永磁材料的知识产权：国外和我国针对稀土永磁材料的知识产权保护措施，以及相关的诉讼争端。

（4）稀土永磁行业存在的问题：上游稀土资源的过度开发，导致中国稀土资源保有储量不断下降，生态环境破坏严重。引申介绍我国在这方面采取的相应措施，以及我国科技工作者在这方面的贡献，包括高端、特种稀土永磁材料的设计、研发和工业化生产。

将以上内容以问题式导入的方式，让学生感受所学知识与前沿热点的结合，启发学生的联想思维，让学生理解工程项目的实施不仅要考虑技术可行性，还必须考虑其市场相容性，即是否符合社会、健康、安全、法律以及文化等方面的外部制约因素的要求。

（四）具体思政案例

大到风力发电、新能源汽车，小到智能手机摄像头、计算机硬盘驱动器，都少不了一种材料——钕铁硼稀土永磁材料。它是制造高效能、小型化、重量轻的磁性功能器件的理想材料，对许多新兴应用领域产生了革命性影响。

1983年，日本科学家宣布研制出第三代稀土永磁材料，引起了全世界的关注。"当时我就意识到，这极有可能成为未来支撑全球高新技术发展的关键材料。如果我们不能迅速实现技术突破，很可能会在未来很长时间内面临国外的技术封锁。"中科三环董事长、中国工程院院士王震西说。

当时，王震西还是中科院物理所的一名科研人员，他带领团队反复试验，经过120多个日夜的奋战，终于在1984年2月成功研制出我国第一块钕铁硼稀土永磁材料，使我国成为国际上少数几个研制出第三代稀土永磁材料的国家。此时距日本和美国企业研制成钕铁硼永磁材料仅4个多月时间。1985年，中国科学院三环新材料研究开发公司正式创立。"'三环'的寓意，正是希望将科研、生产、市场三个环节紧密联结起来，进行科技成果产业化的新尝试、新探索。"王震西说。

自创立时起，中科三环就一直把创新作为培育核心竞争力的基石。企业承担了"高档稀土永磁钕铁硼的产业化及其应用"等一系列国家"863"计划新材料重大项目及各级政府的自主创新项目，对稀土永磁研发、产业化各环节及部分产业前沿领域进行了全面技术攻关，为持续不断的产业升级奠定了坚实基础。

经过30多年创新发展，中科三环取得了一大批具有国际先进水平的创新成果，成为最早开发出混合动力汽车、纯电动汽车驱动电机磁体并产业化的中国企业，最早开发出风力发电机磁体的中国企业，国内最早开发并进入机器人应用领域的钕铁硼企业。目前，公司专利申请总量已达400余件，专利授权量达200余件，其中授权的发明专利60余件，基本涵盖稀土永磁材料制造的全部核心技术。现在，中科三环的产品在全球稀土永磁主流应用市场保持领先优势；公司是以EPS电机为代表的全球汽车电机市场的最大供应商；在全球计算机硬盘主轴驱动电机领域占据约50%的市场份额；是苹果公司产品永磁体的全球最大的两个供应商之一……

在中科三环的辐射带动下，我国的稀土永磁企业蓬勃发展，钕铁硼企业已有200余家，稀土永磁产业也迅速发展为我国新材料产业的代表性产业，产销量占全球80%的市场份额。谈及自己对社会的贡献，王震西谦逊地说："在世界科技发展的变革大潮中，自己没有落伍，也没有成为一个旁观者，在外力的推动下，积极地投身参与进去，还能有所成功，有所收获，为国家做了一些实际的贡献，也为后来的年轻朋友积累了一些有益的经验教训，为他们铺了一点路。"

教 学 成 效

本课程面向材料专业的大一新生进行授课，课程涉及的专业知识深度尽管较浅，但知识面的广度宽，在教学过程中可融入更加丰富多元的思政元素，使低年级学生形成正确的价值观、激发和培养其爱国情怀和时代使命感。本课程通过课程思政教育和专业知识讲授相互协作，展现出了良好的教学效果，让专业课的育人效果更上一个台阶。

在课堂交流和课程考核过程中，通过开放性的论题引导学生积极思考，进而自主调研新时代中国特色社会主义建设过程中涌现出的新材料设计、研发和工业化生产相关案例。学生通过查找资料，了解到背后辛勤付出的专家和工程师们，让学生铭记他们爱岗奉献、勤劳专注的精神，也让学生认识到材料专业知识以外的人性考量和价值关怀，重视在科学工作中的价值观念、社会责任和行为规范。通过本课程的学习，大一的学生对材料专业有了全面的了解，展现出了浓厚的专业兴趣，树立了学好知识和材料报国的信念。

从大疆崛起谈无人机航空摄影测量的应用

学院名称	土木工程学院	课程名称	摄影与摄影测量
主讲教师	方绪华	教师职称	副教授
授课对象	全校本科生	课程性质	通识选修课

课程简介

"摄影与摄影测量"课程将数码摄影技术与数字摄影测量技术有效地结合在一起，系统地介绍无人机空中倾斜摄影测量作业的全过程。本课程以数码摄影及航空摄影测量的基本理论为基础，以无人机低空摄影测量的内、外业的作业技能为重点。学生修完本课程，能够应用所学知识解决摄影与摄影测量以及基础信息获取有关的实际问题。

知识方面：在掌握数码摄影基本技能的基础上，让学生能正确理解无人机倾斜摄影测量的基本原理，掌握无人机空中倾斜摄影测量项目全过程操作步骤，并了解无人机倾斜摄影测量的应用领域。

能力方面：使学生具备无人机摄影测量外业操作技能和真三维建模技术，通过对真三维地面模型的误差分析和工程应用，培养学生解决复杂工程问题的基本能力。

素质方面：通过真三维建模软件的操作训练，培养学生应用计算机与信息技术的能力；通过无人机摄影测量课程平台，让学生不断学习新知识、掌握新技能，不断提高自己的专业水平和综合素质；培养大学生独立思考、勇于创新的精神。

教学目标

（1）价值引领：大疆创新科技有限公司（以下简称为大疆）始终践行全新的文化和价值观，将卓尔不群的产品之道贯穿到每一个细节，展现科技的无限可能。以大疆的大国情怀和火热初心引导学生踏实做事、不断奋斗、不断创新，让中国科技走在世界前端。

（2）知识拓展：大疆无人机的创新技术优势是飞控系统。飞控系统包括飞行姿态控制和导航，以先进的控制算法为航拍无人机的飞行和操控带来了很高的控制品质。通过讲解使学生感受到机电一体化、智能算法带来的无限创新前景，引导学生充分关注人工智能技术在土木智能建造领域的应用，让学生将传统工科专业技术与现代技术深度融合。

（3）思维训练：无人机具有独特的高空视角，广泛应用于工程测绘和3D建模中，无人机倾斜摄影可获得三维影像和正射影像，具有高效率、高精度、准确的地理定位等优势。大疆从无人机领域无缝跨界到航空摄影测量领域，并占据了测绘领域半壁江山。通过讲解让学生感受到现代先进的创新技术可以融入工科专业的各个领域，培养学生的创新思维。

（4）能力建构：无人机真三维建模误差分析是实验成果研究的一个难点。通过搭建无人机三维模型测量误差教学与实践平台，提供学习资源，设置有阶梯的系列问题，培养学生的自主学习能力、数据分析能力，以及解决复杂工程问题的能力。

思 政 元 素

（1）民族精神：大疆在无人机领域常年的深耕细作，每年都有新款推出的强大创新能力，让其在面对美国打压时，能够挺直腰板奋起反击。

（2）创新驱动发展：大疆的核心技术在基于芯片的飞控探测技术及其架构设计上，大疆产品从设计到底层，所有的零件都是独自研发的，操控系统的底层代码也是独自研发的，甚至无人机市场的规则都是大疆制定的。

（3）家国情怀：2020年，大疆宣布成立应急救援联盟，一是推动建立规范化的民间无人机应急作业体系和标准，二是加速推动无人机技术和解决方案在应急救援领域的普及和应用。

（4）大国工匠：大疆以"未来无所不能"为主旨理念，坚守"激极尽志，求真品诚"的企业精神，以一流的技术产品重新定义了"中国制造"的创新内涵。通过不断革新技术和产品，大疆开启了全球"天地一体"的影像新时代。

案例实施路径与方法

（一）导入大疆无人机闯入白宫而引发的制裁案例

（1）2015年1月26日，美国特勤局在白宫南草坪发现一架坠毁的四旋翼无人机，美国联邦安全局的调查结果是一名美国情报人员误操作导致这架大疆的无人机闯入了白宫（图1）。

（2）2017年，美国以网络数据安全为由提出提案限制大疆，正式对大疆发动调查，直接增加关税来限制大疆。

（3）2020年，美国以威胁国家安全为由，将大疆公司纳入制裁名单之中。

图1 美国特勤局工作人员和坠毁的大疆无人机

（4）2022年，大疆遭到二次制裁，美国设计软件Figma封停了大疆等美国制裁名单中相关公司的账号。

（二）引出需要解决的问题

（1）为什么大疆会遭到美国二次制裁？

引入思政元素：民族精神。

大疆会遭到美国二次制裁的原因可能涉及国家安全和军事竞争的因素。无人机技术在现代军事中扮演着越来越重要的角色，大疆作为全球最大的无人机制造商之一，其技术和产品在军事领域也得到了广泛应用。美国可能希望通过制裁措施，限制大疆无人机技术的传播和应用范围，以维护自身的军事优势。

（2）大疆无人机的创新及技术有哪些领先优势？

引入思政元素：大国工匠、创新驱动发展。

技术创新：大疆在无人机技术方面进行了大量的自主研发和创新，拥有多项专利和核心技术，如旋翼芯片技术、飞控系统技术等。这些技术使得大疆的无人机具有高性能、高稳定性、高抗风能力等特点，并且在复杂环境中也能保持良好的飞行状态。

产品差异化：大疆注重产品的差异化，通过自主创新，为产品带来了独特的卖点，使得大疆的无人机在市场上具有很强的竞争力。

亲民创意：大疆的产品设计考虑到了平民玩家或初学者的需求，使得操作难度更低，更加容易上手。

生产能力：大疆的每一个零部件都是在中国生产的，拥有强大的生产能力和供应链管理，这使得大疆在生产成本上具有很大的优势，并且不用担心技术封锁等问题。

（三）教学知识点展开

1. 什么是无人机，无人机分类，无人机飞行器的优缺点

1）什么是无人机

无人机是利用无线电遥控设备和自备的程序控制装置的不载人飞机。

2）无人机分类

（1）军用无人机；

（2）民用无人机；

（3）消费级无人机。

3）无人机飞行器的优缺点

（1）优点：最大可能地保障人的生命安全；不需要人员生存保障系统，可大大地减轻飞机重量；产品制造成本低；对起降场地的条件要求不高，可通过无线电或计算机实现远程遥控。

（2）缺点：速度慢；受天气影响较大；应变能力不强，容易与地面失联；一旦电子设备失灵，对无人机以及机载设备将是致命的。

2. 多旋翼无人机的飞行原理

多旋翼无人机通过调节不同电机的转速来实现 4 个方向上的运动，分别为垂直、俯仰、横滚和偏航。

3. 无人机航空摄影测量

1）无人机航空摄影测量

（1）布设像控点

像控点布设是空中三角测量的基础，其测量精度、布设密度和分布是否均匀直接影响地面真三维模型的建模精度。

（2）确定倾斜摄影航飞方案

采用大疆精灵 Phantom 4 RTK 无人机，提供实时厘米级定位数据，1 in 2000 万像素 CMOS 传感器捕捉高清影像，当飞行高度在 100 m 时，其地面采样距离（GSD）可达 2.74 cm，畸变数据存储于每张照片的元数据中，方便使用后期处理软件进行针对性调整。

航飞路线设计方案采用井字航线，确保采集到每个建筑物至少四个方向的相片，相机云台角度为 $-60°$，航向重叠度为 80%，旁向重叠度为 80%，飞行相对高度为 80 m。

2）ContextCapture 实景三维建模

（1）导入影像及进行畸变参数设置；

（2）刺像控点；

（3）重建生成三维模型；

（4）空中三角测量精度分析。

（四）教学设计

1. 教学思路

（1）以多媒体等形式展示福州大学图书馆、教学楼区域无人机实景三维建模成果，以及无人机实景三维建模的内外业智能化成图过程，让学生理解无人机低空摄影测量的基本原理和具体实施方法。

（2）在地面上设置像控点，按一定精度测量其三维坐标，用像控点的已知坐标去校正无人机影像图的空间变形，让学生理解正射影像图所具备的量测功能。

（3）对无人机进行航线规划，让学生理解无人机只有进行空中倾斜摄影测量才能建立精确的空间三维影像模型，并了解单镜头无人机与五镜头无人机不同的航线规划。

（4）获取测绘型无人机 GNSS-RTK 和 POS 数据，以确保内业成图时其三维图像空间位置的可靠精度。

（5）通过介绍自动化程度较高的 Context Capture 软件实景三维建模流程，让学生感受无人机低空摄影测量技术的无限魅力。

（6）在 PPT 制作方面，通过更多地使用思维导图、流程图等，让学生更容易掌握 Context Capture 软件的具体应用。

2. 教学案例

（1）测绘区域位于福建省福州市闽侯县上街镇福州大学旗山校区教学楼区。

（2）布设像控点，像控点标识采用"L"型布设。

（3）倾斜摄影航飞方案：航飞路线采用井字航线（图2），航向重叠度为80%，旁向重叠度为80%，飞行相对高度为80 m。

图2　航飞路线设计预览图

（4）实景三维建模流程：① 导入影像；② 刺像控点；③ 重建生成三维模型；④ 空中三角测量精度分析。

（5）福州大学旗山校区教学区三维模型（图3）。

3. 教学重点与难点

（1）重点：大疆精灵4测绘型无人机的航线规划；全球卫星导航系统（GNSS-RTK）、机载定位定向系统（POS）应用于无人机摄影测量空间定位和姿态控制。

（2）难点：如何理解无人机影像资料通过 GNSS-RTK、POS 及像控点等数据在软件平台上通过空三解算生成正射影像图。

图3　福州大学教学区三维模型全览图

（五）前沿扩展与高阶提升

（1）鼓励学生积极参与"互联网+"大学生创新创业大赛等相关赛道的竞赛活动，对课堂讲授内容进行进一步的扩展和延伸。

（2）鼓励学生成立无人机专业兴趣小组，从飞行器组装、飞行练习，到以无人机为平台的测绘数据采集、数据处理、数据产品的生产等多方面进行学生应用能力的培养。

（六）案例导出

大疆精灵4测绘型无人机快速完成校园真三维建模，表明大疆无人机具备多旋翼无人机和航拍影像两大核心技术，让消费级的航拍影像技术成为现实。大疆不仅仅是做无人机，而且做的是整个生态链，无论在军用领域还是民用领域，现在国际上几乎无法找到一家可以与大疆相媲美的类似公司。

引入思政元素：家国情怀。

（七）思政思考

利用大疆无人机崛起的背景资料，谈谈民族创新精神、掌握核心技术、自立自强的意义。

（1）创新投入和人才积累快速增加；

（2）先进技术的快速规模化生产能力；

（3）配套完善的现代产业体系；

（4）未来中国制造业转型升级的方向——创新型制造。

教 学 成 效

通过本课程的学习，学生基本能掌握入门级数码摄影基本方法和摄影基础知识，以及数字图像在现代测绘技术及相关领域的应用。

通过讲授无人机航空摄影测量技术，将地面摄影平台扩展到空中摄影平台，让数字摄影成果为更多的行业或领域服务，使学生更有兴趣去了解、掌握这门技术。

借助于大数据应用的相关软件平台展示测绘型无人机内外业工作全部流程，以问题为导向的案例式教学贯穿其教学过程；基于翻转课堂教学理念，教师给学生布置课前学习任务，学生课前利用教师提供的资源进行自主学习，课上学生自主探究和互动协作，教师导学；以"反思""讨论"的方式，找到思政教育可以渗透进去的影响点，扩展学生职业规划的视角，改变学生不良的学习行为和学习习惯，进而达到知识目标、完成教学任务。

本案例展现了课程思政良好的示范效应：通过思政案例和思政小故事，让学生对"家国情怀""道德修养""社会主义核心价值观""创新驱动发展"等思政元素有更加深刻的体会和理解。

数字矿山典型教学案例

数字矿山三维可视化

学院名称	紫金地质与矿业学院	课程名称	数字矿山
主讲教师	肖爱芳	教师职称	副教授
授课对象	资源勘查工程专业三年级本科生	课程性质	专业选修课

课程简介

"数字矿山"是面向地矿类学生的一门专业选修课程,是在数字地球、数字中国科技创新的大框架下,依托互联网、人工智能、大数据、云计算等新技术与矿业不断交叉融合,把矿山地质工作的海量数据转化为计算机能够管理、统计和定量分析的数据库,在矿山数据库的基础上通过数字矿山软件平台对矿山各类数据进行自动化、实时化、模型化、可视化和智能化的采集、管理和分析。数字矿山软件可以描述地下矿体的形态、规模和产状,并对地下矿体进行建模和三维可视化,对于矿山设计、生产、管理和找矿预测都具有重要的意义。

教学目标

本课程旨在使学生在学习数字矿山基础理论后,结合所学专业知识,利用数字矿山软件建模,实现地下矿体的三维可视化,并进行资源量估算,掌握数字矿山的基本原理与相关概念及主要功能,重点掌握矿山空间信息获取、地质建模、储量计算相关关键技术与方法。通过课程学习与实践,培养学生科学精神、职业素养和使用现代工具的能力,锻炼学生的实践操作能力、分析解决问题的能力及创新能力。主要目标如下:

(1)学会根据已知矿区内的钻孔数据信息进行整理和分析,建立矿区地质数据库,并实现钻孔三维可视化;

(2)通过对矿区及地形特征的分析,建立矿区地表模型;

(3)通过对矿区及地质特征的分析,结合勘探线剖面进行矿体解译,在此基础上连接矿体;

(4)完成矿体三维地质模型的构建,建立矿体实体模型;

(5)建立矿区块体模型,利用距离幂次反比法对块体模型进行品位估值;

(6)利用品位模型进行矿体储量估算;

(7)分析利用已有的矿区地质资料及成果图件,进行矿区数字矿山报告的编写。

思 政 元 素

通过介绍嫦娥奔月采样、2020珠峰高程测定等我国科学的巨大进展实例，培养学生热爱祖国、热爱科学和科技强国的理想信念。

通过观看国内大型智慧矿山的三维可视化短视频和图片，了解现代智能矿山"既要金山银山，也要绿水青山"的绿色发展理念。使学生在感受科学技术就是生产力的同时，激发学生的专业兴趣和专业自豪感。

在建立矿区数据库和块体模型过程中，既要对数据库中的每一项内容严格按照要求执行，又要对不同属性内容采用不用的方法赋值。通过问题驱动，培养学生的规则意识和一切从实际出发解决具体问题的能力。

案例实施路径与方法

（一）教学理念

以立德树人为根本任务，以理想信念教育为核心，以社会主义核心价值观为引领，以全面提高人才培养能力为关键，以培养掌握高科技人才为中心，理论与实践相结合，搭建实践平台，倡导知行合一。

（二）实施思路

（1）课程思政与专业知识互浸，培养科技强国的使命感。

（2）构建"课前需求驱动、课堂问题驱动、课后实践驱动"的教学模式。

（3）采用"引导—学习—实践—总结"的教学策略。

（三）思政元素融入方式

课程思政与专业知识互浸，达到润物细无声的渗透效果。

（1）课程开始时介绍嫦娥奔月采样回家、奋斗者号万米深潜、2020珠峰高程测定等我国科学研究取得巨大进展的实例。恰如毛泽东诗词描绘的"可上九天揽月，可下五洋捉鳖"，这些伟大的科技成果令人振奋，无不彰显着我国科技实力的日益强大。将嫦娥号月球采样和地质工作中野外采样、矿山钻孔采样进行对比，培养学生热爱祖国、热爱科学和科技强国的理想信念；以2020珠峰高程测定为例，讲述国测一大队的队员克服重重困难，圆满完成顶峰测量的故事，展现其为国测绘、为国攀登、不屈不挠的精神。培养学生向前辈学习、热爱专业、吃苦耐劳的精神。

（2）通过数字中国、数字福建如汽车导航、刷卡乘坐地铁、滴滴打车等一些图片，展现数字中国已悄然渗透到我们生活的方方面面，引入数字矿山概念。通过观看紫金矿业集团大型智慧矿山的三维可视化短视频和图片，突出介绍与专业相关的地表模型、地下三维可视化矿体模型、品位模型及最终的资源量自动报告等。培养学生的专业兴趣和专业自豪感，使其在切身感受科学技术就是生产力的同时，激发科技强国的使命感和爱国热情。

（3）在建立矿区数据库时，数据库中每一项都有自己的字段结构和长度，包括北坐标、东坐标和高程位于数据库中的哪一列，都有严格的规定，如果没有严格按照数据库要求建库，就会导致建立的钻孔数据库与地表模型无法对应。通过问题驱动，培养学生规则意识。

（4）在建立块体模型过程中，对均一属性比重赋值采用直接赋值法，对不均匀分布的矿体品位应用距离幂次反比法进行品位估值，教育学生要一切从实际出发，具体问题具体分析，不搞"一刀切"。

(四)教育教学方法及教学活动设计

教学方法以 PPT、网络视频、板书及软件操作演示为主，采用部分翻转课堂式教学，主要体现在课前发放预习材料、课中重点讲授与解答、课后实践操作与探讨三个环节，主要教学活动设计如下。

（1）课前在 QQ 群中下发课件、视频及实际案例文件，要求学生提前预习并观看视频。

（2）上课时采取课堂讲授+视频观看+软件实际操作及学生实际练习的方式，练习内容为一实际矿山的钻孔原始资料，要求学生利用 Surpac 软件完成矿山数据库建设、地表模型、矿体模型、品位模型构建及三维可视化，在此基础上进行矿体资源量估算并提交报告。对有疑问的问题课堂现场指导、讨论，以学生为主体，学生问，先由会的学生解答，然后由教师总结归纳。

（3）课后不断实践，总结实践过程中存在的问题，展开线上讨论，以学生为主体，教师参与指导、归纳和总结。

(五)资源载体

教学资源以 PPT、软件操作视频、常见问题解决视频以及 QQ 群、腾讯会议解答及远程操作等资源载体为主，目的是解决软件操作问题并探索寻找软件操作中出现问题的原因，掌握解决问题的方法，提高学生的学习兴趣和解决问题的成就感。

(六)特色与创新

1. 课程教学采用部分翻转课堂式教学

教学活动设计三步走：课前发放预习材料、课中重点讲授与解答、课后实践操作与探讨。课程有完整的教学视频，开课前已发至 QQ 群中，要求学生课前观看视频，自主学习，课堂上教师对易出现问题进行详细讲解及操作演示，针对学生提出的问题答疑解惑、共同探究、重点演示指导等，从而取得更好的教育效果。

2. 产学研用相结合，用真实矿山案例进行课程教学

课程采用某矿山的 28 个已完工地质钻孔的真实案例，要求学生进行数据库建设、连接矿体、矿体三维建模并编写报告等矿山勘探设计生产全程训练，实践育人，培养学生利用所学专业知识解决实际问题的能力。学生毕业后到工作岗位无须培训，可以直接上岗，使产学研结合真正取得成效，使科技成果更好地转化为现实生产力。

3. 培养学生使用现代工具的能力，并在此基础上进行创新

应用三维数字矿山软件进行智慧矿山建设，不仅可以全方位动态地智能监控和指导矿山发展，也可以保障矿山经济高效、安全地增长和绿地修复，做到既要金山银山，也要绿水青山！

教 学 成 效

矿产资源是国民经济发展的命脉！是地球经过漫长的地质历史时期形成的不可再生的资源！随着全球经济一体化的快速发展，世界各国对资源的需求量也日益增长，快速、高效、安全地对矿山进行开采利用是智慧矿山未来发展的方向。通过多年的数字矿山教学，我深深体会到课程教育要面向现代化、面向世界、面向未来的深刻含义。在数字矿山教学中，融入规则意识、一切从实际出发等思政元素，培养学生不断学习、与时俱进的精神，以及利用现代工具进行智慧矿山建设的绿色发展理念，在切身感受科学技术就是生产力的同时，激发学生科技强国的使命感和爱国热情。

自 2012 年开设数字矿山课程以来，先后有多名学生的毕业论文选择以不同矿山为研究对象，

进行数字矿山三维建模及资源量估算,两名学生的论文获得福州大学优秀论文称号,多名学生毕业后进入企业直接从事数字矿山应用工作。学生毕业后到工作岗位无须培训,可以直接上岗,使产学研结合真正取得成效,使科技成果更好地转化为现实生产力,企业评价良好。课程成果三维可视化,成果立体,色彩鲜明,大大提高了学生的自信心和成就感,普遍受到学生的好评。

软件定义网络典型教学案例

技术自主创新服务网络强国战略

学院名称	计算机与大数据学院	课程名称	软件定义网络
主讲教师	朱丹红	教师职称	讲师
授课对象	计算机专业三年级本科生	课程性质	专业选修课

课 程 简 介

"软件定义网络"课程作为福州大学"特色创新创业课程"建设项目，面向网络强国的国家战略与地方产业需求，将先进的网络知识作为主要内容，注重前沿技术发展和应用场景创新，培养学生理论研究与工程创新兼具的综合能力。

教 学 目 标

（1）掌握软件定义网络的架构和可编程内涵，能够对网络新协议进行设计与开发。

（2）能够针对新的网络应用场景或任务，提出可编程的解决方案，并加以实现与评价。

（3）能够针对网络领域的前沿问题，通过阅读文献，分析并设计解决方案，以口头汇报、文档撰写等方式进行准确表述。

（4）能够关注网络前沿论坛，把握网络发展需求，前瞻技术演进趋势。

（5）领会网络技术自主的重要性，树立网络强国、振兴科技的理想信念，坚定扎根祖国科研的学习志向，具备开源共享的奉献精神。

思 政 元 素

求知探索精神，马克思主义实践观，科技报国的使命担当和家国情怀。

案例实施路径与方法

（一）育人理念

以夯实网络可编程理论和实践基础为立足点，以训练网络开发的发散思维为突破点，以服务于网络技术自主创新为落脚点。

（二）实施思路

采用线上线下混合教学模式，充分整合课前、课中、课后环节，注重实践训练。课前线上慕课学习，指导学生回顾传统网络知识，预习软件定义网络（software defined networking，SDN）可编程技术思想。课堂教学采用链式问题启发等手段，引导学生理解 SDN 可编程与传统网络编程的异同，掌握可编程技术的思想内涵。围绕 SDN 技术进行实验教学，促进学生加深理解。课后基于学术发展和产业需求甄选选题，并引导学生阅读相关前沿文献，完成科研训练项目，提升高阶能力。

（三）思政元素融入方式

（1）情景剧导入主题，学生亲身参与实践，感受网络创新的重要性和实际需求。

（2）辩证分析网络技术的发展历程，融入历史唯物观、实践观，培养学生正确前瞻技术演进趋势的能力。

（3）讲述 SDN 领域科研大师毕军教授的感人事迹，对学生进行启发和指引。

（4）通过师生研讨网络发展的机遇与挑战，提升技术自主创新的责任感和使命感。

（四）教育教学方法

通过情景剧导入，让学生轻松面对本课程枯燥知识。链式追问和类比分析，训练发散思维、联想思维。结合历史唯物观、实践观理解可编程技术的思想内涵，并进行编程实践，提升网络业务开发的实践创新能力。感悟 SDN 科研领域领军人物毕军教授的事迹，树立科技报国的使命担当和家国情怀。

（五）教学活动设计

1. 情景剧导入主题

传统网络架构新业务部署困难。硬件设备价格昂贵，极度缺乏软件编程灵活性。

引入问题：为什么当前网络新业务的部署周期长、困难多？在现有的网络架构下，是否有好的方法加以解决？

2. 展开阐述

开放式问题链式追问：传统网络缺乏灵活性，新应用、新业务部署难的原因。

课程思政：当前的网络架构过于紧耦合与封闭，接口开放小，明显缺乏可编程的灵活性。结合历史唯物观，基于"时势造英雄"的观点，解释新型网络呼之欲出的必然性。同时，从多角度辩证分析传统网络的优缺点，引导学生思考 SDN 可编程的意义与价值。

3. 深入研讨

软件定义网络架构的可编程优势。

（1）辩证分析，类比启发：与计算机体系结构进行类比分析，阐释 SDN 可编程本质和优势。

（2）动画展示可编程接口应用开发的方法。

4. 巩固加深

SDN 北向接口繁荣了网络应用，充分体现了可编程特性，达到真正意义的"软件"定义"网络"。

（1）文献拓展学习：针对 SDN 领域的科研大师毕军教授在国内顶刊《软件学报》发表论文"软件定义网络中北向接口语言综述"进行学习，使学生领会若具备 Python 或 Java 的编程技能，结合网络知识，就能够通过控制器的北向接口，轻松实现负载均衡、入侵检测、防御等网络创新应用开发。鼓励学生面对新应用场景，不畏困难，树立网络技术自主研发的信念。

（2）科研故事课程思政：SDN 领域科研大师毕军教授的事迹。毕军教授一生致力于软件定义网络人才培养、开源创新、校企合作，推动高校、科研机构及产业界的深度合作，形成良性循环，提升 SDN 生态活力。他一直身体力行，在软件定义网络和未来互联网领域倾注了大量心血，为我们留下的是求知探索精神和严谨治学风范。

5. 总结提高

SDN 可以在自身架构的各个层面实现可编程，突出课程"软件定义一切，网络变革万物"的宗旨。

（1）结合技术发展的历史观，阐述 SDN 技术精髓。即：可编程网络的核心思想是软硬件解耦，通过虚拟化及接口技术，把硬件可操控的部分暴露出来，编程按需实现应用。由此，软件不仅可以定义网络、物联网、智能手机、汽车……，还可以定义所有想得到的和想不到的东西。

（2）基于马克思主义实践观，结合实验室的本科生科研训练，阐述科研创新是一个稳扎稳打、久久为功的历程，勇于探索科学高峰、为国奉献也是科技工作者的初心和使命。

（3）通过师生研讨，促进学生理解网络技术自主与创新的责任使命。同时让学生领悟，灵活掌握软件定义网络的可编程特性，是技术发展和突破的新机遇。

6. 预习任务和课后作业

（1）预习：中国大学 MOOC（慕课）《软件定义网络技术》（温州大学）第五讲，SDN 开源控制器。

（2）虚拟仿真实验：熟悉如何使用 OpenDaylight 通过 Postman 下发流表，掌握北向 API 接口。

（3）了解民族品牌企业锐捷网络的控制器特点，并用博客记录。

（六）资源载体

（1）线上慕课：中国大学 MOOC（慕课）《计算机网络》（哈尔滨工业大学）（国家精品课程）：网络应用层。中国大学 MOOC（慕课）《软件定义网络技术》（温州大学）第五讲，SDN 控制平面。

（2）通过自制虚拟仿真实验平台，熟悉如何使用 OpenDaylight 通过 Postman 下发流表，掌握采用北向 API 接口进行网络新业务开发。

（七）特色与创新

软件定义网络课程面向网络强国的发展战略，立足于前沿理论和先进技术，注重培养学生的实践能力与创新能力。

（1）科教融合，注重价值引领。课程将华为等民族企业在 5G、SDN 领域的前沿关键技术以及团队的实际研究案例凝练成课程思政内容，坚持学术研究和产业应用两个核心并重，将科研成果与技术创新与课程内容深度融合，培养学生扎根祖国科研的学习志趣。

（2）理实结合，注重实践创新。课程将理论学习作为科研实训的基础，强调学术文献阅读和实践实训项目并举。团队研发的 SDN 虚拟仿真实验教学平台，能够有效收集和整理分析学生实验操作中的错误或故障处理数据，为创新能力培养提供支撑，也为教学反馈和改进提供大数据支持。

（3）教学科研互促，注重可持续优化。课程中涌现的优秀学生，能够引入科研实验室团队，深度参与科研活动。学生在课堂所学的基础上，深入阅读论文和进行实验工作，进一步探索和验证相关研究，教学相长，形成了一个可持续优化的科研教学融合的发展生态。

教 学 成 效

（1）通过课程指导的优秀学生，深化 SDN 科研学习，在本科阶段发表多篇第一作者的科研论文，其中包括 4 篇 CCF B 类和 C 类会议论文，并到大会做论文报告。还有部分学生参加 SDN 相关的国家级、省级学科竞赛，多次获得国家级一等奖。

（2）"教学科研互促的软件定义网络课程建设的探索与实践"获得福州大学教学成果奖二

等奖。

（3）软件定义网络课程获评福建省一流本科课程、CMOOC 联盟线上线下混合式课程。

（4）自制 SDN 虚拟仿真实验教学平台"基于 CVM/KVM 的软件定义网络虚拟仿真实验平台"获"第五届全国高等学校教师自制实验教学仪器设备创新大赛"全国三等奖。

（5）在《实验技术与管理》等核心教改期刊发表论文多篇，获得第十一届全国高等学校计算机实践教学论坛优秀论文奖。

（6）课程的教学模式得到认可，成为计算机科学与技术专业的工程教育认证示范课程，并通过与锐捷网络合作的师资培训加以推广。

催化材料典型教学案例

固体酸碱中心的形成

学院名称	石油化工学院	课程名称	催化材料
主讲教师	袁珮	教师职称	教授
授课对象	化学工程与工艺专业三年级本科生	课程性质	专业选修课

课 程 简 介

本课程主要对固体酸碱催化剂进行讲解,让学生掌握不同酸碱中心的结构、性质和作用机理及相关的应用,理解酸碱中心形成的原因,为后续课程的学习奠定基础,也为有兴趣从事相关催化材料研究和开发的学生提供具有重要价值的学习素材。

教 学 目 标

(1) 了解固体酸碱中心产生的原因及其影响因素,为后续知识的学习奠定理论基础。

(2) 掌握几种典型的单组分固体酸碱催化剂及其结构性质,如 $\gamma\text{-}Al_2O_3$、硫酸盐类等,拓宽知识面,激发学生学习兴趣。

(3) 了解什么是二元氧化物酸中心,掌握有关整体复合氧化物的电荷数的计算,并通过计算判断化合物是 B 酸中心还是 L 酸中心,提升学生的专业能力。

(4) 能够利用所学知识判断并识别出物质的酸碱中心,并能够对复合氧化物的酸性进行预测,培养学生的专业思维。

(5) 通过思政元素与专业内容的有机结合,充分发挥学生的主观能动性,让学生认识到事物的内在联系及相互转化的性质,促进学生打破思维局限,能够更加灵活地运用所学知识;由所学知识与科技前沿的应用增强科技强国的使命感,并且结合知识与所学专业的联系增强专业自豪感,善于发现生活中的知识,热爱生活、敬畏知识。

思 政 元 素

在课堂讲授中,一方面通过讲解催化学科发展史和我国催化学科发展现状,让学生在感受本课程魅力的同时,培养精益求精的科学精神,增强专业自豪感和科技报国的使命感;另一方面引导学生自主收集资料,分组探讨我国前沿催化进展以及催化学科在经济、社会发展中的重要作用,充分调动学生参与的积极性,同时充分发挥学生的主观能动性,培养学生主动发现问题、解决问题的能力,同时增强学生理论联系实际的能力。

案例实施路径与方法

（一）育人理念

以学生为中心，以产出为导向，培养学生的社会属性和促进学生全面可持续发展。

（二）实施思路

（1）通过介绍化学工业实际生产过程中酸碱催化剂的应用实例并与课本知识相结合，给学生更加直观的知识学习体验，让学生充分认识到科技的发展，尤其是催化剂的"更新"对社会进步带来的影响。

（2）针对课程内容和学生反馈，凝练课堂问题，采取生生讨论、生问生答等方式，充分发挥学生的主观能动性，培养学生主动发现问题、解决问题的能力。

（3）启发、剖析、总结相结合，阐释与酸碱中心相关的深层含义。通过更加直观的图表等形式对抽象理论进行可视化解释，加强对抽象概念的理解。

（4）主动向学生分享与酸碱催化相关的近期文献，以提高学生们对于该知识的兴趣；然后通过论文撰写或者PPT展示等课堂考核方式来发展学生自主查阅、整理、理解文献及相关资料的能力，让学生充分认识到科研探索过程中团队合作、艰苦奋斗等精神的重要性。

（5）授练同步的课堂练习，既促进知识点理解，又提升解决实际问题的能力。

（三）思政元素融入方式

（1）简单介绍异丁烯齐聚等工艺的发展，以及工艺的优缺点和我国在该领域发展的不足，让学生认清我们国家面临的关键科学技术瓶颈，并通过介绍我国优秀科学家的励志故事，激发学生为实现中华民族伟大复兴而奋斗的志向，引导学生树立服务国家发展战略的家国情怀。

（2）提供典型实例，组织学生从实验现象、实验过程、实验结果和结果启发四个方面展开讨论，帮助学生树立辩证唯物主义观念，培养学生勤学好问、理论联系实际的科学素养。

（3）进一步引出氧化物酸碱中心的相关内容，引导学生通过文献调研主动思考物质结构与酸碱性的联系，促成学生间相互交流并探讨出问题的解决方案，提高学生学习催化知识的兴趣和积极性，并培养学生敢于创新、坚忍不拔的科学精神。

（四）教育教学方法

课前，提前向学生分享与课程内容相关的报道、近期文献，充分展现课程内容的前沿性和实际应用性，以提高学生对课程内容的兴趣。课中，围绕酸碱中心形成的原理、过程以及二元氧化物酸中心的判断这条主线，教师通过对相关内容的提问掌握学生课前学习的情况，根据学生的掌握情况，通过理论剖析、图表展示、公式讲解等方式，引导学生理解酸碱中心的形成原理，使学生掌握二元氧化物剩余电荷的计算。通过酸碱催化剂在实际催化过程中的应用，直观地让学生认识到掌握固体酸碱中心的产生原理并对其进行判断的重要性，由简至难逐步烘托重点，提高学生对酸碱中心的重视程度，明白固体酸碱中心在酸碱催化过程中的重要性，了解酸碱催化应用的广泛性以及对社会进步的影响力，使学生油然而生科技报国的使命感。课后，学生继续巩固复习，加深对固体酸碱中心的理解，进一步体会其蕴含的价值观和方法论。

（五）教学活动设计案例

氧化铝是广泛应用的吸附剂和催化剂，更多地用作金属（如Pt、Pd等）和金属氧化物（Cr、Mo等的氧化物）催化剂的载体。氧化铝有多种不同的晶型变体，如γ、η、χ、θ、δ、κ、α等；依制取所用的原料和热处理条件的不同，可以出现前述的各种变体（图1）。既然氧化铝有这么多晶型变体，那么其中最稳定的是哪一种呢？而对于催化而言，哪一种或哪几种晶型变体是最重要的呢？

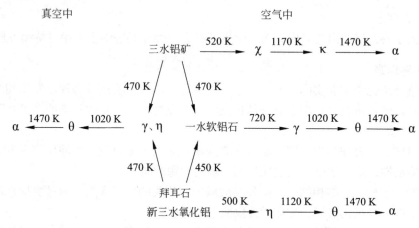

图 1　氧化铝和它的水合物在不同条件下的相互转化

其实，在这几种氧化铝的晶型变体中最稳定的是 α-Al_2O_3。而对于催化剂来说，最重要的晶型变体却是 γ-Al_2O_3 和 η-Al_2O_3：

（1）二者都是有缺陷的尖晶石结构，且彼此结构仅有极细微的差别；

（2）二者的表面既有酸位（属 L 酸），也有碱位（属羟基）。

首先利用启发式问题引导、可视化图表展示，结合板书、师问生答、生讲师评、生生讨论等教学形式，加强学生对氧化铝结构及其对应晶型特点的认识。

同时强调每一个催化剂改进方式的提出都来之不易。例如，改变焙烧温度就能使催化剂发挥不同的催化作用，虽然在目前看来这是简单的改进，但在无数的催化剂以及催化反应中，从 600~1400 K 的跨度，却不知是多少位科学家经历过多少日夜的尝试，经历过多少次实验的证明，才得出的结论。通过不同温度下活性位点的变化，向学生们传达"细节决定成败"的观点，同时也展现出老一辈科研人不懈努力、艰苦奋斗的科研精神，激发学生的民族自豪感和自信心。

（六）特色与创新

将思想政治教育引入催化材料教学的课堂上，在进行专业知识讲授的同时联系时政问题以及最新的科技进展，提升学生的课堂兴趣，让学生认识到我国在催化材料方面的研究现状以及近年来取得的科技进步。通过多样的授课方式，不仅可以让学生在学习专业知识的同时树立正确的价值观，满足为社会培养人才的需求，还可以使其在学习专业知识的同时，提升民族自豪感和文化自信心。

教 学 成 效

案例以固体酸碱催化的发现史为主线，引导学生不仅从固体酸碱中心，更要从结构性质的剖析等方面体会科学发展的艰辛历程，感受科学家不断探索的科学精神，激发学生的探究兴趣，吸收科学家的探索经验，帮助学生建立正确的思维模式。

教学过程中发现，采用课堂讨论、师问生答等师生交流方式，可以提高学生的知识接收水平。对于催化发展史的讲解也有利于激发学生的学习兴趣和民族自豪感、使命感。学生的学习兴趣和积极性得到很大提高，在教师的带领下，学生认真学习课堂知识，积极完成课后作业，对催化学科也有了更深入的理解与认识。

人事测评与人员甄选典型教学案例

人事测评实践应用

学院名称	人文社会科学学院	课程名称	人事测评与人员甄选
主讲教师	白丽英	教师职称	教授
授课对象	应用心理学专业三年级本科生	课程性质	专业选修课

课 程 简 介

"人事测评与人员甄选"作为应用心理学系人事测评与人力资源管理方向的主要课程,是应用心理学系毕业生从事人力资源管理工作的核心优势所在。人事测评的主要工作是通过各种方法对被试者加以了解,从而为企业组织的人力资源管理决策提供参考和依据。通过课程教学,培养学生掌握这些方法和将来承担人事测评工作的能力。人事测评技术是心理测量技术在人事管理领域的应用,它以心理测量为基础,针对特定的人事管理目的如招聘、安置、考核、晋升、培训等,对人的素质进行多方面系统评价,从而为人事管理、开发提供参考依据。

教 学 目 标

(1)价值引领:培养学生具有坚定正确的政治方向、良好的思想品德和健全的人格,热爱祖国,热爱人民,拥护中国共产党的领导;具有正确的世界观、人生观、价值观;具有科学精神、人文修养、职业素养、社会责任感和积极向上的人生态度,了解国情社情民情,践行社会主义核心价值观。

(2)知识拓展:使学生了解如何运用先进的科学方法,对社会各类人员的知识水平、能力及其倾向、工作技能、个性特征和发展潜力实施测量和评鉴。

(3)思维训练:通过探索和改革,采用启发式教学,真正实现"以学生为中心",锻炼学生的批判性思维,提高学生的独立思考能力。强化课堂设计,避免单纯知识传递、忽视能力素质培养的现象。解决好教与学模式创新的问题,杜绝信息技术应用的简单化、形式化。强化师生互动、生生互动。

(4)能力建构:通过课程教学,培养学生掌握人事测评方法和将来承担人事测评工作的能力。同时,着重培养学生具备能够运用所学基本理论和知识分析现实生活中存在的各种现象和问题的能力。

思 政 元 素

政治认同、家国情怀和社会主义核心价值观。

案例实施路径与方法

1. 人事测评概论（涉及测评标准，着力引导"培养什么样的人"）

知识点：人事测评的含义、人事测评的历史、人事测评的基本范畴、人事测评的理论、人事测评的基本原理、人事测评的目的、人事测评的作用、人事测评的意义、人事测评在我国的发展。

重点：人事测评的基本范畴、人事测评的理论、人事测评的基本原理、人事测评的目的、人事测评在我国的发展。

难点：人事测评的基本范畴。

在2016年全国高校思想政治工作会议上，习近平总书记指出，实现中华民族伟大复兴，教育的地位和作用不可忽视。我们对高等教育的需要比以往任何时候都更加迫切，对科学知识和卓越人才的渴求比以往任何时候都更加强烈。习近平总书记的讲话在教育界引起强烈反响。面对"培养什么样的人、如何培养人以及为谁培养人"这一根本性问题和"办什么样的大学、怎样办大学"这一方向性问题，中国高等教育怎样作答？如何应对挑战与现实问题？本课程全程引导学生思考和探讨这些问题。

培养什么样的人？

我国高等教育肩负着培养德智体美全面发展的社会主义事业建设者和接班人的重大任务，必须坚持正确政治方向。人事测评课程引导学生思考我们的事业发展需要人才所具备的素质，高校立身之本在于立德树人。只有培养出一流人才的高校，才能够成为世界一流大学。办好我国高校，办出世界一流大学，必须牢牢抓住全面提高人才培养能力这个核心点，并以此来带动高校其他工作。

在人事测评学科的发展历史脉络讲述过程中，始终贯穿引导学生思考"培养什么样的人"的问题。

2. 心理测验在人事测评中的应用（涉及测评维度，着力引导"如何培养人"）

知识点：心理测验的一般原理、心理测验在人事测评中的应用优势、心理测验的编制和修订、常用心理测验的应用、能力测验、人格测验、职业测验。

重点：心理测验在人事测评中的应用优势、心理测验的编制和修订、常用心理测验的应用。

难点：心理测验的编制和修订、常用心理测验的应用。

如何培养人？

必须坚持以马克思主义为指导，全面贯彻党的教育方针。因事而化、因时而进、因势而新。遵循思想政治工作规律，遵循教书育人规律，遵循学生成长规律；用好课堂教学这个主渠道；各类课程与思想政治理论课同向同行，形成协同效应；加快构建中国特色哲学社会科学学科体系和教材体系；更加注重以文化人以文育人；要运用新媒体新技术使工作活起来。

人事测评中涉及随着时代发展而导致的常模更新，因此必须要因时而进。"因时而进"就是要"提升思想政治教育亲和力和针对性，满足学生成长发展需求和期待"，就是要"坚持不懈弘扬社会主义核心价值观，引导广大师生做社会主义核心价值观的坚定信仰者、积极传播者、模范践行者"。"因时而进"回答了"如何培养人"的问题。

习近平总书记指出，要遵循思想政治工作规律，遵循教书育人规律，遵循学生成长规律，坚持把立德树人作为中心环节，把思想政治工作贯穿教育教学全过程，实现全程育人、全方位育人，做到围绕学生、关照学生、服务学生。

在测评数据的基础上，引导学生思考"我们的教育应该培养什么样的人"这个问题，引导学生思考自己在德智体美劳各个方面应该如何发展。

3.人事测评实践应用（涉及测评运用，着力引导"为谁培养人"）

知识点：人事测评在管理中的应用概述、人事测评应用实例、人-职匹配、针对不同管理目的的人事测评、计算机技术在人事测评中的应用、网络人事测评。

重点：人事测评应用实例、人-职匹配、针对不同管理目的的人事测评、计算机技术在人事测评中的应用、网络人事测评。

难点：人-职匹配、针对不同管理目的的人事测评、计算机技术在人事测评中的应用、网络人事测评。

大学的根本任务是坚持立德树人，培养中国特色社会主义建设者和接班人。

强化为党育人、为国育才的导向。

为党育人、为国育才是对"为谁培养人"这一问题的深刻回答。站在新的历史起点上，大学要以习近平新时代中国特色社会主义思想为指导，深入贯彻党中央的定位要求，全面贯彻党的教育方针，落实立德树人根本任务。

为谁培养人？

我国有独特的历史、独特的文化、独特的国情，决定了我国必须走自己的高等教育发展道路，扎实办好中国特色社会主义高校。我国高等教育发展方向要同我国发展的现实目标和未来方向紧密联系在一起，为人民服务，为中国共产党治国理政服务，为巩固和发展中国特色社会主义制度服务，为改革开放和社会主义现代化建设服务。

结合国学知识，培养学生们的爱国情怀，引导学生思考"为谁培养人"的问题。

教 学 成 效

由于人事测评技术属于非常强调实际应用与操作的一门学科，因此在讲授时，除了联系学生在大二下学习的密切相关学科——心理测量课程，课程非常强调实际的操作和能力培养。同时注重过程性评价，将学生的课堂表现记入期末成绩，调动学生学习的兴趣，培养学生理论联系实际的能力和爱国情怀。

课程获得学生匿名评教满意度的全优评价，上学期评教分数达到98.92分；获得教学督导的"优"评价。

电子材料及工业应用典型教学案例

中国介电材料与器件的发展：以山东国瓷公司为例

学院名称	材料科学与工程学院	课程名称	电子材料及工业应用
主讲教师	郑兴华	教师职称	教授
授课对象	材料科学与工程专业三年级本科生	课程性质	专业选修课

课程简介

"电子材料及工业应用"是材料科学与工程专业本科生的一门专业选修课，主要讲授电子信息技术中的主要材料类型及器件的类型。通过各教学环节，学生将了解一些重要材料的基本理论、制备方法、结构与性能关系、性能测试技术和工业应用，以及与材料生产、设计、研发相关的方针、政策、法律、法规及承担的责任，并从不同角度理解和评价材料工程实践中的影响，同时理解电子材料相关产业对国民经济与社会可持续发展的重要作用。引导学生自主学习，以质疑的态度启发学生进行科学思考，培养学生的自学能力和概括问题的能力，提高学生分析、表达和综合解决实际问题的能力，为学生从事电子材料相关领域的工作打下一定基础。在教学的过程中，让学生了解我国电子材料相关产业和研发的基本国情，清楚科学技术现代化对国家富强和人民共同富裕的重要性，激励学生锐意进取的科学精神和精益求精的工匠精神。

教学目标

（1）了解电子材料相关产业和研发的基本国情，充分认识电子材料行业在整个国民经济中的重要地位和作用，并从社会、安全、法律等角度理解电子材料工业应用的影响。

（2）能够与团队成员有效沟通，就有关具体的电子材料及产品的成分、工艺、结构、性能及应用之间关系进行交流，能清晰表达专业的观点，并具有专业逻辑性，得到共同的有效结论。

（3）学会查阅文献、收集资料的基本方法，提高自我学习的能力，培养终身学习的意识。清楚科学技术现代化对国家富强和人民共同富裕的重要性，激励学生锐意进取的科学精神和精益求精的工匠精神。

思政元素

培养学生科技报国的爱国热情，树立"为中华崛起而努书"的远大理想。

案例实施路径与方法

本案例用于材料性能与应用课程"介电材料及应用"章节,以山东国瓷功能材料股份有限公司为例讲述我国介电材料与器件的发展历史和前景,培养学生爱国热情,树立远大理想。

(一)课堂讲授

在材料性能与应用课程"介电材料及应用"章节的教学中,在论述到典型的介电材料钛酸钡($BaTiO_3$)应用于多层电容器(MLCC)时,对目前我国MLCC所处地位加以分析:尽管经过近二三十年的发展,我国电容器生产能力和水平获得长足进步,市场占比也有大幅度提升,但是在高端MLCC生产上依然还未取得重要突破,受制于人。其中$BaTiO_3$粉体研究开发至关重要,是一项"卡脖子"技术。以我国电子陶瓷$BaTiO_3$生产的领军企业山东国瓷功能材料股份有限公司为例介绍我国介电材料与器件的发展历史和前景,其潜心研发,突破瓶颈,为MLCC生产企业提供高质量的$BaTiO_3$基粉体,大力推动我国MLCC行业的发展。

在介绍山东国瓷功能材料股份有限公司的发展历程时融入思政要素,让学生认识到产业发展的长期性、艰巨性和曲折性以及与国家发展的关联,同时意识到科技发展的重要性。培养学生的社会责任感,激发学生爱国主义热情,鼓励学生树立远大理想,为国家不受制于人、为祖国的伟大复兴而努力学习。

1. 简述介电材料应用概况

电容器是一类广泛应用于家电、汽车、通信、电力、航空航天等领域,在电子整机产品的振荡、耦合、滤波和旁路中起作用的重要元器件。电容器市场庞大,特别是随着电子产品的小型化、集成化、高性能化,多层陶瓷电容器(MLCC)占比逐渐走高。我国电容器生产企业较多,但是在中高端的MLCC市场占比甚少,中高端MLCC市场主要为日本、韩国、美国企业占据,我国企业占比不足10%。

随着中美摩擦日益增多,高端MLCC进口越来越困难,成为我国的"卡脖子"行业,而解决这一难题的重要环节在于高质量的$BaTiO_3$粉体生产,山东国瓷功能材料股份有限公司在这方面做出了重要贡献。

2. 山东国瓷功能材料股份有限公司介绍

山东国瓷功能材料股份有限公司成立于2005年4月,是一家专业从事新材料领域,集研发、生产、销售为一体的高新技术企业。公司主要产品有钛酸钡、MLCC介质材料、微波介质材料、铁氧体磁性材料、二氧化钛、电子元器件浆料等。

产品广泛应用于电容、电阻、电感、微波器件、传感器件、印刷电路、高档穿戴产品、指纹识别片等。

公司承建了"山东省电子陶瓷材料工程技术研究中心""山东省电子陶瓷材料工程试验室""山东省企业技术中心"三大科研平台,持续开展技术创新和产品研发,已累计取得发明专利28项、实用专利51项,其中"一种连续制备钛酸钡粉体的工艺"获得中国专利金奖;公司自主研发项目——"多层陶瓷电容器用钛酸钡基介电陶瓷材料的产业化关键技术及应用"获得了国家科技进步奖二等奖;凭借突出的研发实力,主持制定了《电子工业用高纯钛酸钡》行业标准、《纳米级二氧化钛》和《硅橡胶用气相二氧化硅》国际标准。这些在一定程度上解决了高端MLCC材料的"卡脖子"问题,打破了日本、欧美对我国高端MLCC材料的制裁。

(二)课堂讨论

(1)就中国MLCC行业发展现状,探讨美国和日本在相关领域制裁中国或限制向中国出口的原因,同时剖析产生差距的原因,激发学生的爱国热情。

（2）作为新时代的大学生，探讨材料学子的责任所在，培养学生的社会责任感，鼓励学生树立远大理想，为国家不受制于人、为祖国的伟大复兴而努力学习，实现个人价值与社会价值的统一。

（三）课后作业

学生查阅电子元器件相关公司和主要介电材料及应用情况，形成相关调研报告。

课后作业旨在使学生熟悉不同材料的性能特点和应用领域，并了解电子材料相关产业和研发的基本国情，充分认识电子材料行业在整个国民经济中的重要地位和作用。更重要的是培养学生的社会责任感、历史使命感，培养学生的科学钻研探索精神，进一步激发学生的爱国热情。

教 学 成 效

课程为材料科学与工程专业选修课程，先后在材料科学与工程专业以及创新实验班 2017—2019 级开展了三届教学。已完成的两届教学，学生评教成绩分别为 94.79 分和 97.28 分，问卷调查中满意度也一直在 90% 以上。部分学生对本课程的评价：这门课让人受益匪浅；教师讲解很清晰，学到了一直想学的东西；教师讲得很认真，简洁易懂；不仅可以巩固知识，还可以学到新知识。

材料科学与工程是一门应用性极强的学科，为了适应学科的发展和人才培养的要求，注重实践、突出应用，后续教学中，本人将进一步以应用为导向、学生为中心，研学相融合，打造研究型教学模式，提升学生学习兴趣。从典型材料的应用出发，理论联系实际，使电子材料贴近生活，讲"有血有肉"的电子材料与应用，从而激发学生学习兴趣，并结合重要材料应用案例有机融入思政教学，悄然地培养学生的科学精神、创新意识、家国情怀和社会责任感，实现"价值塑造、能力培养、知识探究"的教学目标，最终落实立德树人的根本任务。

涂料与胶黏剂设计及工业应用典型教学案例

紧贴航空航天热点　厚植爱国精神

学院名称	材料科学与工程学院	课程名称	涂料与胶黏剂设计及工业应用
主讲教师	陈敬龙	教师职称	教授
授课对象	高分子材料与工程专业三年级本科生	课程性质	专业选修课

课程简介

"涂料与胶黏剂设计及工业应用"是介绍涂料与胶黏剂原理和应用的一门课程，是高分子材料与工程专业的一门选修课。本课程将系统地讲授涂料与胶黏剂的基本知识、基本理论和基本原理，以及常见涂料和胶黏剂的种类、合成方法、改性手段、配方设计及应用领域等，培养学生追求真理、勇于创新的科学精神，使其掌握涂料与胶黏剂的专业知识，能够对相关领域复杂工程问题进行识别和判断，并制定解决方案。

教学目标

（1）挖掘特种胶黏剂背后的思政元素，使学生意识到特种胶黏剂在"卡脖子"项目中的重要作用；通过了解所学知识在科技前沿的应用，增强其科技强国的使命感，并与所学专业相联系，增强其专业自豪感。

（2）理解特种胶黏剂的各种特殊性能、黏结的特殊对象，以及可满足特殊场合的特殊需求等内容。

（3）领会特种胶黏剂的特殊性的内涵与使用前提。

（4）掌握特种胶黏剂的设计理论，并会运用胶结理论解决实际问题，培养理论联系实际分析问题、解决问题的能力。

（5）使学生具有勇攀高峰的科学精神，涵养科技报国的爱国情怀。

思政元素

科技报国的爱国情怀。

案例实施路径与方法

涂料与胶黏剂设计及工业应用课程第一章概述中，说明了特种胶黏剂是本课程最重要的章节之一，主要教学内容是胶黏剂的发展趋势，该章节的第一次授课要求学生能够根据所学的胶黏剂知识来展望胶黏剂未来的开发方向,但是授课内容抽象而枯燥,因此,结合时事热点,激发学生学习兴趣、开拓学生思维且毫无痕迹地融入课程思政元素是教师要认真考虑的问题。2020年11月,嫦娥五号的成功发射成为举国关注的热点,因此,本次授课将"嫦娥探月"作为切入点。

(一)课堂授课

首先,应意识到"嫦娥探月"的背后,是一项项技术难点的集智突破、一项项创新成果的破壳而生。这些科技成果架起了通往月球的天梯,让中国人走出了一条属于自己的探月之路。指出探月工程离不开胶黏剂,由此引出本堂课的教学内容,引发学生的学习兴趣。

特种胶黏剂具有独特的作用,日益受到青睐。航天飞行器上有许多特殊的光电构件,要求非常苛刻,需要可满足各种环境下使用要求的胶黏剂。比如阿波罗飞船登月舱的钛铝合金蜂窝夹层结构,就采用了耐高温的环氧-酚醛胶黏剂。当卫星与飞船飞越或重返大气层时外表的耐高温烧蚀材料与容器的固定、维持火箭液体燃料超低温贮存和运输的保温材料与容器的固定等都需要耐高温胶黏剂以及超低温胶黏剂等特种胶黏剂。这类胶黏剂用途特殊且价格昂贵。

我国科学家打破国外封锁,自力更生,开发出特种胶黏剂产品,并应用于我国的长征系列火箭、神舟系列飞船以及嫦娥系列工程。

引导学生带着问题进入课程内容学习。这些问题环环相扣,引导学生深入学习、思考,牢固掌握专业知识。

(二)课后作业

布置课后作业:嫦娥五号探月工程中,在哪一部分会用到特种胶黏剂?特种胶黏剂起什么作用?请学生查阅资料回答。

课后作业旨在将当前我国实施的探月工程等社会热点问题、学科知识内容、学生思维发展三个方面进行深度融合,通过查阅课后资料和后期讨论可以了解到胶黏剂在特殊条件下实现特殊功能的大学问,拓展专业视野和思维,培养学生自主学习的能力和意识。同时,在专业课中融入"爱祖国"的思政元素,两者同向同行,形成协同效应,可大大增强学生的专业认同感和家国情怀。

教 学 成 效

涂料与胶黏剂的发展蕴含着丰富的思政教学素材,回顾近几十年来我国航空航天事业的巨大进步以及背后的艰辛历程,结合特种胶黏剂的开发在助力我国航空航天事业发展中起到的重要作用,激发了学生对本课程的学习兴趣和热情。

本案例的教学依托在线开放课程资源,使用现代信息技术,综合启发式讲解、传统板书、现代多媒体软件、慕课堂智慧教学等手段,适时设疑,师生互动交流,理论联系实际,启发式教学与案例教学、发散思维与收敛思维有机结合。

通过学生的课堂表现及学习反馈可知,本思政案例具有很强的针对性、亲和力以及感染力,摒弃了生硬刻板的说教,通过实际案例,结合当下的热点,将蕴含在案例中的爱国情怀和奋斗精神潜移默化地传递给学生。

高分子材料基础典型教学案例

赫尔曼·施陶丁格创建高分子学说的经历

学院名称	材料科学与工程学院	课程名称	高分子材料基础
主讲教师	李留义	教师职称	研究员
授课对象	材料科学与工程专业三年级本科生	课程性质	专业选修课

课程简介

"高分子材料基础"课程针对材料科学与工程专业非高分子专业的本科生进行讲授，内容涵盖高分子化学、高分子物理、高分子材料的结构与性能功能、常见高分子材料的制备和应用等几个部分。概述高分子的基本概念、各种结构和合成，讲授各类高分子材料的结构、性能、应用以及加工方法等。课程取材上力求既包括高分子材料学的基础理论和已有成果，又能反映本学科发展的现代水平。目的在于使学生对常见聚合物材料的结构与性能、如何制备聚合物材料有一个基本的了解，并就如何选用聚合物材料有清晰的思路和方法，为今后开发新型聚合物材料和从事复杂的技术工作打下基础。培养学生严谨求实、创新奉献的科学精神。

教学目标

（1）掌握高分子的基本概念、各种结构和合成方法，了解各类高分子材料的结构、性能、应用以及加工方法，使学生具有求实的科学精神。

（2）了解高分子材料的历史、文化背景知识，了解现代高分子材料的发展趋势，理解高分子材料的发展与社会、健康、文化以及环境等的相互关联，增强专业认同感和责任感。

（3）掌握高分子材料的合成、制备及性能与结构之间的密切联系，能够针对高分子材料工程问题提出相应的解决方法，使学生具有勇于创新的科学精神，增强专业认同感和责任感。

（4）能够对高分子材料进行识别、表达和分析，获得有效结论，了解高分子材料行业现状、相关法律法规，分析行业对相关职业的要求，具备将来从事高分子材料研究的创新能力和素质。

思政元素

通过讲授赫尔曼·施陶丁格的专业探索精神和建立高分子学说的艰辛历程，启发学生的创新思维，激发学生勤于思考、追求真理、勇于创新、敢于担当的科学精神。

案例实施路径与方法

（一）育人理念

秉承"学生中心，产出导向"的理念，坚持教学内容的高阶性、创新性和挑战度。

（二）实施思路

以 PPT 讲授为主，在 PPT 设计时，注重逻辑和引导。借助常见的高分子材料直观地展示高分子材料在人们生活、生产和科研中的重要性，引出本讲主要内容。再利用列提纲等方式突出主讲内容，灵活插入图片，文字内容力求简练。最后用折叠手机屏幕等功能高分子的图片引导学生思考，激发他们学习高分子材料的兴趣和探索的动力。

（三）思政元素融入方式

在高分子材料的发展历程中以赫尔曼·施陶丁格创立高分子学说为典型代表，结合 PPT，让学生认识高分子，掌握高分子与小分子的区别，为掌握高分子的概念打下基础，启发他们学习和探究高分子材料的兴趣，激发其追求真理、勇于创新的精神。

（四）教育教学方法

综合启发式讲解、传统板书、现代多媒体软件等手段，适时设疑，师生互动交流，理论联系实际，启发式教学与案例教学相结合。

（五）教学活动设计

交代本课程主讲内容（板书——写出章节名称）（1 分钟）。

课程导入：展示通用高分子材料图片，说明高分子材料与人类生活、生产活动的密切相关性，引出高分子材料的定义和分类等（板书）（3 分钟）。

教学内容：介绍高分子材料的定义和分类并加以解释。注意突出高分子材料组分和用途上的差异：组成—结构—性能关系。

提问：什么原因导致高分子性能的千差万别？引出高分子材料的分类（1 分钟）。

高分子材料的分类（板书，此部分为重点讲解内容）。主要从组成—结构—性能关系和加工方法等方面讲解影响高分子材料性能的因素（20 分钟）。

在了解高分子材料的基本概念和分类后，追根溯源，切入高分子材料的发展历程，以赫尔曼·施陶丁格创立高分子学说为代表（板书），围绕赫尔曼·施陶丁格进行科研探索的故事，激发学生求实、创新、坚持真理等科学精神，突出随着科学家们的科技创新，现代高分子材料已经与金属材料、无机非金属材料一样，成为科学技术、经济建设中的重要材料（18 分钟）。

结束语采用互动方式：在掌握了高分子材料基本概念后，请问在座的学生能不能尝试举例说明身边的功能高分子材料？以"人类已经超越天然材料时代，步入高分子材料时代"结束课程（2 分钟）。

（六）资源载体

教材、PPT、图片等。

（七）特色与创新

实施"传统＋现代"的混合式教学模式。以学生为主体，采用最合理的教学模式，调动学生的学习兴趣和积极性。

（1）改革实验教学模式。鼓励学生以小组为单位根据课程内容探索高分子材料设计实验方案，提升学生的实践创新能力。

（2）拓展实践教学途径。在课程评价上鼓励和支持学生自主选择、自愿参与实习、设计、实践、竞赛等课内外高分子材料相关实践活动，引导学生求实创新。

（3）改变评价方式。以增量性评价、个性化评价和导向性评价模式评价课程，关注学生知识的持续积累。

教 学 成 效

经过一百年的发展，高分子科学的研究成果已经渗透到了国民经济各个领域，如医疗卫生、航空航天、国防、工农业生产及日常生活等方面，构成了人类文明的重要组成部分。在授课内容中增加该部分内容约2课时，目的是结合赫尔曼·施陶丁格的专业探索精神和建立高分子学说的艰辛历程事例，启发学生的创新思维，激发学生勤于思考、追求真理、勇于创新、敢于担当的科学精神。带领学生回顾高分子科学的发展历史，鼓励学生勇于创新和理论联系实际。本人在总结和整理这部分内容时发现，中国科学家同样在高分子科学领域做出了卓越贡献，我国高分子产品产量世界第一，在高分子材料领域的研究整体达到国际先进水平，在高性能分子材料设计、合成方面甚至具备领先优势，准确恰当把握讲课内容和学生心理特点，会收到很好的教学效果。

电子封装材料与工艺典型教学案例

华为芯片的困局和破解

学院名称	材料科学与工程学院	**课程名称**	电子封装材料与工艺
主讲教师	林枞	**教师职称**	教授
授课对象	材料科学与工程专业四年级本科生	**课程性质**	专业选修课

课程简介

"电子封装材料与工艺"是材料科学与工程专业的一门选修课,它以电子器件与芯片生产中的微连接与封装为学习对象,研究和探讨电子封装所使用的材料与工艺的发展规律。通过本课程的学习,让学生具备微电子封装相关的专业基础知识,并能将这些知识与实际的应用相联系,具备一定解决实际问题的能力。通过课程学习,了解我国芯片行业发展的现状和瓶颈问题,以华为公司的技术发展策略为例,坚定学生对关键技术开展自主研发的决心,鼓励学生投入到国家急需的行业中。

教学目标

(1)坚定学生对关键技术开展自主研发的决心。
(2)掌握电子封装的主要工艺流程及制造系统,理解不同系统的优劣,能够根据不同产品需求设计相应的流程。
(3)掌握封装结构的设计理念,能够通过设计封装结构实现电子封装效果的优化。
(4)掌握评价封装效果的方法,理解电子封装行业在社会发展中的地位和意义。

思政元素

引入"华为芯片的困境和出路"这一思政案例,分析其对中国未来技术发展的引领作用,让学生了解自主研发的技术对中国社会发展的重要意义,坚定学生科技强国的信念和学习技术、发挥技术优势为国奋斗的决心。

案例实施路径与方法

(一)育人理念

以学生学习成果为导向,实施润物细无声的思政教学。

（二）实施思路

在课程 1.2 节"电子封装的主要对象"中介绍电子封装的主要对象之一芯片工艺时，通过介绍不同类型的芯片，以及芯片目前发展的现状与趋势，结合当前国外芯片公司对华为企业的技术封锁，华为面临芯片无人代工，企业的生产和发展受到严重制约和挑战。想要打破芯片断供的困境只有一条路，就是通过自主研发，攻克关键技术的壁垒。接着向学生介绍芯片制造过程中的关键壁垒性技术，强调我国自主研发的重要性，鼓励学生学习技术，发挥技术特长为国奉献。

（三）案例内容

继台积电、联发科停止向华为提供芯片之后，索尼、三星、海力士也加入了这一行列。为此，华为面临芯片无人代工，存储芯片、相机传感器等多个零部件无货可用的境地。对于一个生产中高端智能手机的企业来说，如果高性能芯片断供，那么今后就无法再生产高性能智能设备了。"芯片突围"的问题摆在眼前，困局如何破解？

从华为的情况可以看出，真是应了那一句"没有核心技术一切都是零"，因为在过去一段时间内，华为只在芯片设计领域发力，虽然芯片是科技的核心，但半导体技术同样有核心，这个核心就是芯片制造，华为没有掌握制造业，所以如今被卡脖子了。

面对美国的无理打压华为并没有屈服，为了实现这一关键领域的突破，"国家队"跑步进场，将光刻机等列入科研任务。中科院将对光刻机及一些关键的核心技术、关键原材料等进行布局，集中力量来攻克这些目前最受关注的重点技术。

在一段时间的沉寂后，华为发售 Mate 60，芯片上的"CN"字样让中国人感到特别激动。也许目前还不是最先进的技术，但是中国人通过自己的努力短时间内实现了突破，这足以载入史册。

华为创始人任正非称，"芯片光砸钱不行，要砸（支持）数学家、物理学家等"。材料学科也和数学、物理一样，是很多领域的支柱和理论基础，希望以此为例使学生认清楚自己的责任和使命，努力学习专业知识，并立志把所学所长发挥在自己国家的大地上，为我国的科技进步作出自己应有的贡献。

（四）案例实施方法

首先通过视频播放芯片制作的工艺流程，再分别介绍芯片工艺流程每个步骤的工艺名称与技术原理；其次在讲述光刻这一关键工艺的过程中，通过提问的方式引入华为芯片被卡脖子的问题；再次通过 PPT 展示华为芯片事件的发展，重点对比 Mate 60 芯片与之前芯片的不同之处；最后通过案例总结，加深学生对本案例的理解。

教 学 成 效

通过本案例的教学，教师体会到专业内容与思政内容有机融合的重要性。对学生的培养应先教其做人，然后才是做事。思政教育应达到润物细无声的效果，且与专业教育严丝合缝。脱离专业教学内容的思政教育会显得非常生硬和突兀，不易让学生理解和接受，甚至有时候会适得其反；而离开了思政教育的专业教育则会失去灵魂，容易出现专业人才培养方向的迷失。

在专业教学与思政教学相融合的过程中要非常注重方法论。思政教学内容与专业教学内容的比例应适当，思政教学内容不应成为教学内容的主题，而应该以画龙点睛的形式出现，一方面不能与专业教学内容脱节，必须在专业内容的基础上顺其自然地过渡到思政内容；另一方面，思政教学内容又是专业教学内容的升华，通过思政内容的强化，可提高学生对所学专业内容的理解深度，引导学生深层次的思考。

弹性与塑性力学基础典型教学案例

建筑结构界的创举"水立方"

学院名称	材料科学与工程学院	**课程名称**	弹性与塑性力学基础
主讲教师	温翠莲	**教师职称**	副教授
授课对象	材料科学与工程专业三年级本科生	**课程性质**	专业选修课

课 程 简 介

"弹性与塑性力学基础"是材料科学与工程专业的专业选修课,主要讲授弹性力学和塑性力学的基本概念、理论和方法,以及各种经典方法在解决弹塑性问题中的应用,使学生掌握弹性与塑性力学的基本知识,建立起一种系统的力学分析概念,会运用弹塑性理论对工程结构材料的应力与变形进行准确地描述和计算,能将弹性与塑性力学基础知识和实际应用相结合。同时通过本课程的教学,使学生认识到技术发展与创新的重要性,培养学生精益求精和创新的科学精神,增强爱国情怀,为学生从事相关研究和毕业后的相关工作打下坚实的基础。

教 学 目 标

(1)查阅并了解国内外弹性与塑性相关的工程力学案例,使学生认识到技术发展与创新的重要性,培养学生精益求精、追求卓越创新的科学精神,增强爱国情怀。

(2)培养学生运用弹性力学和塑性力学的基本理论和相关知识分析和解决弹塑性力学问题的能力,使其可以适当应用张量分析及求和约定等进行弹塑性力学公式的科学表述,并能够通过自主查阅文献和资料对比和分析相关工程问题。

(3)掌握应力理论、平衡方程及应变理论,能够具体运用弹塑性力学的相关方程组,确立边界条件,并选取正确的近似算法或近似分析方法,对工程实践中的相关材料或结构进行弹性、弹塑性和塑性分析,从而培养学生进行新型工程结构材料的理论研究和实践工作的能力。

思 政 元 素

通过讲授我国现代重要的工程——国家游泳中心"水立方",使学生认识到工程技术发展与创新对提升国家竞争力的重要性,培养学生精益求精、追求卓越创新的科学精神,增强学生的爱国情怀。

案例实施路径与方法

（一）案例教学

通过案例教学介绍我国现代重要的大跨度空间钢结构工程——国家游泳中心"水立方"。水立方的建筑平面布置为正方形，平面尺寸为 176.5 m × 176.5 m，建筑外立面由新型多面体空间钢结构和 ETFE（乙烯-四氟乙烯共聚物）充气膜组成，像一个晶莹剔透的水晶体，建筑高度约 31 m，钢屋盖最大跨度为 130 m。该工程结构相当复杂，全部采用焊接连接，钢材材质为 Q345C 和 Q420C，总用钢量约 7200 t。它的膜结构是根据细胞排列形式和肥皂泡天然结构设计而成的，这种形态在建筑结构中从来没有出现过，创意十分奇特。

（二）知识拓展

水立方的结构设计史无前例，是建筑结构界的创举。水立方是由中建设计联合体、澳大利亚 PTW 建筑设计事务所、ARUP 奥雅纳工程顾问公司联合设计，其建筑设计单位为北京清华同衡规划设计研究院有限公司建筑声学与室内设计研究所。水立方创造性地使用了无先例、无规范、无标准的新型空间多面体延性刚架结构。这一新型空间结构体系具有构成简单、重复性高、汇交杆件少、节点种类少等特点，简化了施工过程。

同时，水立方大胆地使用了 ETFE 膜材料，其膜结构共由 3097 个 ETFE 充气枕组成，是当时世界上规模最大的膜结构工程，也是唯一一个完全由膜结构来进行全封闭的大型公共建筑，外观上形成了独特的美学效果。ETFE 膜材料具有强度大、韧性好、抗拉性能好等力学性能。同时，ETFE 充气枕密度小、自重轻，其内部充满热的不良导体——空气，成为了很好的保温隔热材料。此外，ETFE 膜材料还具有很好的抗老化性能，它无色透明、透光率高，具有很好的防火性能与自洁能力。

（三）课后作业

通过查阅国内外先进的工程案例，完成作业"请通过查阅文献，举出一个国内让你印象深刻的重要的工程力学案例，请阐述其存在的相关弹性与塑性力学问题，分析其技术的先进性"。课后作业旨在使学生自主查阅文献资料，拓展专业视野和思维，培养自主学习的能力和意识。在了解国内现代工程技术发展的同时，使学生认识工程力学相关技术的发展与创新对提升国家竞争力的重要性，引导学生追求卓越创新的科学精神，并增强学生的爱国情怀。

教 学 成 效

通过本案例的教学，本人获得的课程思政教学体会如下：

首先，学无止境，终生学习。要给学生一杯水，自己必须先有一桶水，作为教师倘若能做到旁征博引、信手拈来，肯定能为课堂添彩，从而提高学生的学习兴趣。我想只有这样的教育才不是机械地填鸭，要想游刃有余地将思政教育融入学科教学，广博的知识和灵活的思维是前提！

其次，课程思政应成为课堂教学的点睛之笔。在教学设计时不能为了追求思政效果生搬硬套、牵强附会，也不能把大量的课堂时间都安排思政的内容，变身成政治课。应当巧妙设计，穿插于学科教学之中，同时把有意义的事情讲的有意思、不枯燥，使学生爱听。

今后我将不断学习和反思，虚心向经验丰富的优秀教师学习，在教学实践中，更加精心备课，深入挖掘课程思政素材，在课程教学中巧妙渗透思政元素，充分体现课程思政的价值引领作用。

最后，通过对国家重要工程技术的学习，以及自主查阅国内外先进的工程案例，使学生充分地了解基础专业知识在实践中的应用，促使其将理论研究和实践工作相结合。同时，使学生认识到工程技术发展与创新对提升国家竞争力的重要性，培养学生精益求精、追求卓越创新的科学精神，增强学生的爱国情怀。

化学纤维教学案例

"一带一路"倡议　厚植爱国精神

学院名称	材料科学与工程学院	**课程名称**	化学纤维
主讲教师	陈敬龙	**教师职称**	教授
授课对象	高分子材料与工程专业三年级本科生	**课程性质**	专业选修课

课程简介

　　化学纤维是高分子材料的一大类型，与人们的生产生活及国民经济的发展息息相关。本课程针对化学纤维发展现状和趋势，主要讲授各类化学纤维的概念，熔法、湿法、干法、凝胶纺丝、干湿法纺丝等各种纺丝成形方法的基本原理，生产工艺条件、结构、性能之间的相互关系，各种纺丝方法生产的化学纤维品种，以及近期研究发展起来的高技术纤维和新技术。培养学生忘我奉献的社会责任感和高尚情操，以及能够在化学纤维的合成改性、加工成形和应用等领域从事科学研究、技术和产品开发的工程应用型人才。

教学目标

　　（1）挖掘在天然纤维发展背后的思政元素。学生能够根据授课内容联系到古丝绸之路在东西方文明交往过程中曾经发挥的重要作用，以及我国目前的"一带一路"倡议对民族复兴的重要意义，激励学生努力学习，为民族复兴贡献自己的力量；还能由所学知识与科技前沿的应用增强科技强国的使命感，并且结合知识与所学专业的联系增强专业自豪感，善于发现生活中的知识，热爱生活、敬畏知识。

　　（2）了解棉、麻、毛、丝的化学成分及形态结构特点。

　　（3）掌握棉、麻、毛、丝四大常见天然纤维的主要性能，并学会运用纤维素纤维以及蛋白质纤维等的理论解决实际问题，培养学生理论联系实际分析问题、解决问题的能力。

　　（4）使学生具有追求真理、勇于创新的科学精神，以及包容开放的思想格局，涵养科技报国的爱国情怀。

思政元素

　　坚持真理、求真务实、永不放弃的科学精神，爱国情怀，增强"四个自信"。

案例实施路径与方法

在讲到化学纤维这门课程的第一章化学纤维发展的历史时,主要教学内容是纤维的发展及分类,该章节要求学生能够对纤维的发展历史及分类有所了解,但是授课内容抽象而枯燥,因此,结合时事热点,激发学生学习兴趣、开拓学生思维又能毫无痕迹地融入课程思政元素是教师要认真考虑的问题。

(一)课堂授课

首先,联系中美之间的贸易摩擦这个社会热点问题,指出我们国家在发展壮大的过程中,会遇到各种各样的阻力,但是我们一定要增强自己的科技实力,而且也一定会更加开放。介绍古丝绸之路在东西方文明交往过程中曾经发挥的重要作用,及我国目前的"一带一路"倡议对民族复兴的重要意义,激励学生努力学习,为民族复兴贡献自己的力量。

此外,还可以介绍 20 世纪五六十年代我国科研工作者在极端艰苦的条件下实现了我国化学工业及高分子工业的快速发展,打破了发达国家对我们的技术封锁,尤其是世界上首次合成具有生物活性的牛胰岛素结晶的故事,这些内容不仅可以激发学生的爱国热情,增强"四个自信",而且还可以将相关研究人员坚持真理、求真务实、永不放弃的科学精神传递给理工科的大学生,无论是对他们个人的成长成才,还是对国家与民族的发展都具有重要意义。

引导学生带着问题进入课程内容学习。这些问题环环相扣,引导学生深入学习、思考,牢固掌握专业知识。

(二)课后作业

布置课后作业:在中美贸易摩擦日益加剧的今天,美国对我国各个产业进行围追堵截,不仅在芯片行业,在高分子化工领域、新材料领域也对我们采取了一系列的限制措施。请思考一下,目前我国在化学纤维领域、石油化工领域还有哪些短板?离开了杜邦公司等美国公司,我们的日常生活会不会受到比较大的影响?请举出几个我们依然依赖进口的纤维产品。

课后作业旨在将当前中美之间的贸易摩擦、学科知识内容、学生思维发展三个方面进行深度融合,通过查阅课后资料和后期讨论可以拓展学生的专业视野和思维,培养其自主学习的能力和意识。同时,在专业课中融入"爱祖国"思政元素,两者同向同行,形成协同效应,可大大增强学生的专业认同感和家国情怀。

教 学 成 效

化学纤维的发展蕴含着丰富的思政教学素材。通过对课程内容的发掘,针对当下中美贸易摩擦日益加剧的国际形势,将"一带一路"倡议的开放包容、互学互鉴的"丝路精神",与我国化学纤维产业在"一带一路"建设中起到的重要作用相结合,激发学生对本课程的学习兴趣和热情。

本案例的教学,依托在线开放课程资源,使用现代信息技术,综合启发式讲解、传统板书、现代多媒体软件、慕课堂智慧教学等手段,适时设疑,师生互动交流,理论联系实际,启发式教学与案例教学、发散思维与收敛思维有机结合。

通过学生的课堂表现及学习反馈可知,本思政案例具有很强的针对性和感染力,结合当下热点,激发了学生强烈的爱国情怀,以及开放包容的团队合作精神,摒弃了生硬刻板的说教,通过实际案例,使思政教育在触及灵魂的同时又能润物无声,学生听得进去,记得牢固。

核酸化学典型教学案例

基因编辑技术

学院名称	化学学院	课程名称	核酸化学
主讲教师	卢春华	教师职称	教授
授课对象	化学专业三年级本科生	课程性质	专业选修课

课 程 简 介

核酸化学是生物化学中的一个分支。通过对核酸化学课程的讲解，可以使学生了解核酸的基本概念、分子组成、分子结构等信息；通过学习核酸结构的变化，可以了解 DNA 或 RNA 在生命体内的作用；通过对核酸分子结构的学习，可以了解核酸结构的多元化变化；通过了解如何设计和控制核酸结构的变化，可以理解生命体内的多种代谢途径；通过对 DNA 纳米技术的了解和学习，可以明白如何在微观层面设计和应用 DNA 结构，用纳米的思维了解和操控 DNA 分子结构的变化和应用。

教 学 目 标

通过学习掌握核酸的基本知识和核酸结构设计的基本知识，做到理论联系实际，在加强理论学习的同时，加强实验基本技能的培养；通过学习，培养严谨的科学态度，初步具备分析问题和解决问题的能力，为后续开展毕业设计和写作毕业论文打下基础；能够将该领域前沿理论和应用场景融合，并以课堂讨论、小组讨论、总结汇报等方式进行准确表述；能树立科学探究的精神，具备坚韧的科学精神，积极进取，养成较强的社会责任感，能够践行社会主义核心价值观。

思 政 元 素

学术道德和学术伦理，使学生践行社会主义核心价值观。

案例实施路径与方法

（一）导入主题

简要回顾 DNA 是遗传信息载体的概念。指出个体的差异在于 DNA 遗传信息的不同；家族成员的相似性在于遗传信息的传代。

（二）教学设计

举例：黑猩猩的基因组与人类基因组的相似性为 98.6%~99%；猫与人类的基因组相似性高达 90%，这也从一个侧面反映出猫的智慧程度实际上可能超过我们对它们的固有印象；人类基因组跟奶牛也有 80% 左右的相似性。

如果只比较蛋白质编码基因，小鼠有 85% 的基因与人类相似；但如果将人类和小鼠的非编码 RNA 进行比较，却只有 50% 具有相似性。尽管在繁殖后代上存在着巨大的差异，但基因比对结果显示，鸡的体内依然有 60% 的基因与人类相似；人和猪有 83% 的基因相似。

上面提到的基因组相似性，大多数指的是编码蛋白质基因的相似性。但是在人类染色体中，编码基因只占整个 DNA 序列的 1.5%~2%，也就是说其他 98% 的区域并没有用来进行相似性比较。

那为什么只比对这么少的区间就能说两个物种存在相似性呢？这是因为在生物体内发挥功能的基因大多数都是这些编码基因，其他非编码区域被认为是"垃圾"区域。因此仅仅比较这些编码蛋白的基因序列，就可以判断不同物种之间相似性的大小了。

让学生感受到所学知识的实际价值，从而产生好奇心，激起学习新知的欲望。适时设疑，启发学生思考，调动学生学习的积极性。

（三）展开阐述

1. 基因编辑技术产生的背景

基因编辑技术的起点可以追溯到 20 世纪初期的遗传学研究，早期的基因编辑是通过诱变以及遗传修饰来实现，而在最新的技术发展中，则可利用"针对性核酸酶"（如 CRISPR/Cas9）辅助修饰或直接编辑基因，实现基因调控的目的。

2. 第一代人工核酸内切酶

知识点：锌指核酸内切酶（zinc finger endonuclease，ZFNs）。锌指是一类能够结合 DNA 的蛋白质，人类细胞的转录因子中大约有一半含有锌指结构，ZFNs 是将锌指蛋白与核酸内切酶 Fok I 融合形成的核酸内切酶，利用它可以在各种复杂基因组的特定位置制造 DNA 的双链切口。

3. 第二代人工核酸内切酶

知识点：类转录激活因子效应物核酸酶（transcription activator-like effector nuclease，TALENs）的出现在很大程度上替代了 ZFNs。TALENs 可以和 ZFNs 一样对复杂的基因组进行精细的修饰，同时其构建较为简单，特异性更高，因此受到了科研工作者的青睐。2012 年，TALENs 被《科学》杂志评为十大科学突破之一。

4. 第三代人工核酸内切酶

知识点：规律间隔成簇短回文重复序列 -Cas 蛋白（clustered regularly interspaced short palindromic repeats/associated9，CRISPR/Cas9），主要是基于细菌的一种获得性免疫系统改造而成，其特点是制作简单、成本低、作用高效。

（四）重点及难点

CRISPR/Cas9、ZFNs、TALENs 的比较。

功能结构：ZFNs、TALENs 人工核酸酶的原理是一样的，都是由 DNA 结合蛋白与核酸内切酶 Fok I 融合而成，以二聚体形式发挥功能且只需要蛋白质元件。序列特异性由每条多肽的 DNA 结合域决定，剪切由 Fok I 酶结构域决定。而 CRISPR/Cas9 系统由一个单体蛋白和一个嵌合的 RNA 构成，序列特异性由 gRNA 中 20 个碱基序列决定，剪切由 Cas9 蛋白执行。

设计难度：由于锌指蛋白与 DNA 互作的复杂性以及序列特异性的进一步限制，一般认为 ZFNs 的设计比较困难，成本昂贵，而且其专利被少数几家商业公司控制。商业化的 ZFNs 较使用公共资源设计的 ZFNs 效果好，但是贵得多（比如美国的 Sangamo Biosciences 公司和 Sigma-Aldrich 公司合作，开发出的一套名为 CompoZr 的锌指蛋白构建系统）。TALENs 更容易设计一些，因为在蛋白质重复与 DNA 序列间有一对一的识别规则，而且高效的 DNA 组装技术（如 Golden Gate 克隆）简化了 TALENs 元件的组装，然而基于高度重复序列的 TALENs 技术会促使体内发生同源重组。目前也出现了商业化的人工 TALEN 文库，比如法国巴黎的 Cellectis Bioresearch 公司（一个未经验证的定制 TALEN 的价格是 3360 美元，验证过的是 5000 美元）、美国的 Transposagen Biopharmaceuticals 公司和 Life Technologies 公司都提供这类服务。相较而言，gRNA 引导的剪切只依赖于与目标 DNA 序列进行简单的 Watson-Crick 碱基配对，因此不需要对每个目标位点进行复杂的蛋白质工程改造，而仅需修改 gRNA 中 20 个碱基序列来识别不同的目标位点。

（五）深入研讨

基因编辑的反面例子：基因编辑婴儿事件。2018 年 11 月 26 日，南方科技大学副教授贺建奎宣布一对名为露露和娜娜的基因编辑婴儿于 11 月在中国健康诞生，由于这对双胞胎的一个基因（CCR5）经过修改，她们出生后即能天然抵抗艾滋病病毒（HIV）。

知识点：第三代技术的应用。

重点：学术道德和学术伦理。

2018 年 11 月 26 日晚，中国和世界多个国家的科学家陆续发声，对基因编辑婴儿事件进行谴责，或者表达保留意见。他们的理由大体可以总结为：① 艾滋病的防范已有多种成熟方法，而这次基因修改使两个孩子面临巨大的不确定性；② 这次实验使人类面临风险，因为被修改的基因将通过两个孩子最终融入人类的基因池；③ 这次实验粗暴突破了科学应有的伦理程序，在程序上无法接受。

2019 年 12 月 30 日，基因编辑婴儿案在深圳市南山区人民法院一审公开宣判。贺建奎、张仁礼、覃金洲等 3 名被告人因共同非法实施以生殖为目的的人类胚胎基因编辑和生殖医疗活动，构成非法行医罪，分别被依法追究刑事责任。

反思：学术道德、学术伦理，如何正确践行社会主义核心价值观。

（六）总结提高

（1）基因编辑技术的发展。

（2）基因编辑技术是把"双刃剑"。

（3）如何正确践行社会主义核心价值观。

（4）搜索新闻，了解及反思。

（5）查阅文献，了解基因编辑技术的最新进展。

教 学 成 效

综合启发式讲解、传统板书、现代多媒体软件等手段，适时设疑，师生互动交流，理论联系实际，启发式教学与案例教学、发散思维与收敛思维有机结合。通过本案例的教学，学生能够树立科学探究的精神，具备坚韧的科学精神，积极进取，养成较强的社会责任感，能够践行社会主义核心价值观。

排水管网工程典型教学案例

城市旧合流制排水管渠系统的改造

学院名称	环境与安全工程学院	课程名称	排水管网工程
主讲教师	张滢	教师职称	讲师
授课对象	环境工程专业三年级本科生	课程性质	专业选修课

课程简介

　　生态文明建设是我国的千年大计，社会迫切需要高校培养出满足新时代下生态环保产业发展需要且德才兼备的复合型环境工程专业技术人才。排水管网工程是环境工程和市政工程设计、施工以及相关科研工作的重要内容之一，重点讨论排水管网（即分流制和合流制）的管网布置、水力计算、设计过程及排水系统的施工、管理、维护与运行等方面内容。本课程内容符合国家环境保护发展战略，通过教育学生正确认识国家将环境保护与污染防治作为重要发展目标的时代背景，激发学生对环境专业的强烈认同和社会责任感，培养学生的工程思维与素养。通过本课程学习，使学生初步具备独立进行城镇排水管道工程规划与设计的能力，培养其工程项目创新、产品研发和实施管理的能力，使其成为能解决复杂环境工程问题的复合型人才，为"两个一百年"目标的实现培养中坚力量。

教学目标

　　（1）知识目标：通过课程教学，使学生正确理解并掌握合流制与分流制排水体制的优缺点及其适用条件、合流制管渠系统及其改造工程的规范设计与计算以及城市防洪与雨水综合利用等知识点。同时，结合当前"海绵城市"建设的内容，拓宽学生知识面，综合认识并理解排水体制、城市水环境以及雨洪管理与利用之间的内在联系。

　　（2）能力目标：通过课程教学和习题练习，培养环境工程专业学生对合流制管渠系统及其改造工程的设计、计算、施工和运行维护能力，并通过对改造案例的分析讨论，培养学生独立思考和主动解决问题的能力。

　　（3）情感目标：挖掘合流制排水体系改造、黑臭水体治理以及海绵城市建设真实案例背后的思政元素，采用具体的工程实践案例来阐述如何践行社会主义核心价值观、促进生态文明建设、实现中华民族伟大复兴，潜移默化地培养学生的家国情怀。进一步，通过引导学生结合所学知识与科技前沿的应用，增强学生投身中国特色生态文明建设的使命感以及对环境工程专业的认可度和自豪感。

思 政 元 素

坚持以立德树人为根本，潜移默化地培养学生的家国情怀，提高学生对专业的认可度和自豪感，增强学生建设伟大祖国的使命感。

案例实施路径与方法

（一）教学理念
（1）基于 OBE 理念，以学生的发展为中心，目标导向。
（2）结合工程实际，注重创新和挑战。
（3）坚持以立德树人为根本，强调培养学生能力素质。

（二）实施思路
融合"最近发展区"理论，在教学内容和教学方法上突出创新性，在考核设计上增加挑战度，培养学生自主学习的能力。通过引入我国城市旧合流制排水管渠改造的相关案例（如校园积水现象、城市内涝问题、海绵城市建设等），激发学生的学习热情，引导学生树立科技报国的使命感，增强专业认可度和自豪感；教学环节中，通过设置问题，引起学生探索的欲望，通过线上线下的小组讨论引导学生解决问题；考核上，注重过程考核，培养学生独立思考的能力。

（三）思政元素融入方式
挖掘城市内涝、黑臭水体治理以及海绵城市建设真实案例背后的思政元素，从具体的工程实践案例入手，引导学生利用所学知识解析工程实际问题，融入科技前沿应用，鼓励学生探索解决问题的新途径，在案例分析和讨论中，潜移默化地培养学生的家国情怀，增强学生投身中国特色生态文明建设的使命感。

（四）教育教学方法
使用现代信息技术，综合启发式讲解、传统板书、现代多媒体软件等手段，适时设疑，师生互动交流，理论联系实际，启发式教学与案例教学、发散思维与收敛思维有机结合。具体说明如下：

课前，学生查阅相关资料完成预习工作；课中，教师根据学生自学情况，及时调整教学策略，通过工程问题引导，结合生活现象启发思考、演绎讲解，循序渐进加以剖析解决，引导学生理解合流制排水管渠改造的重点和难点；采用课堂提问的方式，通过启发式和交互式教学方法，循序渐进、层层深入，由简至难逐步烘托重点，鼓励学生在课堂上动脑思考、动手计算、动口表达，主动参与课堂教学，从而加深对重点和难点知识的理解。

（五）教学活动设计
1. 问题导入

结合上海、武汉、深圳等地在黑臭水体治理以及海绵城市建设的实际工程案例，问题式导入教学主题——城市旧合流制排水管渠该如何改造？存在哪些方面的问题？从技术的角度应如何解决这些问题？

通过播放相关视频，引导学生初步了解合流制排水体制在实际应用中存在的问题以及城市不断发展面临的痛点；简要介绍本章节主要内容——合流制管渠系统的使用条件与布置特点、旧合流制排水管渠系统的改造途径、不同排水系统的连接方式；利用图片和实例（图1和图2），让学生感受到所学知识的实际价值，从而产生好奇心，激起学习新知的欲望；适时设疑，启发学生思考，调动学生学习的积极性。

图1 城市黑臭水体问题

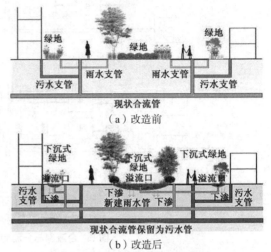

图2 合流制排水系统改造实例

2. 展开阐述

由实际案例展开，通过课堂讲授和板书，对合流制管渠使用条件和布置特点进行详细阐述；通过交互式讨论，使学生充分理解合流制与分流制排水系统各自的优缺点。首先，从合流制管渠系统的定义入手，详细阐述其优缺点，并对其使用条件以及截流式合流制管渠系统的布置特点展开说明。其次，根据教材与《室外排水设计规范》对合流制管渠系统的使用条件和布置特点展开详细阐述。最后，通过交互式讨论，使学生充分理解合流制与分流制排水系统各自的优缺点。合流制排水管渠改造是本章节的重点和难点，所以需要结合例子，循序渐进、层层深入地引导，改变教师满堂灌的方法，启发学生动脑动手，使学生在不知不觉中记住重点、消化难点。

3. 深入研讨、辩证思考

学生能力和素质培养是一个多因素、潜移默化的过程，只有让学生真正参与到课堂中，才能实现能力与素质的培养。因此，需要通过设置高质量问题让学生进行思考并形成解决问题的初步方案，通过师生互动和教师引导，进一步提升学生看待、解决问题的整体认知水平，从而实现潜移默化地培养学生能力的目的。为使学生更好地理解城市旧合流制排水管渠系统的改造途径与改造难点，通过设置创新性探究作业让学生搜集相关资料，通过查阅文献分析和解决实际案例的得失，通过线上或线下课堂讨论的形式，锻炼学生总结、表达、写作等方面的综合能力。

4. 巩固加深、提高升华

针对目前城市中不同排水体制并存的实际情况，以及不同排水系统出现的混接现象，引导学生深入分析讨论如何正确地连接合流制和分流制管渠系统。结合图3，通过设问、引导和交互式讨论，循序渐进地引导、由浅入深地启发学生思考，增强师生互动交流，使学生对不同系统的连接方式有更进一步的理解和认识，逐步掌握确定连接方式的根本原则。

通过融合教学，学生不仅能增强科技强国的使命感，还能体会自身专业的重要性。根据不同难度的例题，启发学生运用创新性、批判性思维，以学生动脑思考、动手实践为主，培养学生解决问题的能力。同时，适时设疑，启发学生更深入地思考，以更好地做出工程决策。

5. 总结提高

首先结合改造实例，回顾总结本课程讲授的主要知识点。然后，布置扩展实践题目：要求学

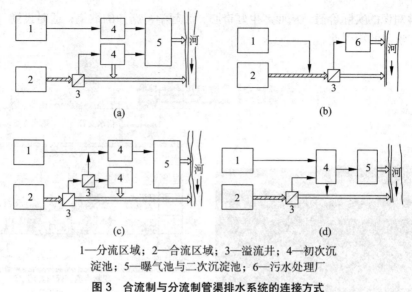

1—分流区域；2—合流区域；3—溢流井；4—初次沉淀池；5—曝气池与二次沉淀池；6—污水处理厂

图3 合流制与分流制管渠排水系统的连接方式

生课后收集并讨论国内外海绵城市建设的案例，进一步培养学生工程思维能力与素养，增强科技建国的责任感与使命感。

6.课后任务

复习本章节，完成以下习题，并自学下一章节。

（六）特色与创新

以学生发展为中心，融合思政元素，在实际案例分析中，潜移默化地培养学生的家国情怀，增强学生建设伟大祖国的使命感。

教 学 成 效

只有不会教的老师，没有教不好的学生。在教学各环节中，应继续立足学生需求，理解学生心理，通过多种类型教学方式和手段激发学生主动学习的积极性，从感性认知到理性分析再到思想升华，在专业知识的讲授过程中，立德树人，培养学生能力素质。

数字化测图与 GNSS 定位典型教学案例

北斗改变生活

学院名称	环境与安全工程学院	课程名称	数字化测图与 GNSS 定位
主讲教师	高永刚	教师职称	副教授
授课对象	地质工程专业三年级本科生	课程性质	专业选修课

课程简介

"数字化测图与 GNSS 定位"是地质工程专业的专业选修课,本课程包含大比例尺数字地图的测绘理论、方法和应用,以及 GNSS(全球导航卫星系统)导航定位的原理、方法及其应用两部分内容。学生通过本课程学习,可以掌握全站仪的使用方法,掌握数字化测图理论与方法,学会利用 CASS 软件进行数字地形图绘制;掌握 GNSS 系统的组成和定位原理,能利用 GNSS 进行野外静态数据采集以及内业数据处理;掌握利用 RTK 进行数字测图和测设的相关方法。

教学目标

(1)通过学习思政故事,培养学生的爱国情怀、敬业精神和诚信品质,增强其国家意识和社会责任意识。
(2)掌握数字化测图原理,GNSS 定位系统的特点。
(3)了解 GNSS 测量技术的应用领域。

思政元素

以培养爱国情怀、敬业和科研精神为导向,增强学生专业学习的使命感和荣誉感。

案例实施路径与方法

(一)教学设计总体思路
(1)课程思政与专业知识互浸,培养坚持科研的理想信念。
(2)采用"引导—讨论—总结"的教学策略。

(二)教学内容
问题式导入主题——数字地图、卫星导航与定位。
通过"在哪儿?如何去"这个设问引出课程,通过百度地图、高德地图等导航软件的介绍让学生了解卫星定位技术在导航中的作用，引出电子地图如何获取的问题。介绍数字测图与GNSS定位的课程性质和任务，让学生了解本课程的现实意义。

（三）教学设计

采用精美的动画和多媒体生动演示，让学生感受到所学知识的实际价值，从而产生好奇心，激起学习新知的欲望。适时设疑，启发学生思考，调动学生学习的积极性。

（四）教学内容

1. GNSS卫星大地测量

利用测绘人不畏艰险直面极限，自强不息勇测珠峰高程，维护国家尊严的案例，从其不忘初心永担测绘使命、砥砺奋进永葆家国情怀作为切入点，引导学生向前辈们学习，培养学生的敬业精神和科研精神。

GNSS的前身是美国率先推进并投入使用的GPS（全球定位系统），苏联紧随其后建设了GLONASS系统。在GNSS发展过程中，第一代子午卫星导航系统问世以后，中国测绘人积极引进，采用多普勒定位技术，用于海岛测量，成功测定西沙群岛上四个点的坐标，并准确测定出南极长城站的地理位置。后来，中国决定建立自己的卫星导航系统——北斗卫星导航系统（简称北斗系统）。在起步较晚、没有掌握卫星导航核心技术的前提下，我国科研人员经过不懈的努力，克服了重重困难，突破了国外技术壁垒，最终成功使得北斗系统的导航卫星比伽利略系统的卫星更早发射并回收卫星信号。根据国际上谁先占有归谁使用的原则，我国占有了卫星导航系统的有利频率，成功建设北斗系统并投入使用，实现了北斗系统的成功逆袭，北斗系统成为全球四大卫星导航系统之一。

2. 北斗卫星导航系统的发展

全站仪、GNSS接收机等测量仪器设备中国起步较晚。但随着中国经济的快速发展，GNSS、全站仪、无人机技术水平得到较大提升，并广泛用于测绘领域，极大减轻了测绘工作强度，提高了测绘工作效率。通过对中国北斗导航系统发展史的了解，学生可感知中国人自强不息、奋发图强的精神，培养民族自豪感，理解核心技术的掌握对大国重器的关键作用，使学生的专业学习更有使命感和荣誉感。

（五）教学实施途径

（1）播放、讲解北斗卫星导航系统的相关视频和思政故事。
（2）组织学生讨论该故事内容带来的学习启示。
（3）教师针对学生回答，启发分析，并给出正确结论。

教 学 成 效

课程通过多媒体课件讲解、视频、图片展示的形式，使学生直观了解我国北斗导航的发展历程，体会到历代科研人员自强不息、奋发图强、默默奉献的敬业精神和爱国情怀，以及掌握核心技术对国家主权的重要性，使学生的专业学习更有使命感和荣誉感。

学生普遍反映在学习本课程前，没有意识到GNSS和数字测图技术会与我们的日常生活息息相关，更没有意识到它们在国防建设、国家安全中的重要作用。由于北斗卫星导航系统可以全天候、全天时地提供高精度、高可靠定位的导航、授时服务，并且具备短报文通信能力，目前已全面服务于交通运输、公共安全、救灾减灾、农林牧渔等行业。从人们熟知的手机导航、无人驾驶，到导弹制导、飞船回收，北斗卫星导航系统不仅改变着人们的生活方式，更为国家安全提供了重要保障。因此，发展我国自主的北斗卫星导航系统，掌握核心技术，实现技术自主，对维护国家主权和人民安康生活具有重要意义。

人机交互技术典型教学案例

国产手机的崛起

学院名称	计算机与大数据学院	课程名称	人机交互技术
主讲教师	牛玉贞	教师职称	教授
授课对象	计算机科学与技术专业三年级本科生	课程性质	专业选修课

课程简介

随着新型设备对人机交互技术的改变和扩充，人机交互技术得到了长足发展。人机交互技术的研究是计算机科学与心理学两大科学相结合的产物，是国内外非常活跃的研究方向之一。计算机是人类发明的复杂、高效的工具，良好的人机交互技术是发挥计算机潜能的基础。本课程的目的是讲授"以人为本、以用户为中心"的人机交互技术，通过学习，使学生可以有效地解决由于界面所带来的用户使用问题。

教学目标

（1）掌握人机交互新技术、人机交互界面构造的一般性方法、Web界面和移动界面设计时需注意的特殊问题需求。

（2）能够针对实际应用场景和设备对人机交互系统中的关键问题进行方案设计并评价其可用性。

（3）能够融合应用场景和设备进行人机交互界面设计，并进行准确的口头汇报和文档撰写。

（4）具备服务国家发展战略的钻研精神和情怀。

思政元素

热爱祖国，热爱人民，拥护中国共产党的领导，有科学精神、职业素养、家国情怀。

案例实施路径与方法

随着近些年国内科技和经济的迅猛发展，国产手机呈现强势崛起的势头，华为、小米、OPPO、vivo等手机厂商快速发展，实现了从追赶者到竞争者的转变，甚至在近两年大有超过三星、苹果之势。究其原因，是国产手机厂商竞争更加激烈，对市场变化的把握也更加及时。比如近两年用户对于手机拍照能力的追求，越来越多的人喜欢用手机进行拍照。在这一巨大的用户需求刺激下，手机厂商们纷纷亮出了自己压箱底的技术储备，发布了一款又一款具备强大拍照功能的手机。

华为 Mate 60 Pro⁺（图 1）与 P60 Pro 两款手机分别是目前 DxOMark 排行榜中位于第一和第二的机型。对此，DxOMark 表示，这两款手机均具有出色的整体拍照性能，非常适合在所有照明条件下拍摄各类照片和视频，对于需要顶级性能的摄影师来说都是绝佳选择。二者的区别主要在细微的子项上。华为 Mate 60 Pro⁺ 有出色的超广角相机，可拍摄大场景，同时可保持高水平的细节，而华为 P60 Pro 在微距模式下表现优异。

小米 CC9 Pro 尊享版获得了"最佳变焦手机"奖项。DxOMark 评价小米 CC9 Pro 尊享版是最接近"真实相机"变焦的手机；尤其是在中长焦端，小米 CC9 Pro 尊享版虽然在放大图像后仍存在伪像，但在保留精细细节方面明显优于竞争对手。

图 1　国产手机华为 Mate 60 Pro⁺

vivo 为手机行业带来拍照方面的许多新思路和变革方向。vivo 的拍摄逆袭之路，反映了其在手机拍摄领域的技术实力和市场把握能力。其中 vivo X90 Pro⁺ 更是成为手机拍摄方面的新旗舰，具有非常好的照片渲染效果，在所有光照条件下都能提供高水平的细节、良好的曝光和准确的白平衡，并具有非常强大的照片和视频变焦拍摄功能，可保证从超广角到远程变焦拍摄的良好细节水平，且其前置摄像头在拍照和录影方面总体性能良好。由于具有高质量的低光照片渲染和良好的图像噪点控制，该手机已成为拍摄夜间人像和城市景观的理想设备。

国产手机在拍摄领域的进步和提升，也反映了国产手机从行业的追赶者到领头羊这一不断加快的发展进程。

与之相关，山东大学的运动捕捉系统、汉王科技股份有限公司研发出的第一个联机手写汉字识别装置（图 2）、汉王 E920 电子书阅读器（图 3）等值得国人骄傲的输入输出设备，以及集成各种输入输出设备的山东大学考古数字博物馆都是国产科技产品强势崛起的体现。

图 2　手写汉字识别装置——逍遥笔的用户界面

图 3　汉王 E920 电子书阅读器

教 学 成 效

课程中，先由教师讲授近几年国产手机的崛起案例，然后引导学生讨论国产手机的魅力，学生们肯定了国产手机在硬件和性价比方面的优势。课后作业要求学生列举自己最喜欢的 App 并分析原因，绝大多数学生列举的是国产 App，如："扇贝单词是我最喜欢的应用程序之一，因为它的 UI 很漂亮，功能齐全，可以帮助人们有效地记忆单词，此外它还有与阅读、听力和口语相关的应用程序。""我最喜欢的应用是京东。因为它使购物变得更加方便。这个 App 里面的商品种类很多，发货也很快，完全满足我们的需求。网上购物很不错！""这个应用叫作抖音。这个软件的主要功能是制作和发布短视频，我喜欢它的原因是它可以让我在更短的时间内获得更多的信息。如果我对内容感兴趣，我可以进一步了解它。它还具有一些社交功能，可以让我与朋友分享视频。此外，它还具有一定的教育功能，在里面可以找到很多教学视频，有利于找到自己感兴趣的东西。"

通过引导，一方面使学生们更加明显地注意到中国科技的进步，以及科技进步给每个人的生活带来的便捷。另一方面，引导学生体会科技进步是一个日积月累的过程，需要大家为之付出艰辛持久的努力。

软件定义网络典型教学案例

网络协议和分层模型蕴含的辩证思想和价值观

学院名称	计算机与大数据学院	课程名称	软件定义网络
主讲教师	张栋	教师职称	教授
授课对象	计算机专业三年级本科生	课程性质	专业选修课

课程简介

"软件定义网络"课程作为福州大学"特色创新创业课程"建设项目,面向网络强国的国家战略与地方产业需求,将先进的网络知识作为主要内容,注重前沿技术发展和应用场景创新,培养学生理论研究与工程创新兼具的综合能力。

教学目标

(1)掌握软件定义网络(software defined networking,SDN)的架构和可编程内涵,能够对网络新协议进行设计与开发。

(2)能够针对新的网络应用场景或任务,提出可编程的解决方案,并加以实现与评价。

(3)能够针对网络领域的前沿问题,通过阅读文献,分析并设计解决方案,以口头汇报、文档撰写等方式进行准确表述。

(4)能够关注网络前沿论坛,把握网络发展需求,前瞻技术演进趋势。

(5)领会网络技术自主的重要性,树立网络强国、振兴科技的理想信念,坚定扎根祖国科研的学习志向,具备开源共享的奉献精神。

思政元素

辩证思维,和谐、奉献的社会主义核心价值观。

案例实施路径与方法

(一)育人理念

课前线上引导强基础,课堂线下类比促思辨,课后仿真实践求创新。

(二)实施思路

采用线上线下混合教学模式,充分整合课前、课中、课后环节,注重实践训练。课前线上的慕课学习，指导学生回顾传统网络知识，预习 SDN 的基础理论。课堂教学，采用"雨课堂"结合实例驱动，指导学生辩证分析传统网络的不足与 SDN 的优势。围绕 SDN 技术进行实验教学，促进学生加深理解。课后基于学术发展和产业需求甄选选题，并引导学生阅读相关前沿文献，完成科研训练项目，提升高阶能力。

（三）思政元素融入方式

（1）课前通过慕课或其他学习资料了解矛盾对立统一的辩证原理。

（2）辩证分析传统网络的技术瓶颈，并与软件定义网络展开对比，凸显 SDN 的设计原理和架构优势。该知识类比和思维引导模式也会贯穿于教学全过程，从而提高学生的思辨能力。

（3）分析计算机网络架构由最初的"集中式"发展为当前的"分布式"的主客观原因。将历史唯物观融入技术演进的趋势分析，引导学生领会新型网络架构必然为"集中式"的原因。根据质量互变原理，阐明新型架构"集中式"与最初架构的本质差异，分析"集中力量办大事"的巨大优势。

（4）网络的分层模型使复杂的计算机网络系统变得简单，每层各司其职，做好本职工作的同时也为上级提供优质的服务。网络协议让发送方和接收方建立有效对话，保障网络有条不紊地运行。这些都反映了复杂系统所具备的规则、秩序与服务精神，从中引申出和谐、共享、奉献的社会主义核心价值观。

（四）教育教学方法

依托国家级精品课程资源，采用线上线下混合式教学，结合"雨课堂"等智慧教学工具，综合类比、启发、研讨等多种方法，加强应用场景实例融合，注重思辨能力培养。利用动画、可视化，加强网络的抽象知识呈现效果。课后虚拟仿真实践，强化应用能力。扩展文献阅读，促进前沿知识理解。课程思政渗透，提升育人效果。

（五）教学活动设计

1. 导入主题

教学设计：课堂提问，引出问题，启发式讲授。

背景：在 5G、视频高清、云数据中心快速发展的情况下，网络承担着空前的数据传输工作，成为支撑产业发展的底层支柱性技术，因此，网络技术自主和创新具有重要意义。但在实际中，用户使用时却往往出现网页刷新慢、视频加载卡顿、无线信号中断等问题，而网络管理人员苦于检查和处理网络问题。

引入主题：上述问题的出现，主要是因为数据传输量大导致网络拥塞，核心传输设备发生故障无法及时发现，缺少个性化服务能力。

根据线上预习，可以思考：是否由于传统网络架构的简单设计难以支撑网络的高质量服务要求？

2. 展开阐述：传统网络架构与 IP 通信模型的缺陷

教学设计：随堂测、阐释剖析、拓扑可视化。

课程思政：结构的简单之美，让网络发展极具生命力；分层的架构，通过协议来保障每层各司其职。辨析传统网络的缺陷：部署与管理困难、核心设备故障难发现、流量控制困难、无法个性化灵活管理。

3. 深入研讨：数据平面和控制平面解耦，构建软件定义网络架构

（1）提出引导性问题并讨论：针对上述弊端，需要设计怎样的网络架构来解决问题？

课程思政：计算机网络的"集中—分布—集中"的发展演进，充分蕴含着质量互变、"分久

必合，合久必分"的发展观和辩证观点。这些中华民族传统的唯物观、发展观、辩证法，都能有效地指导我们正确思考和研判技术发展的主流方向或趋势。

因此，新型网络架构是集中式的（集中力量才能办大事）。

（2）通过"雨课堂"检查线上预习效果，要求初步了解 SDN 的原理，进而通过形象的动画阐释"转控分离"。

课程思政：2006 年斯坦福的 Nick McKeown 教授提出该思想。2009 年，SDN 概念入围 Technology Review 年度十大前沿技术，自此得到了学术界和工业界的广泛认可和大力支持。本着"开放共享"理念，成立了多个开放组织、开源社区，SDN 研究和应用迅速铺开，并在谷歌、思科、华为等产业界取得一定的应用成效。

4. 巩固加深

结合传统网络各层进行辩证分析软件定义网络"三层 2 接口"架构。

5. 总结提高

SDN 的三大特性——转控分离、集中控制、开放可编程，分别对应解决传统网络的哪些困境。传统网络的困境包括部署管理难、流量控制难、分布式网络瓶颈、无法灵活调控、缺乏个性化服务定制等。

6. 扩展阅读

（1）Foundation O N. Software-Defined Networking: The New Norm for Networks[J]. 2012.

（2）Feamster N, Rexford J, Zegura E. The Road to SDN: An Intellectual History of Programmable Networks[J]. Acm Sigcomm Computer Communication Review, 2014, 44(2):87-98.

（3）张朝昆，崔勇，唐翯翯，等 . 软件定义网络 (SDN) 研究进展 [J]. 软件学报，2015, 26(1): 62-81.

（六）资源载体

（1）通过线上慕课，回顾传统网络体系架构，初步认识软件定义网络。具体如下：中国大学慕课"计算机网络"（哈尔滨工业大学）（国家精品课程）计算机网络概述，重点了解传统网络的 IP 通信原理和协议。中国大学慕课"软件定义网络技术"（温州大学）第一讲，初步了解软件定义网络基本概念和架构。

（2）通过自制虚拟仿真实验平台，直观感受传统网络和 SDN 架构的优缺点。

（七）特色与创新

软件定义网络课程面向网络强国的发展战略，立足于前沿理论和先进技术，注重培养学生的实践能力与创新能力。

1. 科教融合，注重价值引领

课程将华为等民族企业在 5G、SDN 领域的前沿关键技术以及团队的实际研究案例凝练成课程思政内容，坚持学术研究和产业应用两个核心并重，将科研成果和技术创新与课程内容深度融合，培养学生扎根祖国科研的学习志趣。

2. 理实结合，注重实践创新

课程将理论学习作为科研实训的基础，强调学术文献阅读和实践实训项目并举。团队研发的 SDN 虚拟仿真实验教学平台能够有效收集和整理分析学生实验操作中的错误或故障处理数据，为创新能力培养提供支撑，也为教学反馈和改进提供大数据支持。

3. 教学科研互促，注重可持续优化

课程中涌现的优秀学生，能够引入实验室科研团队，深度参与科研活动。学生在课堂所学的基础上，深入阅读论文和进行实验工作，进一步探索和验证相关研究，教学相长，形成了一种可持续优化的科研教学融合的发展生态。

教 学 成 效

（1）通过课程指导的优秀学生，深化 SDN 科研学习，在本科阶段发表多篇第一作者的科研论文，其中包括 4 篇 CCF B 类和 C 类会议论文，并到大会做论文报告。还有部分学生参加 SDN 相关的国家级、省级学科竞赛，多次获得国家级一等奖。

（2）"教学科研互促的软件定义网络课程建设的探索与实践"获得福州大学教学成果奖二等奖。

（3）"软件定义网络"课程获评福建省一流本科课程、CMOOC 联盟线上线下混合式课程。

（4）自制 SDN 虚拟仿真实验教学平台"基于 CVM/KVM 的软件定义网络虚拟仿真实验平台"，获"第五届全国高等学校教师自制实验教学仪器设备创新大赛"全国三等奖。

（5）在《实验技术与管理》等核心教改期刊发表论文多篇，获得第十一届全国高等学校计算机实践教学论坛优秀论文奖。

（6）课程的教学模式得到认可，成为计算机科学与技术专业的工程教育认证示范课程，并通过与锐捷网络合作的师资培训加以推广。

海洋生物资源开发利用典型教学案例

肩负海洋强国建设使命，践行人类命运共同体理念

学院名称	生物科学与工程学院	课程名称	海洋生物资源开发利用
主讲教师	杨建民、朱凡	教师职称	副教授、讲师
授课对象	生物医学工程专业三年级本科生	课程性质	专业选修课

课程简介

本课程带领学生认识丰富的海洋生物世界，了解海洋生物资源的特色、分布、分类及利用价值；熟悉海洋生物资源开发利用的最新进展；掌握海洋生物资源开发利用的基本流程以及工艺设计思路和方法，主要包括海洋生物来源蛋白质/肽、多糖、脂类以及部分活性小分子的提取与制备技术，海洋生物资源在功能性食品、生物医用材料、仿生材料和药物领域的应用及其关键制备技术，以及海洋微生物资源开发利用进展和技术。同时，结合典型案例进行分析和讨论，培养学生灵活运用专业知识综合分析和解决问题的能力。此外，利用课后专题调研报告，提高学生自主学习能力以及知识归纳和凝练水平。

教学目标

（1）加强对海洋生物资源开发利用重要性和紧迫性的认识，理解我国实施海洋振兴计划和海洋强国战略的必要性。

（2）掌握海洋生物资源开发利用基本内容、主要流程与关键技术。

（3）引领学生强化海洋生态保护和人类命运共同体意识，深入理解科学技术进步对于国计民生的重要性以及科学精神内涵。

（4）能够自主学习海洋生物资源最新研究进展，撰写专题调研报告并展示，提高文献查找、知识归纳、论文写作及表达等综合能力。

思政元素

通过了解国际海洋生物资源开发利用的发展历程，理解我国坚持建设海洋强国计划的必要性。通过学习海洋生物资源的分布和现状，深入理解可持续发展和构建人类命运共同体理念。通过学习海洋生物有效成分提取和利用的关键技术，深刻认识科学技术是第一生产力以及掌握先进科学技术的重要性。通过海洋药物研发具体案例，介绍科学精神和科学素养的内涵，引导和培养学生的创新思维方法及追求科学和创新的意识和精神。

案例实施路径与方法

（一）教学内容
本思政案例来自课程第一章。本章内容包含 5 小节：
（1）海洋生物资源开发利用的意义。
（2）海洋生物资源概论。
（3）我国海洋生物资源。
（4）海洋生物资源开发利用现状。
（5）海洋生物资源开发利用面临的主要问题与解决思路。

（二）教学要点
通过本章的学习，了解海洋生物资源的特点和分类；掌握海洋生物资源开发利用价值和意义；熟悉全球海洋生物资源以及我国和我省海洋生物资源分布；了解海洋生物资源开发利用现状以及当前面临的主要问题。同时了解我国建设海洋强国计划的深层次原因，深入理解可持续发展、共建人类命运共同体的理念。

（三）教学方法
主要采用课堂讲授结合讨论进行授课，引导学生对课程的学习兴趣。

（四）思政元素融入方式

1. 心怀梦想、科研报国

在课堂导入环节，以在海洋节肢动物鲎中提取的鲎试剂为例切入课程，介绍鲎试剂在本学科相关领域——生物医用材料质量控制中的应用与检测原理。首先，介绍福建省鲎试剂龙头企业——福州新北生化工业有限公司及其董事长丁友玲的个人事迹。借此说明福建省在海洋生物资源开发利用领域的现状，以及培养学生心怀梦想、科研报国的意识。其次，通过介绍当前新的鲎试剂生产技术，说明先进科学技术对于海洋生物资源的保护意义和经济价值。最后，安排课后调研作业，让学生查找我国在海洋生物资源开发利用领域处于领先地位的技术，从而增强学生们的民族自豪感和自信心。

2. 肩负海洋强国建设使命

在讲解"海洋生物资源开发利用意义"小节时，通过介绍《联合国海洋法公约》的制定和实施历程——共历时 21 年，说明海洋生物资源的重要地位。然后，分别介绍美国"海洋生物技术计划"、日本"海洋蓝宝石计划"、英国"海洋生物开发计划"、欧盟"海洋科技计划"的主要内容和政府投入，说明国际社会对海洋生物资源开发利用的重视度，以及我国提出建设海洋强国战略的时代背景。同时了解当前海洋开发的重点方向，如海洋天然产品、海洋生物分子、海洋环境生物技术、海洋资源管理、海产品安全和加工、海洋生物信息学等。

在课堂中介绍海洋强国战略的提出历程。2012 年，党的十八大报告明确指出要提高海洋资源开发能力，发展海洋经济，保护海洋生态环境，坚决维护国家海洋权益，建设海洋强国。自此，维护海洋权益、建设海洋强国上升为国家战略。2013 年，习近平总书记在十八届中央政治局第八次集体学习时的讲话中明确提出，建设海洋强国是中国特色社会主义事业的重要组成部分。党的十八大作出了建设海洋强国的重大部署。实施这一重大部署，对推动经济持续健康发展，对维护国家主权、安全、发展利益，对实现全面建成小康社会目标、进而实现中华民族伟大复兴都具有重大而深远的意义。2017 年，党的十九大报告提出要坚持陆海统筹，加快建设海洋强国。2022 年，党的二十大报告提出要发展海洋经济，保护海洋生态环境，加快建设海洋强国。通过以上内容介绍，让学生深入理解海洋强国战略的必要性、重要性以及实现路径，培养学生的使命担当意识。

3. 践行人类命运共同体理念

在讲解"海洋生物资源开发利用面临的主要问题与解决思路"小节时，结合社会和研究热点，通过课堂讨论，让学生分析和总结目前海洋生物资源开发利用所面临的问题。例如，通过讨论渔民舍近求远进行捕捞的背后原因和介绍海洋"微塑料"研究进展，说明海洋环境污染造成的海洋渔业资源减少、海洋生物多样性被破坏以及海洋生态环境恶化等负面影响。同时强调海洋环境保护是全人类需要共同面对和解决的问题。随后，通过介绍可持续发展和共建人类命运共同体的理念，探讨解决当前海洋生物资源开发利用所面临问题的思路和途径。

教 学 成 效

通过具体案例分析讲解，能够更加生动地让学生理解科学技术的重要性和价值。同时，通过调研我国在海洋生物资源开发利用领域的领先技术和应用，让学生更加深刻地认识到先进科学技术是国家实力的体现，亦是民族自豪感和自信心的来源。通过介绍国际社会对海洋生物资源开发利用的项目计划和内容以及投入力度，剖析我国建设海洋强国的深层次原因。利用海洋生物资源本身所具有的再生有限性和共享性特点，结合海洋环境污染新旧问题和海洋生物资源破坏的严峻现状，介绍可持续发展和共建人类命运共同体的理念以及探讨解决当前面临问题的可行性途径。

通过本案例教学，作为老师深刻意识到，将思政元素与专业知识有机结合更能激发学生的学习兴趣，引导和增强学生的社会责任感和历史使命感。同时，利用好身边的典型人物事迹，会让学生更加深刻地体会到学习和科研的价值。从课堂讨论中明显感受到，学生们能够灵活运用学科专业知识，采用发散思维，积极参与讨论。此外，学生们比较认真、全面地查找了我国领先的海洋生物资源开发利用技术，部分学生在课堂上进行了激情洋溢的展示和介绍，并表示要努力学习专业知识，希望今后也能做出一番成就。

高分子物理典型教学案例

玻璃化转变与材料性能在国家、社会安全方面的作用

学院名称	石油化工学院	课程名称	高分子物理
主讲教师	英晓光	教师职称	副教授
授课对象	化学工程与工艺专业三年级本科生	课程性质	专业选修课

课程简介

  高分子物理（Polymer Physics）是研究高分子物质微观结构与宏观性质关系的科学。其主要方向包括高分子形态、高分子机械性能、高分子溶液、高分子结晶等热力学和统计力学方向，以及高分子扩散等动力学方向。高分子物理源自统计物理学的一个分支，专注于凝聚态物理学的观点。高分子物理和高分子化学也与聚合物科学领域相关，在该领域中，聚合物科学和高分子化学被认为是聚合物的应用部分。聚合物是链状大分子，因此使用确定性方法求解非常复杂。通过统计方法可以产生结果并且通常是相关的，因为可以在无限多单体（尽管实际尺寸有限）的热力学极限内有效地描述大型聚合物。

  玻璃化转变的研究通常从热力学和动力学两个角度开展，期望借此明晰玻璃化转变本质上是热力学控制的还是动力学控制的。目前，人们已经有了大量的关于玻璃体系结构与动力学的知识积累，并且确定了二者之间存在一定程度的关联。但是，动力学上的急剧变慢与结构上哪些性质的变化相对应还未确定。玻璃化转变问题具有高度复杂性，玻璃化转变问题的解决将推动相关学科的发展。

教学目标

  （1）价值引领：材料学是我国六大支柱产业之一，高分子物理是材料科学的重要组成部分。我国科研工作者致力于解决若干重要科学难题，将越来越多的高性能材料用于军事和国防领域，凝聚了高精尖科技的新材料将铸就坚实护盾，为祖国的建设和国防事业保驾护航。

  （2）知识拓展：了解高分子热运动的特点、非结晶性聚合物的热转变、聚合物熔点的影响因素；理解玻璃化转变理论、运用结晶动力学分析计算动力学常数；了解理想弹性体和理想黏性体的形变特性，理解高分子材料的黏弹特性及其形变特点。

  （3）思维训练：掌握蠕变的基本概念，能画出聚合物蠕变曲线及其回复曲线，能够分析蠕变聚合物蠕变过程中的各种形变及其机理。弄清线形聚合物和交联聚合物蠕变行为及回复行为的差别，掌握温度和外力作用的大小对蠕变行为的影响。掌握应力松弛的概念，了解线形高聚物和交联高聚物应力松弛行为的不同及原因，掌握温度对聚合物的应力松弛行为的影响。

  （4）能力建构：分子运动的时间依赖性；聚合物的力学状态与内外因素关系；玻璃化转变温

度及其测定方法；玻璃化温度的影响因素、结晶行为与结晶动力学、结晶热力学。

思 政 元 素

突破材料技术瓶颈，树立科技自信；贯彻富强、敬业的社会主义核心价值观。

案例实施路径与方法

（一）相关背景导入

以课堂授课为主，依托在线开放课程资源，使用现代信息技术，综合启发式讲解、传统板书、现代多媒体软件、慕课堂智慧教学等手段，适时设疑，师生互动交流，理论联系实际，启发式教学与案例教学、发散思维与收敛思维有机结合。

玻璃化转变是指无定型物质的玻璃态与液态之间的转变。对于聚合物而言，是非晶态聚合物的玻璃态与高弹态之间的转变过程。其分子运动本质是高分子链段冻结状态与自由运动状态之间的转变过程，转变前后材料的物理性质（如模量、比热容、热膨胀系数、光学性质、电磁性质等）都会发生很大的变化。这些变化直接影响到材料的使用性能和工艺性能，因此玻璃化转变温度是材料特别是高聚物的特征温度之一。用于测试材料玻璃化转变温度的实验方法有差示扫描量热法（DSC）、热机械分析（TMA）、动态机械分析（DMA）等，其中 DSC 方法是利用玻璃化转变过程中比热容的变化来测试玻璃化转变温度。

自20世纪40年代以来，玻璃化转变的理论和方法不断涌现，如：自由体积理论（free volume theory）、Adam-Gibbs 理论、Goldstein 势能图景理论（Goldstein's energy landscape theory）、模耦合理论（mode coupling theory，MCT）、动力学约束模型（kinetically constrained model，KCM）、自旋玻璃理论（spin glass theory）、无规一阶转变理论（random first order transition theory，RFOT）、受挫有限畴理论（frustration-limited domain theory）、介观平均场理论（mesoscopic mean-field theory）、副本计算方法（replica calculation）等。

（二）解释基本概念及局限性

自由体积理论是早期针对玻璃化转变现象提出来的诸多唯象理论之一。它的理论假设为：在过冷液体中存在一定量的局域自由体积，这些自由体积为邻近粒子的运动提供了空间。该理论最终得出了体系黏度的 VFT 变化规律。后来 Cohen 等人扩展了自由体积理论。他们认为液体体系包含类固区和类液区，类液区内体积可以自由交换，并以此保证液体的流动。低温下，类固区的增多而相应类液区的减少使得体系内进行体积交换变得困难，这导致了链段构象转变受阻。当环境温度达到玻璃化转变点时，体系的类固区跨越了整个体系，即体系发生了逾渗。这时类液区的通道被堵塞，体系不能发生流动。

自由体积理论为我们描述了一幅清晰而具体的物理图像，并解释了一部分的实验现象。然而，其不足之处在于，自由体积作为理论的唯一参量，在实验中几乎无法测量。另外，自由体积并不是一个固定值，它与冷却速率有关，即便在 T_g 以下，体系并没有完全被冻结，体系的自由体积仍然会改变。

关于玻璃化转变的机理存在非常多的理论，迄今没有公认的解答。传统意义上，玻璃化转变温度的高低与体系的降温速度有关。液体在快速降温时会避免结晶而形成过冷液体，其间伴随着黏滞系数快速增加十几个数量级，最终发生玻璃化转变，形成玻璃态。玻璃化转变问题是凝聚态物理中最重要的问题之一。诺贝尔物理学奖获得者、普林斯顿大学的 P.W.Anderson 在 1995 年写道："The deepest and most interesting unsolved problem in solid state theory is probably the theory of the nature of glass and glass transition." 玻璃化转变问题也是 Science 杂志在 2005 年列举的 125 个尚未解决的重大科学问题之一。玻璃化转变温度（T_g）是表征聚合物性能的一个重要指标，从分子运动的角度看，它是链段开始"冻结"的温度，因此，凡是导致链段的活动能力增加的因素均使 T_g 下降，而导致链段活动能力下降的因素均使 T_g 上升。

（三）需求是推动研发的强大动力

世界局势的不断复杂化促使现代军事科技不断发展，各国对武器装备性能不断提出更高的要求。不断涌现的大批新材料因其能够满足武器材料强韧化、轻量化、多功能化和高效化的发展要求，得到各国军工企业的高度重视。

新材料是高技术的先导和基础，新材料的出现和应用为国防安全提供了保障。纳米材料的发明使微型武器出现在战场；先进高分子材料使洲际导弹的出现成为了可能；新型锂离子电池材料让"无人机"进入了人们的视野；非晶软磁合金材料大大扩展了精密武器的工作环境。新材料是军事工业发展的重要促进力量，是新型武器装备的物质基础，也是当今世界军事领域的关键技术，对促进我国军事工业的发展有重大意义。

材料科学的发展造就了高强度、高模量、低比重的碳纤维，从而开启了先进复合材料的时代。碳纤维增强聚合物材料具有高比强度、高比刚度及耐腐蚀、耐疲劳特性，非常适用于航空飞机和航天飞机。较早用于武器装备上的是 PAN（聚丙烯腈）基碳纤维。20 世纪 60 年代末，美国开发出了硼纤维增强的环氧树脂复合材料，并于 1971 年成功应用于 F-14 战斗机尾翼上，此后又有应用于 F-15、F-16、米格 -29、幻影 2000、F/A-18 等战斗机尾翼的复合材料问世。目前服役的军用飞机垂尾、平尾全采用复合材料，可占机身总重的 5% 左右。经过发展，军机上复合材料用量可达到 20%~50% 的水平，如美国的 B-2 战斗机机身，使用了占总重 50% 左右的复合材料。

复合材料除了在军用飞机上有突出贡献，在导弹弹头上也有大量应用。最早应用于导弹弹头的复合材料是层压玻璃/酚醛复合材料，后改进为模压高硅氧/酚醛复合材料。目前科学家开发出了性能更优的碳/碳复合材料，具有低密度（小于 2.0 g/cm³）、高比强度、高比模量、高导热性、低膨胀系数，以及抗冲击性能好、尺寸稳定性高等优点，是目前可在 1650℃ 以上应用的唯一备选材料。近期研制的导弹弹头几乎都采用碳/碳复合材料。为了提高导弹的打击能力，科学家又开发出碳/酚醛复合材料用作导弹弹头的防热层。使用在固体火箭发动机的喷管上的复合材料也在不断改进，从最早的金属到后来的金属/非金属复合材料，现在已开始使用碳/碳复合材料，使其性能得到了极大提高。

（四）习题示例

（1）结合 ABS（丙烯腈 - 丁二烯 - 苯乙烯共聚物）的玻璃化转变测试 DSC 图分析 ABS 结构与化学组成。

高精度的 DSC 谱图可给出聚合物发生玻璃态转化时，转变过程的起始温度、中点温度和终止温度。如：聚丁二烯玻璃化转变中，三个温度分别为 −84.8℃、−80.2℃、−75.7℃；聚苯乙烯玻璃化转变中，三个温度分别为 105.1℃、109.6℃、114.1℃；聚丙烯腈玻璃化转变中，三个温度分别为 121.1℃、125.5℃、129.9℃。

（2）结合不同种类弹性橡胶的玻璃化转变情况，分析化学结构与热稳定性能的关系。

例如通过对丁苯橡胶、天然橡胶、乙丙橡胶、氯丁橡胶、氟橡胶等材料的 DSC 谱图上的玻璃化温度进行并列比较，引导学生认识侧基极性、主链结构等因素对链柔性和材料低温性能的影响。

教 学 成 效

将教学内容与国家间军备竞赛、实力比拼结合，更容易唤醒学生对专业知识的渴求。工科专业理论知识抽象且复杂，及时配合形象化演示视频，有助于学生对理论知识的深入理解。例如：水蒸气氛围中的可发性聚苯乙烯颗粒软化膨胀变化视频就给学生留下直观、深刻的印象。本部分教学内容同时作为创新型考核方式的试点内容之一，得到学生和教师的一致认可。

油气储运设备典型教学案例

三相油气分离器与国家能源安全

学院名称	石油化工学院	课程名称	油气储运设备
主讲教师	英晓光	教师职称	副教授
授课对象	油气储运工程专业三年级本科生	课程性质	专业选修课

课程简介

油气水三相分离器是油田开发生产过程中最常用的设备之一。流动中的原油将分为三个相态，即油、气、水。每一相态都将使用特定的仪表（如质量流量计或高级孔板流量计）进行精确测量。液位控制器和控制阀将流体保持在指定的液位。分离器、管道、仪表和阀门安装在普通撬块上，由控制系统自动独立运行。

通过展示科研工作者对科学执着探索、不懈追求的作风，激发学生对本学科课程的兴趣，引导学生进行自我发展规划；扩展创新型思维模式，开拓放眼世界的思维格局。

教学目标

（1）价值引领：响应国家能源安全策略，从国家、企业、社会实际需求出发，理解三相分离器的作用和工作基本原理。明确能源安全在国家安全中的重要地位，掌握根据生产需求设计三相分离器的方法。

（2）知识拓展：在课程介绍中以国际先进的质量管理体系案例说明产品的质量保证策略。介绍设备主要零部件、关键生产环节的质量控制及检测标准。

（3）思维训练：理解油气分离器的工作原理；知道油气分离器的主要形式和结构；能够根据需要选择、计算、设计适用的油气分离器。掌握三相分离器尺寸计算步骤及方法。

（4）能力建构：能够有效配置、选用高效内件（挡板、聚结器、除雾器、旋风分离器等），保证分离效率，减小分离器尺寸；设计的分离器能去除99%的5 μm或以上固体颗粒和99%的10 μm或以上液滴；知道如何控制入口流量波动范围；能够设计安装防波和防涡流内部构件。会在该系统范围完成车间内完全撬装、预制和预调试，减小现场时间成本。

思政元素

油气水三相分离器及相关设备的研发进展及广泛使用，可以为我国在石化资源领域提质增效提供技术支持，有助于实现建设"青山绿水"美丽中国的宏伟目标，符合"文明、和谐"的社会主义核心价值观。

案例实施路径与方法

油气分离包括平衡分离和机械分离两个方面。组成一定的油气混合物在某一压力和温度下,只要油气充分接触,就会形成一定组分的气相和液相,这种现象称为平衡分离。把形成的液相和气相用机械的方法分开,称为机械分离。将油气混合物分离为单一相态的原油和天然气的过程通常在油气分离器中进行。无论采用什么形式的分离器,都应使溶解于原油中的气体及重组分在一定的压力和温度下尽量析出和凝析,使气液两相接近平衡。为达到这一目的,又要考虑经济合理,通常对分离器分出的气体质量的要求是从气体中带出的液体不超过 50 mg/m^3,并且不将直径大于 10 μm 的油滴带出。

合理的分离压力应按原油组成和集输压力条件,经相平衡计算后优化确定。油气分离的方式有一次分离、连续分离和多级分离三种。理论上,分离级数越多,储罐中原油收率越高;但过多增加分离级数,储罐中原油收率的增加量将越来越少,会使投资额上升,经济效益下降。生产实践证明,汽油比较高的高压油田采用三级或四级分离能得到较高的经济效益;但对于汽油比较低的低压油田(进分离器压力低于 0.7 MPa)采用二级分离经济效益较好。

近年来,国家密集出台油气管道建设相关政策和规划引导中国油气管道加快建设。2017 年在《中长期油气管网规划》中对 2025 年和 2030 年油气管道发展目标均作出了相应的规划。随着油气管道行业的发展,2019 年,我国国家能源局发布了《油气管网设施公平开放监管办法》,推动油气管道向第三方市场主体公平开放。2021 年,我国油气管道发展的重点是建立充分竞争的油气市场体系,推动行业的高质量发展。

《中长期油气管网规划》是我国油气管网中长期空间布局规划,是推进油气管网等基础设施建设的重要依据。在规划中提到,到 2025 年,全国油气管网规模达到 24 万 km,网络覆盖范围进一步扩大,结构更加优化,储运能力大幅提升。

从井中采出的原油一般都含有一定数量的水,而原油含水多了会给储运造成困难,增加设备,加大耗能;原油中的水多数含有盐类,会加速设备、容器和管线的腐蚀;在石油炼制过程中,水和原油一起被加热时,水会急速汽化膨胀,使压力上升,影响炼厂正常操作和产品质量,甚至会发生爆炸。因此外输原油前需进行脱水,要求含水量不超过 0.5%。

所有的油田都要经历含水开发期,特别是采油速度快和采取注水强化开发的油田,无水采油期一般都较短,油井见水早,原油含水率增长快。原油含水不仅增加了储存、输送、炼制过程中设备的负荷,而且增加了升温时的燃料消耗,甚至因为水中含盐等而引起设备和管道的结垢或腐蚀。因此,原油含水有百害无一利。但在油田开发过程中,水几乎是原油的"永远伴生者",尤其是在油田开发的中后期,油井不采水,也就没有了油。所以原油脱水就成为油田开发过程中不可缺少的环节,一直受到人们的重视。

1. 比较卧式、立式三相分离器的差异

卧式分离器和立式分离器的主要结构都由油气水混合物入口分离元件、油雾提取器、压力控制阀、气出口控制阀、油出口控制阀、原油出口、水出口控制阀、水出口、排污口、压力仪表和偏转挡板等组成。

(1)在处理较高含气量液流时,卧式分离器效率比立式分离器高;
(2)在分离器的重力沉降段,卧式分离器的小液滴更容易从气相中沉降;
(3)卧式分离器的气液面积比较大,液相中的气泡更易于上升到气相空间;
(4)立式分离器处理含固相流体的能力更强;
(5)相同工艺规格下,立式分离器占地更小,更适用于海洋油田;
(6)卧式分离器防水击能力差。

2. 油气水三相分离器的功能及实现方法

（1）气体净化（气脱油雾、气中除油）是利用油气二者天然的密度差异或通过油雾提取器（收集器）实现。气体净化的工艺分类主要包括一次分离、连续分离和多级分离。

（2）原油脱气是通过油气分离器和原油稳定装置将原油中的气态轻烃组分脱离的工艺，获得的合格原油须达到如下标准：含水量≤0.5%，含盐量≤50 mg/L，含气量≤1 m^3/t。原油稳定装置包括精馏原稳和负压原稳两种。

（3）油水分离是指除去原油中的地下水、湿组分或采油水，防止其中的酸性物质腐蚀设备/水合/乳化。油水分离方法包括膜法分离、重力式分离、离心式分离、电分离、吸附分离、气浮分离等。

3. 油气水三相分离器的主要结构部件

（1）入口分离器——当油气水混合物流进入口分离器时，大部分的伴生气体由于碰撞可进行初分离，有效降低分离器内的气相负荷，使三相分离器中的油水相所占的体积由50%~60%上升到90%左右；使液相的相对停留时间延长，为油水聚结、沉降分离及缓冲扩大了空间，提高了设备的处理能力，并且避免了油气扰动产生泡沫。

（2）换向折流器——气液混合物冲击折流器挡板时，速度流向突变，重液体沿折流器表面流入底部，轻气体向上逸出，同时挡板可防止溅起的液滴再次进入气相。

（3）除雾器——含有雾沫的气体以一定速度流经除雾器时，由于气体的惯性撞击作用，雾沫与波形板相碰撞凝聚成液滴，当液滴大到其自身产生的重力超过气体的上升力与液体表面张力的合力时，液滴就被从波形板表面分离。除雾器的除雾效率随气流速度的增加而增加，这是由于流速越高，作用于液滴上的惯性力越大，更有利于气液的分离。

（4）液液聚结器——改变同种物性液滴的碰撞及合并轨迹，提高油水分离效率。

（5）挡沫板——阻止液面上漂浮的气泡流向原油。

（6）防涡罩——防止排液产生涡流带走水上原油及气体。

（7）加热器——提高油温，促进水沉降。

4. 油气水三相分离器在石化工业中的重要作用

油气水三相分离器是油气开采和石油化工领域的重要设备，具有分离天然气、去除液体的作用。使用油气水三相分离器可以提高产品的质量和产量，确保生产过程的安全，减少污染物的排放，并实现能源资源的高效利用。

油气水三相分离器在油气开采领域不可或缺。它能够对产出的天然气和原油进行初步分离和处理，确保产出的天然气纯度达到规定标准，同时提高原油的质量，为后续加工和利用提供良好的基础。

在原油炼油和石化生产中，油水分离是关键环节。油气水三相分离器能够有效分离原油中的天然气和液态物质，为后续的炼油和化工过程提供高纯度的原料。同时，油气水三相分离器还能够减少混合物中的硫化氢和其他有害物质，保护设备的运行，延长其使用寿命。

在环境保护、资源综合利用方面，油气水三相分离器的使用可以最大程度地减少排放到大气中的挥发性有机物和其他污染物。通过有效分离和收集这些物质，可以降低其对环境造成的影响，实现资源的可持续利用。

5. 思政元素融入

我国劳动人民自古以来就重视水资源的保护。京杭运河、都江堰、郑国渠、坎儿井等古代水利设施无一不体现了祖先卓著的智慧和深远的视野。含油污水的排放是造成土壤或水体污染的重要原因，有机污染、油污染是两类重要的水污染形态。自进入工业化时代以来，海洋油船泄漏、海滩原油覆盖造成水体大规模污染、生物大批死亡的情况时有发生。通过对油水污染现状的展示，使学生更清楚地意识到，推进生态文明建设，坚定不移地走"绿水青山就是金山银山"的绿色生态发展之路，是我们建设美丽中国、实现中华民族永续发展的必由之路。

　　油气水三相分离器的合理使用，可显著推动传统能源向清洁能源的转型，平衡经济发展与碳减排之间的矛盾。号召学生思考在推动碳减排的同时，如何保持经济的稳定增长、解决发展和环境之间的矛盾。实现碳达峰和碳中和，是推动可持续发展的重要举措，也是需要全社会共同参与的过程。作为未来化工领域的杰出人才，青年学生面临着技术创新、经济发展和国际合作等一系列的挑战，也必将为实现双碳（碳达峰和碳中和）目标贡献自己的一份力量。

教 学 成 效

　　通过本课程的学习，学生在充分了解国家能源策略和世界能源安全局势的前提下，能更加积极主动地投入科学知识的探索中。学生可以全面了解到不同油气水三相分离器的工作原理，并将专业基础知识灵活运用到选修课的学习中。相关教学经验被学院不同课程团队广泛借鉴。

聚合物合成工艺学典型教学案例

"单丝不成线"——合成纤维制品助力提升国家体育实力

学院名称	石油化工学院	课程名称	聚合物合成工艺学
主讲教师	英晓光	教师职称	副教授
授课对象	化学工程与工艺专业三年级本科生	课程性质	专业选修课

课程简介

"聚合物合成工艺学"是高分子化工方向的工程类基础课程之一，可以使学生在学习高分子科学理论的基础上，进一步学习高分子工业生产方法的基本原理及技术特点，了解重要高分子化合物的生产工艺过程，为今后从事高分子材料化工领域的科研和生产打下一定的基础。

塑料是以合成树脂为基体，添加一些具有特定作用的助剂，将基体与助剂混合、分散，再通过塑炼加工，并在加工过程中显示塑性且能流动成形的材料。树脂硬而脆，为固体或半固体，无定形，易熔融、易燃，包括天然树脂、合成树脂。

橡胶是一种具有极高弹性的高分子材料，其弹性变形量可达 100%~1000%，而且回弹性好，回弹速度快。同时，橡胶还有一定的耐磨性、很好的绝缘性和不透气、不透水性。它是常用的弹性材料、密封材料、减震防震材料和传动材料。

合成纤维具有优良的性能，如强度大、弹性好、耐磨、耐腐蚀、不怕虫蛀等，因而广泛用于工农业生产和日常生活中。

合成纤维高聚物必须是线型结构，且相对分子质量大小要适当；必须能够拉伸，这就要求高分子链具有极性或链间能有氢键结合，或有极性基团间的相互作用。

常见的合成纤维有涤纶（的确良）、锦纶（尼龙）、腈纶（人造羊毛）、丙纶、维纶（维尼纶）、氯纶等。

随着高科技的发展，现在已制造出很多高功能性（如抗静电、吸水性、阻燃性、渗透性、抗水性、抗菌防臭性、高感光性）纤维及高性能纤维（如全芳香族聚酯纤维、全芳香族聚酰胺纤维、高强聚乙烯醇纤维等）。

教学目标

（1）价值引领：通过我国自主研发的聚合物制品（如冬奥会运动服）树立科技自信；了解聚合物材料应用及学科发展简史，树立并坚持科学史观，培养辩证唯物主义的科学思维方法。

（2）知识拓展：了解塑料、橡胶、纤维等聚合物的分类及特征，了解常用聚合反应设备类型及功能。

（3）思维训练：能够举例说明、以实例诠释聚合物的概念，辨别聚合物材料的种类；了解五大聚合物材料（塑料、橡胶、纤维、涂料、黏合剂）的主要用途；引用案例说明聚合物材料的发展趋势，激发学生的爱国情感和敬业精神。

（4）能力构建：充分利用"网络教学平台"、教学素材音视频等引导课外学习和自主学习并及时检验；以最新研究成果拓展学生视野。

思 政 元 素

援引2022年北京冬奥会开幕式盛况，突出冬季运动服饰在改善国际形象、提升运动实力方面的作用；以开幕式中视频触动、唤起学生"一个都不能少"的家国情怀。

案例实施路径与方法

（一）高分子科学的发展简史

1956年，美国人Szwarc发明活性阴离子聚合，开创了高分子结构设计的先河。

20世纪50年代后期至60年代，大量高分子工程材料问世：聚甲醛（1956年），聚碳酸酯（1957年），聚砜（1965年），聚苯醚（1964年），聚酰亚胺（1962年）。

20世纪60年代以后，特种高分子和功能高分子得到发展。

特种高分子指具有高强度、耐高温、耐辐射、高频绝缘等特性的聚合物材料。

功能高分子一般指离子交换树脂、分离膜、导电高分子、感光高分子、高分子催化剂、高吸水性树脂、医用高分子、药用高分子、高分子液晶等材料种类。

20世纪80年代以后，新的聚合方法和新结构的聚合物不断出现和发展。

新的聚合方法：阳离子活性聚合、基团转移聚合、活性自由基聚合、等离子聚合等。

新结构的聚合物：新型嵌段共聚物、新型接枝共聚物、星状聚合物、树枝状聚合物、超支化聚合物、含C60聚合物等。

（二）工程塑料举例

聚酰胺（尼龙、PA）：最早发现能够承受载荷的热塑性塑料。

尼龙类材料：尼龙-6、尼龙-66、尼龙-610、尼龙-1010和芳香尼龙是常应用于机械工业中的几种工程塑料，被大量用于制造小型零件、替代有色金属及其合金。其中尼龙-6（铸型尼龙）是通过简便的聚合工艺使单体直接在模具内聚合成形的一种特殊尼龙。芳香尼龙具有耐磨、耐辐射及电绝缘性很好等优点，是尼龙中耐热性最好的品种。

聚碳酸酯（PC）：热塑性透明线型结晶高聚物，是工程塑料的一种。透明度为86%~92%，被誉为"透明金属"。PC具有优异的冲击韧性和尺寸稳定性、较高的耐热性和耐寒性，应用于机械、电气、光学等领域，如高精度的结构零件（齿轮、蜗轮、蜗杆等）、绝缘材料、防护玻璃、大型灯罩等。

聚甲醛（POM）：以线型结晶高聚物聚甲醛树脂为基的塑料，可分为均聚甲醛、共聚甲醛两种。结晶度可达75%，有明显的熔点和高强度、高弹性模量等优良的综合力学性能，其强度与金属相近；摩擦系数小并有自润滑性，因而耐磨性好。价格低廉，性能优于尼龙，故可代替铜、铝、锌等有色金属和合金，主要用于汽车、机械制造、精密仪器的轴承、齿轮等转动装置及耐磨零件、各种仪表外壳等。

ABS塑料：通用型工程塑料，具有较高的强度和冲击韧性、良好的耐磨性和耐热性、较高的化学稳定性和绝缘性，以及易成形、机械加工性好等优点，广泛用于家用电器、汽车工业、计算机、仪表零件等领域，是用途最广泛的工程塑料。

特氟隆（Teflon）：美国杜邦公司对氟碳树脂的总称，包括聚四氟乙烯、聚全氟乙丙烯及各种共聚物。由于其具有优异的耐热（180~260℃）、耐低温（−200℃）、自润滑性及化学稳定性等，被称为"拒腐蚀、永不粘的特氟隆"。

（三）合成纤维举例

1. 聚对苯二甲酸乙二醇酯（涤纶、的确良）

其显著优点是：抗皱、保型、挺括、美观（图1）；对热、光稳定性好；润湿时强度不降低，经洗耐穿，可与其他纤维混纺；年久不会变黄。缺点是不吸汗，而且需要高温染色。

图1 涤纶纺织物具有抗皱、挺括、美观的特点

用途：产量最大的合成纤维，大约90%作为衣料用（纺织品为75%，纺织物为15%），用于工业生产的只占总量的6%左右。

2. 聚己二酰己二胺纤维（锦纶-66，尼龙-66）

性能：强韧耐磨、弹性高、质量轻，染色性好，较不易起皱，抗疲劳性好。吸湿率为3.5%~5.0%，在合成纤维中是较大的，吸汗性适当，但容易走样。

用途：一半用作衣料，一半用于工业生产（其中约1/3做轮胎帘子线）。尼龙-66的耐热性比尼龙-6高，做轮胎帘子线很受欢迎。

2022年北京冬奥会中国队服装（图2），采用高强度细旦尼龙格纹，搭载高功能防护、防风、防水、高透湿，运动员在赛后穿着更加轻盈保暖。面料由位于平望纺织贸易园一期的吴江飘逸纺织有限公司自主研发。

图2 2022年北京冬奥会开幕式中国队服装

时尚运动品牌Lululemon是加拿大2022年奥运代表队官方服装供应商，其队服主色调选择象征枫叶国的深红色，枫叶是主要的设计元素。Silverescent作为Lululemon的"臭味征服技术"，将99.9%的纯银附着于每一根纤维表面来阻止细菌繁殖（图3）。

美国品牌 Ralph Lauren 则带来了最为尖端的"智能保温"（intelligent insulation）科技，这是一种具有可持续发展意识的温度响应面料，通过在不使用外部供电的情况下扩展并形成一层绝缘层来适应较冷的温度。

ICEPEAK 源自芬兰，是拥有百年历史的户外运动品牌，以滑雪运动装备而为滑雪爱好者所熟知。北京冬奥会运动员身着的服装采用羊毛面料和羊羔毛衬里，兼具时髦性与保暖性（图4）。

图3　具有抗菌、除味技术的加拿大队运动服　　　图4　采用了保暖材料的美国队及芬兰队运动服

（四）思政元素融入方式

2022年北京冬奥会让全世界见证了中国的经济实力和国际地位。运动员身穿"踏雪寻梅"精美华服向全世界展示了健康向上的精神风貌，同时也传递了我们国家"一个都不能少"的根本态度。当代青年学生身负重要的使命担当，有责任接过前辈"火种"，继续砥砺前行。

我国自古便是桑蚕养殖及纺织大国，黄帝玻妻嫘祖，以及次妃嫫母两人，是传说中发明织布机和抽丝机的鼻祖。"丝绸之路"成为了联结古代中国与周边国家交流的纽带。育蚕取丝在中华文明的传播和经济的发展方面发挥了重要作用，并引导人类步入了以化学方法制造多种纤维的新天地，在世界科技史和文化史上留下了浓墨重彩的一笔。元代元贞年间（1295—1296）"纺织科学家"黄道婆将自己学到的纺织技术进行改革：把用于纺麻的三锭脚踏纺车，通过缩小纺轮直径来减少拉伸力，改成可用于棉纱纺纱的三锭脚踏纺车，极大地推动了松江一带棉纺织产业的发展。

近年来我国纺织工业多个技术取得突破，相关项目近三年（截至2023年）新增销售额超过60亿元。这些技术及成果包括："电弧防护技术"，提升了我国电力行业从业人员职业安全水平，提升了我国应急救援个体防护装备世界竞争力；"高品质超纤革"，打破了新物性、新功能的中高档超纤革产品及技术的国际封锁；"纺织品抑菌防霉技术"，赋予纺织服装持久的抗微生物能力，构建人体健康安全屏障，满足人民实现美好生活的重要需求。

纵观上述中华民族在古代及现代探索科技进步的发展历程，学生可切身体会到科技工作者执着专注的品质及追求卓越的精神。在课程教学中，引导学生积极关注国计民生，重视技术创新，激发学生对聚合物科学及纤维材料研发的兴趣，引导其未来走上科技、绿色、智能、时尚的化学纤维及纺织工业道路。

教 学 成 效

通过五彩缤纷的运动服饰展示，提高了学生学习聚合物相关学科的兴趣。以国内外重大事件作为教学素材能够引起学生共鸣。在教学过程中多数学生能够回忆起相关细节并做出反馈，教学效果良好。

钢桥典型教学案例

钢桥发展概况与桥梁可持续发展

学院名称	土木工程学院	**课程名称**	钢桥
主讲教师	赵秋	**教师职称**	教授
授课对象	土木工程专业三年级本科生	**课程性质**	专业选修课

课程简介

"钢桥"课程是"土木工程"或"道路、桥梁与渡河工程"专业的一门专业课,是以混凝土桥为主的"桥梁工程"课程的重要补充。课程内容包括钢结构梁桥、组合结构梁桥、钢拱桥、钢斜拉桥和钢悬索桥的构造、设计要点及施工方法。学生在学习了"材料力学""结构力学""桥梁钢结构基本原理"等专业基础课程的基础上,通过本课程的学习,能够掌握常用钢结构梁桥和钢与混凝土组合梁桥的结构形式和构造原理、设计计算理论和方法,了解钢拱桥、钢塔、缆索系统等复杂桥型的钢结构特点和计算要点,同时对钢桥制作与安装、防腐涂装等知识有初步的了解。课程配以典型的钢结构桥梁工程实例进行介绍,并考虑了不同层次的学习需求,"钢桥"课程的学习,可为课程设计和毕业设计的完成,以及钢结构桥梁涉及的复杂工程问题解决奠定基础。

教学目标

(1)价值引领:增强学生对中国特色社会主义道路自信、理论自信、制度自信、文化自信,把爱国情、强国志、报国行自觉融入坚持和发展中国特色社会主义事业、实现中华民族伟大复兴的奋斗之中,增强民族自豪感,加强学生专业使命感。培养学生精益求精的大国工匠精神、服务国家发展战略的家国情怀,激发学生的社会责任和使命担当。

(2)知识拓展:通过本课程的学习,学生能够掌握常用钢结构桥梁和钢与混凝土组合梁桥的结构形式和构造原理、设计计算理论和方法,掌握钢拱、钢塔、缆索系统等复杂构件的钢结构特点和计算要点,同时对钢桥制作与安装、防腐涂装等知识有初步的了解。为钢结构桥梁和组合结构桥梁设计与计算及为解决复杂钢桥工程问题打好基础。

(3)思维训练:在课堂中设计讨论与协作环节,促使学生积极思考,产生思维碰撞,激发学生的新思维,促使学生发现新方法。

(4)能力建构:提高学生正确认识问题、分析问题和解决问题的能力。

思 政 元 素

> 大国工匠精神、家国情怀、社会责任、使命担当、中国气质、时代精神、美丽中国、创新意识、文化自信。

案例实施路径与方法

（一）育人理念

培养爱国主义情感，弘扬民族精神；培养对国家、社会和自然的责任感；培养团队合作意识与集体主义精神。

（二）实施思路

课程内容强调广度和深度，突破习惯性认知模式，培养学生深度分析、大胆质疑、勇于创新的精神和能力。利用中国大学MOOC（慕课）平台，开展线上线下混合教学，将"钢桥"课程对全国高校开放，使更多的学习者获益。同时在线下环节强化课堂设计，解决好怎么讲好课的问题，杜绝单纯知识传递、忽视能力素质培养的现象。强化师生互动、生生互动，杜绝教师满堂灌、学生被动听的现象。

（三）思政元素融入方式

1. 在钢桥的发展中体现国家进步

旧中国钢桥的建造没有自主创新，无论是设计还是施工都依赖于西方国家，甚至桥梁用钢也都是靠进口，经常处于无钢可用的被动局面。随着新中国经济的发展，尤其是改革开放后对中国特色社会主义实践的探索，中国钢桥在各方面得以革新，并取得了巨大成就，桥梁用钢不但可以满足国内需求，还可以提供给美国等发达国家。2013年由中国公司承担钢结构制造任务的美国奥克兰海湾大桥建成通车，打造出重达4万多吨的合格钢结构，向全世界证明了中国钢结构桥梁的制造实力，让美国对中国的实力刮目相看，让世界看到走中国特色社会主义道路的独特优势。

思政目标：在学习过程中，学生进一步深刻认识中国从站起来、富起来到强起来的艰辛探索和历史必然，从钢桥的发展中坚定学生的四个自信，培养历史眼光，弘扬爱国主义精神，为实现民族复兴而奋斗。

2. 在钢桥历史中融入桥梁先进人物事迹

钱塘江大桥是中国自行设计和建造的第一座铁路、公路两用双层钢结构桁梁桥，但全面开通才1个多月就被迫炸毁了。由于抗日战争的全面爆发，为了防止钱塘江大桥落入日军之手，设计人茅以升在图纸上认真标示出了钱塘江大桥结构上所有可以安放炸药的位置，对钱塘江大桥实施爆破。亲手炸掉自己主持设计并负责建造的钱塘江大桥，体现了茅以升的大局意识，为国家富强、民族振兴作出的巨大奉献。钱塘江大桥是一座见证了民族磨难的桥梁，同时也为新中国培养了一代桥梁大师，并影响了几代桥梁人，我们应向老一辈桥梁人学习，汲取力量，站好自己的"哨位"。

思政目标：使学生在不知不觉中爱上桥梁、喜爱自己的专业，提升学习积极性，增强对国家和民族的自豪感和认同感，树立正确的人生价值观，引领学生用知识的头脑武装自己，在社会责任感和奉献精神的推动下为实现中国梦而奋斗。

3. 在桥梁事故中体会责任感

加拿大的魁北克大桥两度发生坍塌毁损，88人因此丧命。事故原因一方面是业主单位的经验不足，设计时没有脚踏实地，只是浮于表面；另一方面是施工时赶进度、偷工减料，以及施工技术不过关,选材错误。在付出了多条人命的惨痛代价后,重制了一根悬挂跨,使用铅板作为临时支座,终于成功合龙,在 1918 年正式通车。在课堂上引导学生用专业知识解释魁北克大桥坍塌的原因,提出自己的观点,以科学态度解决专业问题,使课堂更加富有活力,对学生产生吸引力、时代感。

思政目标:对钢桥事故进行剖析,分析事故带来的惨痛教训和影响,从而有效地培养学生对事业忠诚、对人民热爱的责任感。脚踏实地,在实践中检验真理,发展真理。

(四)教育教学方法

线上教学视频覆盖全部教学内容,对于学生利用课外时间学习课程十分有益。有了先进的教学内容和丰富的线上视频教学资源为基础,线下教学的效果非常可观。线上线下混合式课程的开展,促使学生更积极、更主动地参与网络课堂和实体课堂的各类学习活动,有助于学生个性化学习的养成,提升学生学习积极性和活跃度。

(五)教学活动设计

采用多媒体演示等形式展示不同类型的钢桥,通过实际案例让学生掌握不同分类方法下的钢结构桥梁的主要类型。再介绍一些历史故事,让学生了解钢桥的发展历史、中国由桥梁大国向桥梁强国迈进,由学生分享自己所知道的相关桥梁人物事迹,发扬桥梁精神,通过剖析桥梁事故,培养学生的专业使命感,坚定中国特色社会主义道路自信、理论自信、制度自信、文化自信,激起学习新知的欲望。适时设疑,启发学生思考,调动学生学习的积极性。

(六)资源载体

采用纸质教材与数字课程网站相结合的教学方式,以现有的纸制教材为基础,通过数字课程出版云平台、中国大学 MOOC(慕课)等平台提供的网络课程,在纸质教材的基础上进行延伸和扩展,包括拓展的视频资源、融合思政案例的文字资料等。线上线下相结合,为学生提供了丰富的学习资源,更方便教师对内容进行创造性的整合利用,满足受众个性化的需求。

(七)特色与创新

采用线上仿真授课与线下课堂讲授的形式,将 VR 技术与三维漫游功能相结合,学生能在桥梁模型中自由行走参观,直观地感受不同桥型的结构区别,从而帮助学生从抽象桥梁结构与构造的知识学习中迅速升华到对实体结构的理解。

深入挖掘教材中所蕴含的思政价值与内涵,将立德树人思想润物细无声地融入课程,培养学生精益求精的大国工匠精神,使学生爱桥梁爱专业,对专业更具使命感和责任感。

教 学 成 效

1. 所获得的思政教学体会

目前的课程思政体系尚不健全,主要体现为各课程间不能相互协调,思政案例引入不恰当、过于生硬,会导致学生产生逆反心理,降低学习效率。因此未来需继续结合专业方向建立课程思政体系和课程思政目标,构建无痕融入的思政教学案例,借助于虚拟教研室协调课程间思政关系,避免重复、遗漏。

2. 校内外同行和学生评价

同行评价:福州大学的《钢桥》教材和中国大学 MOOC(慕课)线上资源是国内最完备的钢桥课程资源,被许多高校和业界使用,有一定的影响力。

学生评价：线上线下混合式教学模式提高了学习效率，课堂气氛非常好，灵活不枯燥。

3. 课程思政教学改革成效

"钢桥"通过课程思政建设，将立德树人根本任务润物细无声地融入课程，培养了学生精益求精的大国工匠精神，使学生爱桥梁爱专业，对专业更具使命感和责任感。教材是全面落实课程思政建设的根本保障，通过《钢桥》教材课程思政构建，将立德树人深植于课程和课堂。

4. 示范辐射等情况

通过自编教材以及课程内容全覆盖的线上课程建设，形成了内容丰富的"钢桥"线上线下混合式课程。在校外相关专业、企业，以及中国大学 MOOC（慕课）平台及 ICC-数字课程云平台上具有一定影响力。

电子测量技术基础典型教学案例

测量误差的基本原理

学院名称	物理与信息工程学院	课程名称	电子测量技术基础
主讲教师	许秀英	教师职称	讲师
授课对象	通信工程、电子信息工程专业三年级本科生	课程性质	专业选修课

课 程 简 介

"电子测量技术基础"是通信工程及电子信息工程的专业选修课程。课程介绍电子测量的基本知识、误差理论与测量不确定度评定、模拟量（包括交流电压、分贝、失真度、功率等参数）的测量、数字量（包括电压、频率和相位等参数）的测量，以及利用波形显示技术实现的测量（包括示波器）。通过本课程的学习，使学生掌握测量误差分析和数据处理的基本知识，掌握示波器、电子计数器、交流电压表、数字电压表等常用仪表的测量原理、误差特点和使用方法，具备在电子信息领域设计实验方案、开展实验并对实验数据进行分析与解释的能力。以课堂授课为主，实验为辅，理论联系实际，为后续的专业课程、综合实践和毕业设计打好基础。

教 学 目 标

（1）清楚研究测量误差的目的——所有的测量都有误差，而正确认识和处理测量误差对取准确的测量结果意义重大。
（2）培养严谨求实的科学精神。
（3）掌握测量误差的表示方法。
（4）了解电子测量仪器误差的表示方法，掌握单次直接测量时最大误差的估计方法。

思 政 元 素

了解中国中古时期先进的科学发现，增强民族自豪感，学习那个时期的科学家数十年如一日的艰苦卓绝的科学精神。

案例实施路径与方法

（一）育人理念与实施思路

基于 OBE 教育理念，以学生为中心，以情优教，将知识传授和价值引领相统一，实现教书育人的教学目的。

（二）思政元素融入方式

从大学生都熟悉的"牛顿三定律"入手，追根溯源到第谷的工作及开普勒三定律，然后介绍中国在天文学史上具有卓越贡献的出类拔萃的科学家郭守敬，借此帮助学生了解中国中古时期先进的科学发现，增强民族自豪感，学习那个时期的科学家数十年如一日的艰苦卓绝的科学精神。

（三）教育教学方法

（1）以情优教，师生互动，不批评，不嘲笑，多鼓励，多肯定。

（2）启发式教学与榜样式教学有机结合，榜样教学法将价值引领与知识传授环节互浸，实现课程思政。

（3）采用康奈尔笔记法设计板书，突出主题，提升学习效果。

（四）教学活动设计

总体教学活动设计采用"引导—阐释—练习—总结"的教学策略。

1. 导入主题

测量误差的定义：测量结果与实际值（真值）之差。产生测量误差的原因包括：① 仪器不准确；② 方法不完善；③ 环境不合要求；④ 测量者的技术水平和责任心不足。我们需要认识到不含误差的测量结果是不存在的，重要的是要知道实际测量的精确程度和产生误差的原因。通过研究测量误差，正确认识误差的性质和来源，制定合理的测量方案，并对测量结果进行正确的处理，尽可能减小测量误差，以得到接近真值的测量结果。

从大学生都熟悉的"牛顿三定律"入手，阐释"开普勒三定律"的数据来源及处理，说明正确测量以及合理处理测量数据的重要性。通过PPT展示牛顿、第谷及开普勒的人物图片照片，提升学生的直观感受，并具体阐述。丹麦天文学家第谷（1546—1601）连续二十多年（1576—1599）对行星的位置进行精确测量，积累了大量的数据。第谷是天文史上的一位奇人。他对于星象的观测，其精确严密在当时达到了前所未有的程度。1600年，第谷与开普勒相识，并邀请他作为自己的助手。次年第谷去世，开普勒接替了他的工作。开普勒（1571—1630）利用第谷多年积累的观测资料，通过观测研究以及长期艰苦的计算，总结出行星绕太阳运动的三条基本定律，分别是轨道定律、面积定律和周期定律。开普勒三定律是天文学的一次革命，它对后人分析太阳系的结构具有重大的启发意义，为经典力学的建立、牛顿万有引力定律的发现都给出了重要的提示。

2. 课程思政

介绍中国在天文学史上具有卓越贡献的出类拔萃的科学家郭守敬。通过播放纪录片《科学巨匠郭守敬》，帮助学生了解中国中古时期先进的科学发现，增强民族自豪感。

郭守敬（1231—1316）字若思，邢州（河北邢台）人，是元朝最著名的科学家。他精通天文、数学和水利，取得的科学成就极为突出。他在天文历法方面最杰出的成就，是根据大量观测资料编制出了新历法《授时历》，从至元十八年（1281年）起，在全国颁行，使用时间长达363年，是我国历史上使用时间最长的一部历法。《授时历》推算极精，以365.2425天为一回归年，如果以小时计算，是365日5时49分12秒，与地球绕太阳公转一周的实际时间只差26 s，经过3320年后才相差一日，同目前国际通用的公历（即格里哥里历）的一年周期相同，但是却比格里哥里历早300年。1970年，国际天文学会将月球上的一座环形山命名为"郭守敬环形山"。1977年，国际小行星中心将编号为2012号的小行星正式命名为"郭守敬"。他的名字被铭记在世界天文学史上。中科院国家天文台也将国家重大科技基础设施LAMOST望远镜命名为"郭守敬望远镜"。

3. 结合练习，展开阐述

结合练习，介绍测量误差的表示方法、电子测量仪器误差的表示方式及单次直接测量时最大误差的估计等知识。

4. 总结提高

板书总结，参照康奈尔笔记法设计板书，课程知识点一目了然。

练习总结，加深对所学误差基本原理相关知识的理解。

（五）资源载体

（1）人物或人物雕塑图片如图1所示，从左往右分别是：牛顿（上）、第谷（下），开普勒，郭守敬。

图1　图片资源

（2）视频《科学巨匠郭守敬》。

（六）特色与创新

（1）以情优教，使学生在课堂内外体会深深的人文关怀，师生间建立美好的、彼此信任的连接，教师乐教，学生乐学，同频共振，为讲授知识传递价值提供极好的途径。

（2）榜样教学法将价值引领与知识传授环节互浸，实现课程思政。

（3）采用康奈尔笔记法设计板书，突出主题，便于总结，提升学习效果。

教　学　成　效

1. 课程思政教学体会

（1）课程思政加深了本人对课程知识的深度探索。使我对课程的目标设置有了更为明确的理解，在教学上更具方向性，教学理念向OBE靠拢并践行。

（2）施教者先受思政教育。随着课程思政元素的不断挖掘，本人明白了部分科技知识的历史渊源，通过榜样的故事，如第谷、开普勒的故事，接受了科学精神的洗礼；了解了一些中国古代优秀的传统文化、科技发现及发明，如中国中古时期的天文发现，增强了民族自豪感；看到了许多在现代化建设中具有重要意义的卓有远见的制度和政策是在我国一穷二白的情况下制定的（如中国计量政策的指定），极大地增强了制度自信和文化自信。

（3）课程思政任重而道远。一是课程思政资料的挖掘需要长期用心地积累及不断地思考，绝非一蹴而就；二是课程思政要做到以润物细无声的方式融入课程绝非易事，也绝非有优秀的思政材料就够了。教育，尤其是思政教育，是灵魂推动灵魂的教育，因此思政教育首先是施教者的教育。施教者需要不断提升自己的境界、知识道德水平，修身养性，做好表率作用，然后用自己的学识、热情影响学生，才有可能潜移默化地实现立德树人的教育目的。

2. 学生评教

2021—2022 学年（1）电子测量技术基础课程学生评教平均分为 99.81 分（满分 100 分）。

投资项目评估典型教学案例

陕西秦岭别墅拆除，保护生态环境

学院名称	经济与管理学院	课程名称	投资项目评估
主讲教师	傅传锐	教师职称	副教授
授课对象	金融学专业四年级本科生	课程性质	专业选修课

课程简介

投资项目评估是一门新兴学科。它是于工程建设项目投资决策前，在项目可行性研究的基础上，采用一套科学、系统、完整的理论、方法和指标体系，对拟建项目的投资环境、工程技术、组织管理和社会经济的可行性、合理性、有效性、可靠程度与相互影响进行全面的再分析再论证，从而为正确的投资决策提供依据。投资项目评估是一种科学方法及建设程序中的一个工作阶段。

通过本课程的教学，使学生掌握投资项目评估的基本概念以及项目前期投资项目评估的工作程序、基本理论和评估方法，掌握项目建议书、可行性研究报告和项目申请报告的评估实务操作，具备投资项目可行性研究、建设项目经济评价和投资项目评估的综合能力，为未来从事投资决策前期工作打下扎实的基础。

教学目标

（1）通过对项目评估、项目申报等专业基础理论知识的学习，掌握本课程的主要研究方法及基本原理，树立投资决策观念与经济观点，具备利用本课程所学知识对投资项目进行可行性研究的能力。

（2）掌握发展规划、产业政策、行业准入评估、项目建设必要性评估、建设方案评估、资源利用评估、生态环境保护与影响评估的基本内容和评估方法等知识。通过课程学习，能够灵活应用项目不确定性和风险分析方法、项目投资方案比较评估与项目总评估方法，具备对各单元或单元的组合内容等相关问题进行分析并综合应用所学专业知识予以解决的能力。

（3）通过发展规划、产业政策、行业准入评估、项目建设必要性评估、建设方案评估、资源利用评估、生态环境保护与影响评估的基本内容和评估方法等知识的学习，结合各个单元的特点，能够利用本专业的基础理论知识和适当的工具或方法，结合特定的宏观经济、社会经济等要素，提出相应对策或方案，并对对策和方案的政策依据、社会环境和可能的社会影响进行分析。

（4）以课程教学内容为基础，结合案例教学等方式树立正确的世界观、人生观、价值观，培养良好的科学精神。

思 政 元 素

坚持全心全意为人民服务，生态文明建设，全面现代化，绿水青山就是金山银山，保护生态环境，可持续发展。

案例实施路径与方法

（一）实施思路和思政元素融入方式

本案例教学分为明确教学目标、梳理案例基本情况、创设案例问题、开展案例讨论、总结讨论意见等五个步骤。在创设案例问题、讨论和总结过程中，将思政元素融入整个过程。

（二）教育教学方法、资源载体、特色与创新

本案例教学采用讲授法、观察（视频观看）教学法、讨论法相结合。

本案例资源载体包括课堂讲授PPT和网络视频。

本案例教学的特色在于将秦岭违建别墅整治这一社会热点事件与微观个人观察相结合，以小见大，大小结合。

（三）教学活动设计

1. 案例基本情况介绍（5分钟）

案例以2019年1月9日央视播出的《一抓到底正风纪——秦岭违建整治始末》为主要素材，讲述秦岭违建别墅整治的始末。案例视频内容介绍如下（可以播放央视该专题片视频给学生观看）：

2018年7月以来，"秦岭违建别墅拆除"备受关注，有1194栋违建别墅被整治。从2014年5月到2018年7月，习近平总书记先后六次就"秦岭违建"作出批示指示。2014年5月13日，习近平总书记作出第一次批示，要求陕西省委、省政府关注秦岭北麓西安段圈地建别墅问题。然而，陕西省并没有对总书记的重要批示精神进行传达学习，西安市也直到20多天后的6月10日才成立调查组，此时也仅是让退居二线的市政府咨询员乔征担任组长。乔征认为他只是个咨询员，又退居二线，所有参加小组的（成员）都是副手，无法动用西安的所有政治资源和人力资源来解决相应问题。2014年7月，调查小组向市里反馈：违建别墅底数已彻底查清，共计202栋。随后，"违建别墅202栋"这一数据就从市里逐级上报。事实上，秦岭违建别墅远远不止202栋，由于当地政府严重的形式主义和官僚主义，导致1000多栋违建别墅在当时被漏报。2014年10月13日，习近平总书记又作出第二次重要批示，但还是没有引起当地政府的真正重视。对此，中央纪委国家监委第八监督检查室主任、中央专项整治工作组副组长陈章永指出：会议有传达、领导有批示、工作有督察、结果有报告。但通过深入调查，我们发现，这些传达、督察、报告当中存在着严重的形式主义和官僚主义问题。2015年2月到2018年4月，习近平总书记又针对秦岭违建别墅作过三次重要批示指示，但当地政府仍然没有做到习近平总书记要求的"不彻底解决，绝不放手"。2018年7月，习近平总书记对秦岭违建别墅作出第六次批示："首先从政治纪律查起，彻底查处整而未治、阳奉阴违、禁而不绝的问题。"7月下旬，中央专门派出中纪委领衔的专项整治工作组入驻陕西，与当地省、市、区三级政府联合开展针对秦岭违建别墅的整治行动。2018年7月31日起，一场雷厉风行的专项整治行动在秦岭北麓西安境内展开：违法建设别墅查清一栋拆一栋，然后复绿复耕。严厉问责、通报过后，秦岭违建别墅问题的后续追查和修复工作也备受各界关注。专题片中透露，共清查出1194栋违建别墅；其中依法拆除1185栋、依法没收 9 栋；网上流传甚广的支亮别墅（实为陈路）全面拆除复绿；依法收回国有土地 4557 亩、退还集体土地 3257 亩；实现了从全面拆除到全面复绿；一些党员干部因违纪违法被立案调查。

2. 案例分析过程（20 分钟）

1）秦岭违建别墅对生态环境的影响

秦岭违建别墅对生态环境造成了负面影响，包括直接影响和间接影响。

直接影响：

（1）秦岭违建别墅占用了秦岭地区的林地、耕地；

（2）降低了秦岭地区的植被覆盖率，导致秦岭地区植被对气候调节能力降低；

（3）可能引发秦岭地区水土流失、山体滑坡与泥石流等地质灾害；

（4）可能引发秦岭地区的水质变差；

（5）违建别墅占据了原本属于秦岭当地动物的栖息地，可能破坏秦岭当地的生物多样性。

间接影响：

秦岭违建别墅树立了错误的破坏环境的典型，社会影响差，会对其他地区可能存在的同类违建活动产生误导。

2）如何治理秦岭违建别墅

主要措施：

（1）立即撤销秦岭地区违法建筑立项，拆除违建别墅；

（2）追究违建当事人与未能严格执行党中央决策部署的相关责任人的行政、法律与经济责任，将这一事件作为环境治理的反面典型，发挥警示作用；

（3）收回违建别墅所占土地，重新种植秦岭地区适应性植被；

（4）以秦岭违建拆除这一典型事件为契机，在全国范围加强媒体监督、舆论监督，构建"执法部门＋媒体舆论"的双管齐下的监督模式。

思政融入：为什么说生态文明是关系人民福祉、关系民族未来的大计？我国为什么要把生态环境保护摆在更加突出的位置？

3. **案例启示**：秦岭违建别墅整治带给我们的启示是什么（15 分钟）

（1）经济发展和生态保护是相辅相成的关系，经济发展不能以牺牲生态环境为代价，生态环境的优化能够助力经济发展。在有限的自然生态资源的条件约束下，要秉持生态保护作为重要国策的理念，考虑生态资源环境对经济发展的承载力，坚持绿水青山就是金山银山的发展战略，在环境保护中发展区域经济，构建生态环境与经济环境的均衡发展模式。

（2）要深刻总结秦岭违建破坏周边生态环境事件的沉痛教训，提高、增强各级各部门对政治纪律和政治规矩的认识，坚决杜绝形式主义、官僚主义。地方政府与环境管理部门要严格执行党中央关于自然资源管理与环境保护的相关决策与号召，要因地制宜地进行自然资源开发，走可持续发展、生态环境优化的道路。对于破坏生态环境、违背中央关于生态文明建设政策的违法违规行为，不仅要做到及时发现，严厉惩治，而且要强化日常监督机制，防患于未然。

4. 学生提问与讨论（5 分钟）

教 学 成 效

秦岭违建别墅拆除是近年来我国生态环境保护进程中非常重要的一个事件。这一事件影响很大，通过本案例教学，使学生理解，习近平总书记对秦岭生态环境保护和秦岭违建别墅严重破坏生态问题先后六次作出重要批示指示，说明以习近平总书记为核心的党中央以人民为中心，把生态文明建设放在治国理政的重要战略位置，把保护生态环境作为重要国策。引导学生进一步增强对党和国家的热爱，拥护党和国家的政策方针，坚定政治立场。

案例教学引发学生思考环境保护问题的兴趣，学生在课后还通过 QQ 群和邮件方式对案例进行讨论。

中国文化（英）典型教学案例

传承传播京剧艺术，培养弘扬民族精神

学院名称	外国语学院	课程名称	中国文化（英）
主讲教师	陈建华	教师职称	副教授
授课对象	英语专业一年级本科生	课程性质	专业选修课

课程简介

课程以英语教授中国文化，以生动的事例和材料对中国文化独具特色的内容进行深入浅出的介绍，引导学生领悟中国文化的精髓，学会相应的英语表达，以便向世界展示中国的多彩文化和中国人的心灵世界与文化生活。本课程不仅强调对文化信息和知识的掌握，还注重培养思辨能力和传播中国文化的能力，对于中国学生扩展祖国文化知识、提高英语交际能力有直接而明显的帮助作用。

教学目标

京剧是我国传统文化的典型代表之一，作为中国的特色文明之一，需要年轻一代接续传承并发扬光大，本案例旨在通过鉴赏、讲授和讨论让学生了解京剧"生、旦、净、丑"四个行当的区别，掌握京剧脸谱传达的寓意，感受京剧表演艺术家梅兰芳的爱国情怀，从而增强自信心和民族自豪感，培养学生自信地用英语表达中国戏剧艺术的能力。

思政元素

充分学习和理解中国优秀戏剧艺术的内涵，发扬优秀传统美德，培养学生对中国文化和戏剧艺术的热爱，加深对戏剧艺术的理解，培养良好的审美情趣与家国情怀。

案例实施路径与方法

本案例基于以输出为驱动的 CBI（内容依托式教学）教学模式，主要采用启发式、任务式、讨论式教学方法和小组活动，结合视频和 PPT 展示，加深学生对于京剧的认识、对于中国戏剧文化的了解，强化学生英语语言表达技巧和规则训练，同时将爱国主义情怀、思想政治教育融入教学。教学活动设计如下：

1. 导入：《霸王别姬》选段视频欣赏
2. 学生用英语介绍《霸王别姬》背景知识、主要内容、审美体验以及京剧大师梅兰芳的爱国故事

《霸王别姬》根据昆曲《千金记》和《史记·项羽本纪》改编，讲述了秦末楚汉相争的故事。韩信指使谋士李左车假装向项羽投降，并设下圈套。结果项羽一行在九里山遭韩信伏击，困于垓下，无法冲出重围。当听到四面楚歌时，他怀疑楚军已全部投降，于是和虞姬在营地饮酒诀别。该选段视频来自《中国京剧像音像集萃》，其中梅兰芳将剑舞与"西皮二六"在内容和形式上有机融合，体现了中国传统戏曲中歌舞融合、"歌舞传情"的艺术。

梅兰芳不但是一位京剧艺术大师，还是一位正气凛然的爱国主义者。在抗战时期，他多次拒绝为敌人演出，蓄须明志，表现出了高尚的爱国主义精神。

3. 头脑风暴：京剧脸谱色彩花纹密码

在京剧中，各种角色都有自己的脸谱、特定的图案和颜色，这些面部化妆突显他们的个性和特点。观众一看到这些脸谱就能迅速辨别忠诚与背叛、善与恶。教学过程使用京剧脸谱卡片让学生识别各种典型脸谱并解释其寓意：红色代表忠诚，紫色代表孝顺，黑色代表正直，粉色代表老人，水白色代表奸诈，漆白色代表傲慢，黄色代表凶猛，灰色代表贪婪，蓝色代表勇敢，绿色代表无情，金色和银色是神、佛和灵的颜色。

4. 分组讨论并总结京剧"生、旦、净、丑"行当的分类

分组让学生讨论并进一步细化京剧行当的分类："生"指男主角，又分为"老生"（代表中年以上的男性角色）、"小生"（代表青少年男子）、"武生"（扮演擅长武艺的青壮年男子、武将）和"娃娃生"（指小孩），这些角色一般不戴脸谱。"旦"指女主角，又分为"老旦"（扮演老年妇女的角色）、"彩旦"（扮演女性的丑角）、"武旦"（通常扮演勇武的女性）、"青衣"（扮演的一般都是端庄、严肃、正派的人物，大多数是贤妻良母，或者是贞节烈女之类的人物）和"花旦"（代表活泼聪明的青年或中年女性，通常着短装）。"净"俗称花脸，以面部化妆运用图案化的脸谱为标志，音色洪亮宽阔，演唱风格粗壮浑厚，动作大开大阖，顿挫鲜明。"丑"是滑稽幽默或相貌丑陋的人物，不管文丑或武丑，在剧中都是幽默、滑稽的喜剧人物，但并不都是反派。

5. 引导学生评价项羽

让学生对项羽作出历史评价。参考以下资料：

司马迁评价项羽"自矜功伐，奋其私智而不师古""尚不觉寤而不自责"，大势已去时竟用"天亡我，非用兵之罪也"为自己开脱，失败实属必然。

毛泽东在《七律·人民解放军占领南京》一诗中，以"宜将剩勇追穷寇，不可沽名学霸王"惕厉全军不可骄傲自满、不思进取。1962年"七千人大会"上，他又引用"霸王别姬"的典故，以勉励领导干部豁达大度、从谏如流，如果像项羽一样不爱听别人的不同意见，难免有一天要"别姬"。——选自《习近平讲故事》

如果任由这些问题（作风问题）蔓延开来，后果不堪设想，那就有可能发生毛泽东同志所形象比喻的"霸王别姬"了。——选自《习近平谈治国理政》第一卷

教 学 成 效

深入挖掘课程思政内涵，贯彻服务于国家"一带一路"国际化人才培养战略，为中华文化向世界传播提供可能的人才储备，这是本课程融入思政教育的目的。任课教师要不断加深自身的中华文化素养，加强对中华传统文化的学习，加强自身品德修养，通过言传身教来引导学生的爱国

情怀；进一步践行课程思政，不断优化教学内容和方法，有意识地通过课堂讨论等各种形式指导学生充分理解中国传统文化，帮助学生了解中国故事、传播中国声音、培养国际视野、建立文化自信。

通过本案例教学，学生不但学到了有关京剧的基本知识（包括脸谱寓意、行当区别）、基本技巧如唱念做打，也锻炼了分析语法和篇章结构的能力，学到了相应的英语词汇及表达。在了解中国戏剧的基础上，学生才能真正做到向世界传播中国戏剧，在用英语讲述京剧的过程中，学生的文化自信得到了极大提升。

回顾梅兰芳先生的爱国情怀能引导学生树立正确的世界观、人生观、价值观，使他们潜移默化地接受正确的思想政治教育，切实体会到，唯有坚持党的领导、坚持走中国特色社会主义道路，才能最终发扬光大中华优秀传统文化。

合唱作品实践训练典型教学案例

合唱训练与演唱实践中的爱国与民族精神审美体验

学院名称	人文社会科学学院	课程名称	合唱作品实践训练
主讲教师	黄青	教师职称	副教授
授课对象	音乐学专业二年级本科学	课程性质	专业选修课

课程简介

"合唱作品实践训练"课程精心挑选我国不同时期爱国主义与民族精神合唱作品进行严格训练,努力塑造不同历史时期的合唱音响,对各个合唱作品不同部分音色、音量、速度等进行精心安排与细致训练,让学生从音响与审美中体验声音的美与力量。通过塑造声音形象,激发学生对党、对祖国的热爱,对民族的认同,对我国建设者付出努力的热情歌颂。

选修课程的学生经过多次选拔,都是音乐学专业大一到大三的比较优秀的学生,有比较好的音色、音准、视唱能力,学生能够快速地学习和演唱难度比较大的合唱作品。演唱精心挑选国内外不同时期的优秀作品(我国作品为主),涵盖从20世纪20年代到当今最新的合唱作品,通过鉴赏与演唱学生深切体验到:五四运动以来中华民族奋斗不屈的历史与新中国建国的艰难困苦;新中国成立后自尊、自豪的独立身份认同感;改革开放以来人民不断进步,生活日趋幸福;新世纪以来国力蒸蒸日上,人民生活水平日益增长,物质与精神需求达到新的层次。

教学目标

(1)培养学生坚定正确的政治方向、良好的思想品德,热爱祖国,热爱人民,拥护中国共产党的领导;树立正确的世界观、人生观、价值观;培养人文修养、职业素养、社会责任感和积极向上的人生态度,了解新中国建国前后一直到当前的国情社情民情,践行社会主义核心价值观。

(2)通过演唱不同时期的爱国精神与民族精神合唱作品,了解各个时期作品的内涵与时代背景,掌握不同时期合唱的演唱技术特点,使得演唱贴切作品创作时代。从演唱实践中激发学生内心对党、对祖国的热爱,对我国建设者付出努力的热情歌颂。

(3)以当今国际国内主流的合唱音响理念来严格进行合唱团的训练,培养学生立体的合唱音响观念,让学生掌握合唱与独唱不同的演唱方式方法,能鉴赏、演唱乃至指导别人合唱,便于步入社会后能正确指导合唱团队声音训练。

(4)掌握一些经典的合唱作品,通过对作品声部层次协调、主调与复调演唱技术安排、作品形象的恰当对比等细致的艺术要求,力求达到高质量的艺术演唱,培养学生精细、认真的演唱态度与恰当的艺术表达。

思 政 元 素

通过欣赏与演唱20世纪以来我国爱国主义与民族精神合唱作品，让学生从审美与实践中切身体验新中国从建国前到现在一百多年的国情社情民情，培养学生坚定正确的政治方向、良好的思想品德，热爱祖国，热爱人民，热爱民族，拥护中国共产党的领导；树立正确的世界观、人生观、价值观；培养人文修养、职业素养、社会责任感和积极向上的人生态度，践行社会主义核心价值观。

案例实施路径与方法

1. 将时代精神融入合唱训练教学与审美体验

习近平总书记在2014年文艺工作座谈会上讲话提出："文艺是时代前进的号角，最能代表一个时代的风貌，最能引领一个时代的风气。通过更多有筋骨、有道德、有温度的文艺作品，书写和记录人民的伟大实践、时代的进步要求，彰显信仰之美、崇高之美，弘扬中国精神、凝聚中国力量，鼓舞全国各族人民朝气蓬勃迈向未来。"本课程精选新中国建国、建设各个时期的合唱作品来体验时代精神内涵，这是本课程的核心目标与育人理念。

2. 用当代世界前沿合唱理念提升学生演唱技术

合唱声乐是演绎合唱作品的重点，合唱与独唱既有共通的原理，也有不同的要求。当前国际合唱音响建立在西方宗教"轻、高、柔、直"的音响基础上但是并不拘泥于此，不同作品音响变化丰富多样，总体而言圆润、和谐、饱满，讲究高品质音质。现代合唱一般在音乐厅演唱，强调声音融合，能唱出泛音音效，训练较强的穿透力，即使在大型音乐厅的最后一排也能够清晰地听见演唱。

课程一方面通过观摩并认真分析"公鸡合唱团""国王歌手合唱团""坎特姆斯合唱团"等国外顶级职业合唱团的演出，学习当前国际最尖端的合唱演唱音响，在这种音响理念的基础上进行训练，夯实气息、音准、节奏、音色等基础性训练技术。另一方面，授课老师多次参加"天空合唱团训练营""广东省（深圳）国际合唱指挥大师班"等国内顶级合唱团或大师班的训练，经过多次的学习，融会贯通国内先进的合唱表演技能用于本课程的训练当中。经过多年的教学积累与经验总结，授课效果提高明显。

3. 用爱国精神、民族精神、现代特性的合唱作品提升学生爱国精神、增强民族认同感

课程挑选20世纪20年代到当今最新的合唱作品进行欣赏或演唱。学习《旗正飘飘》《黄河大合唱》等作品让学生们深切体验到五四运动以来中华民族抗击日寇斗争不屈的艰辛历史；学习《祖国颂》《牧歌》等作品感受到新中国成立后人民自尊、自豪的身份认同感；演唱《雨后彩虹》《把祖国打扮得更美丽》等作品体验到改革开放以来人民日趋幸福美好的生活，不断进步，催人奋进；演唱新世纪以来创作的《追寻》《云中》《中国精神》等合唱作品感受国力蒸蒸日上，人民生活水平日益增长，物质与精神需求达到新的层次；学习《归园田居》《大江东去》体会古诗词合唱带来的传统文化的新音乐阐释方式；学习《羊角花开》感受羌族儿女的美好生活与爱情观念，演唱《撒里罗》《春天来了》体会彝族人民热情奔放的生活信念与民族风情。通过这些民族性、现代性的作品学习与表演，学生不但学到我国各少数民族的人文理念与民族历史，而且感受到了各民族独特的情感与艺术文化气质；演唱爱国的作品，体会我国建军、建国、建设各方面的艰辛发展，激发学生爱国精神，树立良好的道德情操。

4. 中外优秀合唱作品的学习与比较

课程挑选世界优秀的合唱作品，学习演唱美国当今著名作曲家惠特克的《金色的光》，体验现代主义的合唱理念与音响特点。课程对《金色的光》与《归园田居》进行演唱比较，发现两曲在纵向音响上有不少共通之处，突破传统的功能性和声使用，在三度叠置中加入较多的二度，形成复合的音响效果。不同在于《金色的光》没有完全脱离西方的音响概念，《归园田居》具有鲜明的我国五声调式音响风格，两首曲子都有较好的可唱性与可听性，难度适中，专业合唱团都能胜任，课程中对两首作品的一些乐句、乐段反复练习，让学生体验两种不同音乐结构组织下的作品音响异同。此外还对《倾盆大雨》、*My Song*等当前作品进行鉴赏与演唱，感受不同国家的合唱作品与艺术文化效果。

5. 特色化教学安排

有些学生已经进行了"视唱练耳""声乐""乐理"等课程的学习，有一定的基础，有的学生在合唱团里坚持三年的学习，合唱演唱能力较强，因此我们在学习安排上有一些特别的方式方法。

（1）以老带新，以大三老团员为核心骨干，带领各声部低年级学生学习新曲子。老团员演唱能力比较强，辅导大二、大一学生演唱，对作品细节的音准、节奏、音色进行初步的指导，授课老师在此过程中分别到各个声部检查与督促，通过这个步骤奠定好演唱基础。

（2）授课老师讲解作品知识与整体排练。通过观摩优秀合唱团示范演出、讲解作品背景、分析细节与段落形象，排练多声部的结合，训练主旋律、和声、低音的音响协调，安排力度对比的结构与各个高潮要达到的紧张程度、特色作品的歌唱语言要求来不断完善作品演唱。

（3）舞台表演的准备与演出。经过多次的精细排练与背谱演唱，学生准备充分后选择合适的时机参与舞台演出，在迎新晚会、庆祝建党建国晚会、新年音乐会等大型活动中登台演出。设计一些舞蹈或动作来加强舞台的动感与美感或增进演出效果，这是在舞台演出阶段提出的更高要求。

（4）开展总结与交流，学期末或者学年结束组织全体合唱学生进行交流活动，大四、大三的骨干发言畅谈自己合唱训练的心得与感想，对大一、大二学生提出学习建议，授课教师也总结一段时期合唱训练的成果与不足，并提出新的要求与希望。

教 学 成 效

通过教师与学生的共同努力，近几年来合唱实践训练课程成果斐然，2015年、2016年、2017年分别获得省教育厅大学生合唱节一等奖，2020年荣获省教育厅大学生艺术节专业组合唱展演二等奖，2019年参加福州大学庆祝建国70周年合唱比赛荣获一等奖，2021年在福州大学与闽侯县庆祝建党一百周年音乐会活动中合唱团大放异彩。这些活动中我们训练和演唱了毛泽东诗词合唱《娄山关》、人民解放军建军作品《追寻》、抗日战争斗争作品《黄河大合唱》选曲《保卫黄河》、著名合唱作品《我爱你，中国》、新时期优秀民族风格作品《大青藏》《羊角花开》、古诗词合唱《归园田居》《满江红》、民族风情合唱《雨后彩虹》《月亮今晚要出嫁》。通过这些具有浓厚爱国主义与民族精神的优秀合唱作品学习与表演，教师与学生都在爱国精神、民族意识、时代精神、现代理念方面得到教育，学生的思想境界得到提高，学生演唱能力有了较大的进步，对艺术表演的精、细、美有深入的体验，对音乐形象的塑造更加恰当，学生综合表现能力在课程学习与表演中得到锻炼。在这些教学成果积累下，本课程在2021年获批福州大学一流课程建设项目。近几年学生对课程教学反馈优秀，学生评教2020学年第二学期99.375分，2021学年第一学期100分。

犯罪心理学简史

学院名称	人文社会科学学院	课程名称	犯罪心理学
主讲教师	刘微	教师职称	讲师
授课对象	应用心理学专业三年级本科生	课程性质	专业选修课

课程简介

犯罪心理学是一门探讨犯罪心理形成、发展、变化等规律的学科，涵盖了犯罪心理形成理论、成因、对策，是一门介于犯罪学和心理学之间的交叉学科，与犯罪学、刑侦学、法学、社会心理学、咨询心理学等多种学科都有关联，具有较强的综合性、理论性和实践性。本课程的教学能够帮助学生从心理学角度理解犯罪心理和行为的发生原因、过程、规律，能够帮助学生利用心理学知识分析解读犯罪行为，探索预防、揭露、矫治犯罪人的决策及方法。同时，本课程的学习可以帮助学生提升在犯罪心理领域的学术研究能力。在课程中强化学生的社会责任意识、底线意识，增强学生的社会正义感、专业自豪感，激发学生对奋战在一线的人民卫士们的崇敬之情，培养学生的爱国主义情怀和担当精神。

教学目标

（1）价值引领：通过课程学习，引导学生感受和探索如何将心理学知识应用在犯罪研究领域，从而增强学生对心理学专业的自信心和自豪感，拓展对专业知识的理解和应用面，强化专业思维，增强学生分析、判断、决策、应用等方面的能力，提升社会责任感和正义感。

（2）知识拓展：通过课程学习，帮助学生掌握犯罪心理学发展的历史。

（3）思维训练：通过课程学习，使学生能够理解、掌握、评价犯罪心理学发展的历史。

（4）能力建构：通过课程学习，使学生具备在时代背景下理解、分析学科历史的能力，从历史的视角解读犯罪心理学发展路径的能力，探索中国犯罪心理学发展趋势的能力。

思政元素

文化自信，爱国主义情怀，理想道德信念，自由、平等、公正、法治的社会主义核心价值观。

案例实施路径与方法

（一）育人理念

以建立学科框架为中心，问题驱动，产出导向。

（二）实施思路

（1）课程思政与知识掌握相互渗透，提高文化自信与知识识记。

（2）构建"课前案例与问题驱动、课堂问题驱动、课后作业驱动"的教学模式。

（3）采用"引导—思辨—阐释—探索"的教学策略。

（三）思政元素融入方式

（1）在课堂知识传授中渗透爱国主义情怀；

（2）从中国古代文学作品和中华传统故事中提炼出与犯罪心理学有关的中国传统思想源流，强化文化自信和理想道德信念；

（3）采用课堂超话的形式，引导学生亲身践行，查阅资料，探索讨论，思考提升，寻找并解读中国文化发展史中贯穿始终的道德规范、理想信念，增强学生自由、平等、公正、法治的社会主义核心价值观。

（四）教育教学方法

使用课程 QQ 群进行预习内容布置和预习作业提交，综合启发式讲解、传统板书、现代多媒体课件等手段，适时设疑，师生互动交流，理论联系实际，启发式教学与案例教学、发散思维与收敛思维有机结合。

（五）教学活动设计

1. 导入主题

通过提问帮助学生回忆在先修课程中习得的心理学历史脉络以及各个流派的理论基础，导入主题——早期西方犯罪心理学思想与流派。

提问、解释和总结：

（1）"希腊三贤"在心理学领域的哲学思想贡献是什么？他们对犯罪心理学的观点有什么共性？引出"人性"这个话题。

（2）西方心理学的理论流派有哪些？这些流派的核心观点是什么？从学生先修的知识体系中引导学生关注犯罪心理学理论源流，进行旧知识与新知识的挂钩。

2. 展开阐述

分析西方犯罪心理学科的发展。

（1）设疑：一门学科的发展只有理论够不够？如何进行实践的探索、研究、践行？

（2）引导学生回忆先修课程中对心理行为的实证研究与实践探索，并引导学生思考：有没有犯罪心理学可以借鉴的实证方式？

（3）讨论：早期西方犯罪心理学思想与心理学领域实证的探索可能带领现在的犯罪心理学走向什么方向的研究？

（4）说明西方犯罪心理学的现状。

3. 深入研讨

分析中国犯罪心理学学科的发展。

（1）通过设疑的方式，让学生思考：我国犯罪心理学学科的理论与实践与西方国家有没有不同？通过提问和设疑的方式，让学生意识到中国犯罪心理学学科具有中国社会自己的特色。

（2）提问：是否读过三字经？是否读过千字文？能不能举例说一说，在三字经和千字文中有没有和犯罪心理学有关的思想或哲学观点？根据学生回答的内容，寻找其中与犯罪心理成因、预防、教育、矫正等方面有关的观点和描述，归类总结并板书展示，强化学生对我国传统文化中与犯罪心理有关内容的印象，增强学生的文化自信。

（3）利用学生们熟悉的中国传统故事，举例讲解中国古代与犯罪心理学有关的哲学思想。

（4）提问：中国犯罪心理学中的价值观与理想信念是什么？根据学生的回答进行总结，强化学生的理想道德信念，感受中国传统文化中蕴含的自由、平等、公正、法治的社会主义核心价值观。

4. 巩固加深

理解并探讨中国古代哲学思想、中国文化体系与中国社会、经济等现状对犯罪心理学学科本土化的影响。

（1）课堂超话：中国传统文化中的犯罪心理学。

（2）根据学生讨论的结果进行总结和延展。请学生注意，当今中国社会的文化、经济、政治都受到中国古代文化思想的熏陶和影响。帮助学生意识到，我们在传承中国古代文化思想体系的过程中，应当取其精华弃其糟粕，学习和借鉴祖先的智慧为我们现在的社会生活实践服务。

（3）设疑：中国犯罪心理学学科如今的现状如何？它发展到什么样的阶段了呢？讲解中国犯罪心理学学科的发展近况。帮助学生了解当代中国犯罪心理学研究的测量工具和实验范式，激发学生对犯罪心理学学科领域的研究热情，提升学术研究能力的储备。

5. 总结提高

借助学生的课堂讨论结果进行总结。

（1）内容小结：与学生一起将课堂知识用思维导图串讲，结合学生课堂讨论的结果，深化对知识点的解释，强调应用中需要重点关注的因素。

（2）目标小结：强调重要知识点的识记，将知识点与社会现实进行联结，帮助学生将理论与实践相结合。强化学生在课堂上体验到的文化自豪感，帮助学生树立正确的价值观，筑牢道德底线。

6. 课后任务

搜索与犯罪心理学历史有关的知识内容并进行整理和归纳。可以是著作书籍，也可以是研究资料。

寻找社会主义核心价值观中与犯罪预防、矫正有关的价值观，谈谈这些价值观的培养可以从哪些方面预防犯罪行为的发生、矫正犯罪心理。

（六）资源载体

图书馆文献库、网络、中国传统文化类书籍。

（七）特色与创新

课程思政特色与创新在于"课堂超话"的小组作业形式。请学生自行组成4~5人的小组，组织引导一次课堂超话活动。在整个课程中，"课堂超话"的主题涉及中国传统文化、人性人格、道德、社会因素、家庭教育、人权等。课堂超话3周一次，每次1个课时，根据课程的进程从课堂超话中发现新的讨论话题，寻找新的思政目标，在提升学生知识分析应用能力的同时，配合思政话题的讨论，增强学生的社会责任感、专业自豪感、文化自信、底线意识，强化社会主义核心价值观。并在此基础上提升思政讨论深度，引导学生思考如何运用专业知识更好地进行实践，助力我国向着海晏河清的方向发展。

教 学 成 效

"犯罪心理学"是一门紧密融合理论知识与价值观念的学科。在知识讲授、案例分析中，将理论知识与思政元素交织在一起，相互渗透糅合，再通过课堂超话的活动，让学生亲手设计、查阅资料、组织话题讨论，将"教师讲"转向"学生讲"，充分发挥学生在思政教育中的主观能动性。从课堂超话的呈现来看，学生们纷纷采用了他们这个时代的语言系统，调动他们这个年龄的资源渠道，设计微博、抖音等各种新媒体平台交流模式，实现了"以生为本"的教育思路。对学生们来说，这种形式新鲜有趣，时而生动，时而搞笑，时而深沉，时而激昂。学生们的思考、交流和讨论使他们感受到了中华民族文化底蕴之深厚、祖先智慧之高深，不仅强化了学生的文化自信，而且深化了学生对社会主义核心价值观的理解。正如学生们的反馈：原本选修犯罪心理学只是受文学创作和影视作品的影响，希望自己能更靠近福尔摩斯，但整门课程上下来，内心的爱恨情仇更加分明，对专业的认同和对社会的责任感激增。

钢琴艺术指导典型教学案例

若水恩来，大爱无疆——《送上我心头的思念》合作解读

学院名称	人文社会科学学院	课程名称	钢琴艺术指导（一）
主讲教师	李妮	教师职称	副教授
授课对象	音乐学专业三年级本科生	课程性质	专业选修课

课程简介

对于音乐专业的学生而言，音乐课程体系里的思政元素有助于净化学生的心灵，养成健康的审美兴趣，培养高尚的情操，树立正确的世界观、人生观和价值观。钢琴艺术指导是音乐学专业学生的一门专业选修课，也是音乐界一门新兴的学科，是将钢琴伴奏上升到学术研究的高度，从理论到实践进行研究探索以便更好地服务于声乐、器乐、舞蹈等艺术。旨在从日常教学中注重对学生多方面素质的提高，从文学、视唱练耳、曲式等方面来严格要求，让学生对作品有深刻的理解。

本课程致力于把钢琴艺术指导课建设成为一个学生可以发挥主观能动性的课程，因材施教，纠其所短、增其所长，使其具有更广阔的发展空间。只有音乐素质的全面进步，才会有专业上的显著提高。因此要善于通过生动、灵活的钢琴艺术指导课来激发学生的学习热情，在美妙、和谐的音乐中培养学生良好的乐感。教师除了在技术层面对学生进行科学的训练之外，还应该深度挖掘课程的思政元素。

教学目标

1. 价值引领

将红色艺术文化融入高校校园文化，拓宽高校思想政治教育的载体。红色文化是我国社会文化的一部分，传承红色文化最重要的是要依托于校园文化。"合"而不同是钢琴艺术指导课程的核心内涵，此"合"非原"和"，意为：合作、融合在一起。主要体现在根据作品的风格，追随声乐演唱者的旋律，为声乐演唱者把握基本框架和准确的音准节奏，从而使演唱者全身心地投入到乐曲中，在感情上达成共鸣，形成良好的合作关系，在技术、音乐内涵上两者完整地融为一体，达到双方和谐共生，而不是互为干涉、堆砌。"和而不同，美美与共"的"和美"文化，乃是现代社会发展的目标，也是我们共同的理想。在国家层面，"和"是中国共产党治国理政的重要理念；在社会层面，求同存异是社会和谐的基础；在个人层面，"和而不同"是儒家传统"君子"立德修身的必有之义。因此，在课堂合作实践当中，引领学生体会以"和"为本的人文关怀、以"和"为美的价值观，共建共享彰显天下大同的家国情怀。

2. 知识拓展

《送上我心头的思念》是一首为纪念周恩来总理逝世两周年而创作的艺术歌曲，1978年年初钢琴家刘诗昆将柯岩创作的诗词《请允许》委托给包括施万春在内的八位作曲家进行创作。学生在学习艺术指导的过程中，需要首先了解《送上我心头的思念》这首艺术歌曲的历史背景和歌颂对象；其次，根据歌词的大意，了解这首歌曲的感情思想；最后，结合这首艺术歌曲的曲式结构（三段体：ABA）以及调式转换（A：降g羽雅乐；B：降g羽清乐），通过节拍、速度、旋律的变换和走向，掌握这首歌曲钢琴伴奏的演奏技巧和情绪基调。

3. 思维训练

学生在练习伴奏的时候，教师可以根据大部分学生的基础来计划练习强度，先从《送上我心头的思念》这首歌曲的基础和弦与和声搭配去摸清键盘，接着通过节奏训练、气口处理，引导学生学会搭配声乐演唱，加以情感后处理钢琴伴奏。

在学生的音乐实践中，需要做好声乐和钢伴的合作工作，声乐和钢琴具有不同的特点，但二者协调配合下却可以产生充满艺术感染力的听觉效果，所以学生需恰如其分地做好音乐上的搭配和磨合。

4. 能力建构

（1）共识：学生应提高自身的音乐文化修养，深修音乐文史文化，从而深刻领略作品中的真正实质性的文化，使其对作品所蕴含的人文、历史、社会环境等背景的认知达到高度的一致，让钢琴演奏者与声乐演唱者对时代中的文化与音乐作品中的思想有共同的感知。在正式合作之前，二者必须对作品所处的时代语境与创作背景形成共识，这不仅是表演者之间合作的纽带，更是对后续作品内在予以呈现的基础。

（2）共知：学生在学习本课程之后，能够通过乐谱掌握每个音符所要表达的内涵，对作品中的音乐术语、乐谱记号、演唱风格、和声织体、曲式结构、调式调性等进行分析，明确音乐作品整体的结构层次和布局特点，双方在认真沟通的基础上达到一致性见解，以便合作完成作品时思路清晰，从而可以得心应手地诠释作品的内涵。

（3）共合：学生在最终的合作上，要对音乐作品的思想感情、主题形象和艺术见解等细节处理进行有效的沟通和磨合，彼此了解对方的表演意图和相关需求，双方尽量多地学习对方领域的知识内容，才能更好地了解彼此想要表达的内容，形成高度默契的配合，最终达到珠联璧合的表演效果。

思 政 元 素

（1）社会主义核心价值观：歌曲题材的选取一直是艺术类课程思政改革的关键。而优秀的中国民族音乐作品，特别是声乐作品，其思想内涵和育人效果作用显著，它们无一不是经过时间的沉淀和时代的洗礼后凝结成的最深沉的精神追求。课堂上将社会主义核心价值观作为重要思政元素，以艺术歌曲《送上我心头的思念》作为载体，陶冶道德情操，坚持以人民为中心的导向，润物细无声般传播真善美，树立正确的艺术观。

（2）道德修养与家国情怀：教师带领学生学习经典文艺作品，讲清作品背后的音乐文化、思想内涵与历史积淀，有助于学生把握各类音乐旋律的特色、精神、流派与风格，体会不同作品带来的地域美、民俗美，体会作曲家的家国情怀，体会人与人的真情实感，从而为学生形成高尚的道德品质、崇高的理想、良好的行为与优秀的人格助力。例如在学习《送上我心头的思念》的过程中，荡气回肠的旋律、极富浪漫的歌词与朴实的人物形象，使学生对周总理无限的眷恋之情油然而生。

案例实施路径与方法

（一）育人理念

"以生为本"为当今新时代下的大学办学第一理念，而"本者"，根基、源本也。坚持全员育人、全过程育人、全方位育人，全面落实"三全育人"的教育理念，即以全面提高人才各项能力为关键，切实提高思政文化教育的针对性，强化学生的思想根基，全面构建一体化、多元化、现代化的高校思想政治工作体系，使思想政治工作贯通各个学科、各个管理层面、各个领域，以形成全方位育人的格局。

（二）实施思路

首先，在钢琴伴奏方面的课程中，从基本理论出发，引导学生自主分析《送上我心头的思念》的曲式结构——ABA三段体结构，分段分析这首艺术歌曲的调式、旋律走向以及节奏的走向，通过曲式结构构图法，让学生充分理解一首最基础的艺术歌曲的最基本的曲式结构是如何构成的，让学生能够一目了然：前奏部分用了长短混合的节奏型，随着前奏的进入，可以启发学生感受其中的思愁思念以及忧郁和迷离的情感；而从A段开始，首先让学生自主分析出这段的调式为降g羽雅乐调式，可以启发学生找出有规律的乐句结构（4+4+4+6），通过乐句的规律性找出其演奏时的起伏程度和强弱处理，让整个A段部分的情感逐步积累，顺理成章地表达出对总理的爱慕之情；到了B段，学生可以自然而然地分析出这段的调式为降g羽清乐调式，由此，教师启发学生尝试用不同的速度、律动以及音区演奏，通过不同形式的对比，让学生体会出如何选择恰当的处理方式，利用合理的速度和律动来演奏，表达出这一段对总理深深的思念之情，使得听众痛彻心扉，热泪盈眶；在间奏部分，引导学生理解属音的作用，并让学生对比强弱和快慢下间奏的不同的演绎效果，让学生找到一个适合自己并合理表达对总理深切思念情感的演奏方式。利用这种自主探究感知教学以及对比教学的方式，能够让学生在演奏方法和技巧方面有很大的提升，为后续的艺术指导实践做好充分的基础铺垫，同时加强学生的功底训练和对音乐理论基础的掌握。此教学部分占用第一课时。

其次，在声乐和钢琴伴奏配合的课程中，由于其实二者的旋律是配合演奏的，所以可以类比成和声的搭配和旋律的相互交错。在钢琴伴奏和演唱者学习配合之前，首先要了解这首声乐作品的演唱者的声部和音色，根据其音色来掌控钢琴左右手的力度大小和情感走向，同时，演唱者也要拿捏好这首艺术作品的节奏、旋律，要做好恰当的情感处理。作为教师，要做到的就是深入为演唱者剖析《送上我心头的思念》的历史背景和每一个乐句的情感流露，逐字逐句为演唱者分析如何恰当地通过咬字、气息、气口以及咏唱的方式来处理好这首艺术歌曲的情感。其次，根据演唱者的处理特点和方式方法，来规范和细化钢琴伴奏的气口和艺术处理，细致地"抠"好每一个和声细节和和弦走向，引导演奏者右手的演奏多为旋律，而左手的演奏多为节奏，而音色方面右手多为弦乐的音色，左手多为定音鼓、圆号等音色，通过这种教学方式，让学生对这首艺术歌曲的演绎活灵活现。此教学部分占用第二课时。

在所有教学都完成之后，需要进行一次音乐实践活动，学生之间两两搭配，演绎这首《送上我心头的思念》，在学生演绎的过程中，可以结合诗朗诵或者视频背景来提升整体的艺术效果，在学生演绎之后做好课后整体评价，完整地结束本课程。

（三）思政融入

《送上我心头的思念》本身就是一首红色背景艺术歌曲，所以思政融入要穿插在钢琴伴奏情感处理和演唱者情感处理的过程当中，让学生在体会音乐的听觉效果的同时感受到对总理的思念和怀恋之情。同时，在课堂的插曲中融入周总理的视频介绍，让学生明白为何人们对总理如此眷恋，是因为总理对人民对国家的意义重大，所以学生要铭记伟大的周总理，爱党爱国，贯彻社会主义核心价值观，树立民族自信，对未来有信仰、有憧憬，充满正能量。

钢琴艺术指导与声乐演唱者在合作中，二者的结合应该是丝丝入扣、水乳交融地成为一个整体。用钢琴伴奏来补充作品中演唱者未能表达出来的意境，在不喧宾夺主的前提下，用琴声来衬托演唱的主线，做到细腻且深刻地再现出音乐作品中深刻的音乐内涵。通过钢琴艺术指导的课程，体会钢琴与声乐演唱者之间和谐共生的关系，进一步升华至国与国之间，对于外来文化，要"海纳百川，有容乃大"。只有在不忘本来的基础上包容外来，才能够博采众长、愈发夺目。在原则上、本质上"求同"，在方式上、思维上"存异"，才能真正的做到"文化自信"。

（四）教学方法

本次教学活动采用启发式教学法、探讨教学法、对比教学法、情景教学法、实践教学法等教学方法，让学生在多元化的思政钢琴艺术指导课程中充分发挥自己的最大发光点和亮点，寓教于乐，让学生在愉悦而轻松的课堂氛围中学习和感受音乐带来的美感，通过探讨和对比受到相应的启发，从而得出演奏的方式方法和处理特点。完善的教学方法可以帮助教师在课堂中游刃有余，把控课堂的整体走向，扎扎实实走好每一个教学环节。

（五）教学主线

在《送上我心头的思念》的教学活动中，设计了如下主线：理论分析（曲式结构、调式特点、旋律走向、节奏变换等）—演奏方法（音区的选择、速度的选择、强弱的搭配等）—演唱者的情感处理—演奏者的左右手搭配—演奏者的情感处理—音乐实践活动。

（六）资源载体

多媒体、互联网、相关书籍等。

（七）特色与创新

这节课的创新点在于在教学过程中融入了思政的情感升华，在课堂中间穿插了学生自主探讨和演奏演唱的对比，最终得出适合自己的方式方法，在课堂最后附加了音乐实践活动，用小型音乐会的方式来呈现学生们学习后的成果和作品，给人以不同的音乐体验。情景化的教学能够帮助学生完整地了解自主学习和探索音乐世界的过程，帮助学生在以后的学习生涯中绽放自我，同时树立民族自信和爱国主义思想信念。

教 学 成 效

本课程的教学历时两个课时，所有的学生完成了对《送上我心头的思念》这首艺术歌曲的学习，学生可以配合演唱者熟练地演奏出钢琴伴奏，根据不同演唱者的音区和音色控制强弱，根据演唱者的情感处理和作品的情感表达完整地做好伴奏的速度、节奏以及和声的安排和演奏。

通过音乐的感知，大部分学生都感受到了爱国主义思想精神的磅礴力量，学生们为今后的学习生涯树立了远大的理想和目标，树立了民族自信。学生在课后的音乐实践活动中表现较好，大部分学生的演奏受到了一致好评，为后续的思政音乐教学起到了良好的示范作用。近几年学生对课程教学反馈优秀，学生评教2021学年第二学期99.24分，2021学年第一学期100分。

经济社会学典型教学案例

城市化的内涵与规律

学院名称	人文社会科学学院	**课程名称**	经济社会学
主讲教师	张延吉	**教师职称**	副教授
授课对象	社会学专业三年级本科生	**课程性质**	专业选修课

课 程 简 介

"经济社会学"是社会学专业的专业选修课。本课程的教学旨在帮助学生进一步掌握关于经济现象的社会学知识,让学生学会运用经济社会学理论分析、解释社会中的经济现象;通过列举中国城市化发展中的真实案例,讲清社会变迁规律,培养学生对民族复兴的自豪感和使命感;积极引导学生自学,提出问题、思考问题,师生相互平等讨论问题,让学生在动脑与动口的结合中,培养自学能力和独立思考能力;通过企业调研和社区走访,让学生真切感知社会经济脉动,了解中国社会转型发展的方向和挑战。

教 学 目 标

(1)价值引领:通过融入思政内容,了解新中国成立以来特别是党的十八大以来我国城市化发展和城市建设的辉煌成就,树立学生的"四个自信"。

(2)知识拓展:了解我国城市化发展的规律、特征。掌握城市化发展的主要内涵、路径、类型和规律。

(3)思维训练:领会新型城市化过程中,我国在户籍制度改革、区域协调发展、产业创新与社会建设等领域取得的进展和面临的挑战。培育学生正确向上的价值观,使其了解我国城市化发展的伟大成就。

(4)能力建构:促进社会学、经济学、管理学等多学科融合交叉,通过小组作业,促进学生分析能力、逻辑能力和团队协作能力的提升。

思 政 元 素

(1)政治认同:通过介绍新中国成立以来的城市化建设成就,培养学生对中国特色社会主义事业的道路自信、理论自信、制度自信、文化自信。

(2)家国情怀:通过介绍城市化发展过程中我国在产业结构升级、社会治理、技术进步等方面面临的挑战,培养学生建设祖国的使命感和责任感。

（3）培育社会主义核心价值观：理解城市化和工业化的关系，明确国家现代化的目标，树立强国有我的使命担当。

案例实施路径与方法

在完成基本授课内容的基础上，做了如下探索：

1. 积极融入思政元素，明确当代青年使命

课程在探讨中国城市化和工业化历程时，引入共和国发展、建设、改革的历史事迹，介绍前辈为了共和国的工业化和城市化发展做出的重大贡献，增强学生对新中国发展史的认识和理解，培养学生对祖国发展成就的自豪感。同时，在探讨下一步中国城市化和工业化面临的挑战时，着重围绕创新强国、人才强国、产业升级、社会治理等领域展开讨论，使学生认识到当代青年在建设社会主义强国征途上所承担的责任使命，树立远大目标。

2. 重视理论联系实践，使学生读懂中国

课程中除了讲授理论知识，还为学生布置平时作业，即利用课堂所学分析方法与基本理论，分析家乡城镇在城市化和工业化过程中所处阶段、发展历程、当前挑战、未来前景等，通过课堂交流和汇报，使学生们了解我国城市与农村在社会、经济、产业发展过程中的现状、挑战与前景，并通过建言献策达到学以致用的目标，以培养学生积极向上的社会责任感，使其了解国情社情民情，践行社会主义核心价值观。

3. 扎根中国大地开展教学，使学生在街巷和田野中读懂中国

每次课程会组织学生开展2~3次实地调查。通过走访典型城中村，了解当前城中村面临的社会问题、城乡二元土地制度的改革方向，以及城中村改造的政策与方案。通过走访历史文化街区，了解保护城市历史文化遗迹的重要性和改造更新的举措。通过走访先进企业，了解城市经济转型升级的必要性和主要路径。

4. 重视课程内容的学科交叉

城市化涉及社会学、经济学、公共管理学等多学科知识，课程在讲授中除了使学生了解并掌握经济社会学的基本理论，还与相关学科内容相结合，从宏观和微观的研究角度认识城市与城市系统、社会经济运行、城市经济关系和社会经济规律，使其具有解决社会公共管理问题的基本能力，培育学生交叉学科的分析能力和逻辑思维。

教学成效

经济社会学和城市化议题兼有较强的实务性和理论性，也具有较强的思政性和时政性特征。经过近年来的探索，学生评教始终稳定在前40%，听课成绩始终在良好以上，学生普遍反映对于城市化、工业化、现代化的基本理论以及当前中国经济社会发展的前景和面临的挑战有了更深刻的认识，对坚定青年人的历史使命有了更强烈的体会，授课达到了预期效果。